CHARTRES, LETTRES ET TILTRES DES POVVOIRS ET FACVLTEZ, ATTRIBVEZ PAR LES ROYS AVX Notaires, Gardenottes au Chaſtelet de Paris, Arreſts de Noſſeigneurs de la Cour de Parlement & ſentences de Monſieur le Preuoſt de Paris, pour la fonction de leurs offices.

A PARIS,
Par IEAN SARA, ruë ſainct Iean de Beauuais, deuant les Eſcholes de Decret.

M. DC. XIX.

Arrest de la Cour, le Roy seant, interuenu sur l'Estat & les Officiers du Chastelet de Paris.

HILIPPES par la grace de Dieu Roy de France, A tous ceux qui ces presentes lettres verront, salut. Sçauoir faisons à tous que comme il eust esté trouué par information sur ce faite de nostre commandement, que plusieurs extortions & outrageuses prises se soient fait, & sont encores de iour en iour en nostre Chastelet de Paris : Nous euë sur ce deliberation diligente auec nostre Conseil; Auons ordonné en ce present Parlement sur l'estat & officiers dudit Chastelet en la maniere qui s'ensuit. Premierement que les Examinateurs dudit Chastelet, pource qu'il est treuué par ladite reformation que c'est nostre dõmage & du peuple, de ce qu'ils y sont, seront du tout ostez, & seront les Examinations faictes selon la maniere ancienne: c'est à sçauoir, par nos Notaires du Chastelet, qui seront suffisans à ce faire, ou par autres bonnes personnes, telles comme le Preuost & les Auditeurs voudront, mais qu'ils ne soient pas leurs Clercs: ou que à ce seront esleuz d'accord des parties, non cõtestant lettres qu'il auoit de nous, lesquelles dez maintenãt nous rappellons & annullons. Item, nous auons ordonné que le Preuost & les Auditeurs du Chastelet prendront pour eux tels Clercs comme ils voudront, & mettront & osteront toutes les fois qu'il leur plaira, non contestant ce que aucuns Clercs ayent de ce nos lettres, lesquelles du tout nous rappellons & annullons dés maintenant. Item nous ordonnons que pour les excez, & les grandes extortions que les officiers du Chastelet ont fait & font tous les iours, que l'on enquerra de ceux appellez, & cependãt ils seront suspendus de leurs offices. Item, nous ordonnons que pour les grands prises & outrageuses, & les grandes extortions que Iehans Payans Clerc du Preuost de Paris a faictes & faict de iour en iour, si comme il est treuué par ladite information, que dés maintenant il est suspendu de son office, & fera-len inuentaire de tous ses biens, &

Philippe le long

puis len enquerra de son fait, parties appellees. Item nous ordonnons, que pource qu'il y a plusieurs Notaires moins suffisants & de mauuaise vie, si comme len dit, que len enquerra de ce, & osteront les Commissaires à ce deputez, ceux qui tels seront, & y mettront les bonnes personnes, & ceux contre qui les Commissaires qui à ce seront deputez enquerront, ils les suspendront tout presentement de leur office. Item nous ordonnons que les Auditeurs du Chastelet ne iugeront de nulle cause d'heritage, ne qui touche estat ne condition de personne ne d'autres causes, fors de celles qui monteront iusques à soixante sols ou au dessous. Item tous procez se pourront faire deuant les Auditeurs, & quand ils seront en poinct de iuger ils enuoyeront le procez deuant le Preuost pour iuger. Item, si aucuns friuoles amandemens sont demandez des Iuges des Auditeurs, le Preuost, si tost comme il verra qu'ils seront friuoles, il renuoyera la cause deuant l'Auditeur, de qui l'amandement sera demandé. En tesmoing de ce, nous auons fait mettre nostre seel en ces presentes lettres, qui furent faictes & données à Paris en nostre Parlement le Mardy iour de feste sainct Iacques & sainct Philippes Apostres, l'an de Grace mil trois cens & treize.

Confirmation des soixante Notaires, & des Priuilleges à eux concedez.

CAROLVS Dei gratia Francorum Rex. Notum facimus vniuersis præsentibus pariter & futuris, quòd cùm Notarij Castelleti nostri Parisiensis nostræ Parlamēti Curiæ nuper exponi fecerint, quòd licet dudum per certas literas & chartam infrà scriptam super hoc eisdem Notarijs concessas dicti Notarij ad numerum sexaginta duntaxat pro negotijs dicti Castelleti peragendis & expediendis fuissent reducti exclusis alijs quibuscumque, ordinatúmque tunc fuisset quòd dicti sexaginta Notarij ad causam officiorum suorum & nulli alij facerent ac eisdem facere liceret literas, instrumenta, commissiones, inuentaria seu qualibet alia acta iudicialia, memoralia, depositiones testium, processus & alias scripturas quascumque sub sigillo dicti Castelleti confectas: quæ quidem ordinatio deinde confirmata & approbata fuerat: Et quia dudum dicti Castelleti Examinatores qui non sunt de numero dictorum sexaginta Notariorum, nec in eadem ordinatione comprehensi, & qui dumtaxat pro expeditione causarum dicti Castelleti in facto examinationis seu examinis & in his quæ factum examinationis seu examinis duntaxat concernunt facti sunt & instituti, prout in eorum chartis seu litteris, & ordinatione creationis eorum dicitur latiùs contineri, dictos Notarios in eorum officio perturbauerāt & impedierant sibi ipsis Examinatoribus eorum spontanea voluntate potestatē & authoritatem faciendi inuentaria, partagia & diuisiones bonorum inter partes attribuendō, certa lis & processus inter dictos Notarios ex vna parte & dictos Examinatores ex altera dudum moti & inchoati fuissent & adhuc in eadem Curia nostra pendere dicantur: qui quidem processus, necnō articuli & rationes super hoc facti pluribus Commissarijs dictæ Curiæ nostræ traditi fuerant: penes quos quidem Cōmissarios qui ab hac luce migrauerant & alio casu fortuito siue facto & culpa dictorum Notariorum dictus processus perditus fuerat, nec deinde reperiri potuerat. Nihilominus dicti Examinatores præmissis non obstāribus, dictis Notarijs in eorum officijs notariatus plures oppressiones, damna & impedimēta fecerant & de die in diem facere non cessabant, eorum spontanea voluntate faciendo inuentaria, nec non partagia & diuisiones bonorum in formam litterarum promißione seu obligatione minus vallatarum, eorum sigillis priuatis & incognitis sigillatarum, quibus nulla fides adhiberi debebat, & quas per litteras signo manuali alterius duorum Notariorum comprobare oportebat, talem de facto sibi potestatem attribuendo in dictorum Notariorum præiudicium non modicum & iacturam eorúmque officij diminutionem, nec non contra tenorem dictæ chartæ seu ordinationis temere veniendo & ea abutendo in hac parte. Et quia dicti Notarij certas defensiones & inhibitiones ex parte nostra seu dictæ Curiæ nostræ dictis Examinatoribus fieri fecerant, dicti Examinatores contra dictas inhibitiones & defensiones se opposuerant, & ob hoc fuerãt ad certã diem lapsam in dicta Curia nostra adiornati de & super præmißis dictis Notarijs responsuri ac vlterius processuri & facturi vt esset rationis, prout hæc & alia dicti Notarij ex tenore certæ requestæ dictæ Curiæ nostræ exhibitæ & traditæ & ex relatione certi dicti Parlamenti nostri Hostiarij latiùs apparere dicebant. Constitutis igitur propter hoc in dicta Curia nostra partibus antedictis seu earum procuratoribus, dicti Notarij hæc & alia latiùs proponendo concludebant, quatenus dicti Examinatores iuxta tenorem suæ creationis essent contenti, dictáque Curia nostra dictos Notarios eorum officio Notariatus vti & gaudere permitteret iuxta tenorem & formam suarum literarum ac ordinationis seu chartæ prædictarum, & quòd dicti Examinatores in expensis huiusmodi causæ condemnarentur. Dictis Examinatoribus ex aduerso proponẽtibus & dicentibus quòd eorum officium erat notabile ac magnæ auctoritatis & potestatis, & ad faciẽdum seu consulendũ criminalia & cætera Præpositi nostri Parisiensis iudicia, dictus Præpositus ipsos appellabat, erántque sexdecim duntaxat ac maioris auctoritatis quàm Notarij prædicti: quódque dicti Notarij nullam chartam seu ordinationẽ à prædecessoribus nostris vnquam habuerant nec habebant, & si quas literas obtinuerant vel habebant, erant duntaxat quædã impetrationes ad partem concessæ, dictis Examinatoribus non vocatis ac informatione de commodo & incommodo reipublicæ minimè facta præcedente: quibus quidem literis seu impetrationibus vsi non fuerant dicti Notarij, quinimo si interdum vti voluerant, tunc dicti Examinatores statim hos impedierant & se opposuerant. Et per ipsas vsui antiquo quo vsi sunt dicti Examinatores, videlicet faciendi inuentaria, necnon partagia & diuisiones bonorum, derogare non intẽdimus, nec volumus, vt dicebant, huiusmodique prosecutionem faciebant dicti Notarij pro eorum priuato & singulari commodo & non pro publica vtilitate. Dicti insuper Notarij de ijs quæ fiunt & fieri *consueuerunt in iudicio, se intromittere non debebant, sed duntaxat de contractibus & obligationibus inter contrahentes voluntariè factis & initis, ad ipsósque Notarios processus, acta, inuentaria & diuisiones bonorum facere non spectabat, nam an faciendum acta iudiciarai certi erant in dicto Castelleto deputati & commissi, & ad faciendum inuentaria & diuisionem bonorum aliqualis causæ cognitio requiritur, & de his quæ causæ cognitionem exigunt, dicti Notarij se intromittere non debebant, sed ad dictos Examinatores qui de his quæ causæ cognitionem requirunt se intromittunt & intromittere possunt & consueuerunt, spectabat. Dicebant insuper dicti Examinatores, quòd in eodem Castelleto fuerant Examinatores priusquam Notarij introducti, dictíque Examinatores à dicto tempore vsi fuerant faciendi processus, inuentaria, ac diuisionem bonorum & cætera omnia quæ dictus Præpositus eisdem præcipiebat: & si post examinationem testium per dictos Examinatores factam dicti Notarij processus facerent, hoc esset nimis sumptuosum partibus, ac secreta causarum & Curiæ reuelare, quod esset inconueniens & absurdum: fides etiam dictis Examinatoribus & his quæ faciebant adhiberi debebat: & ex abundanti possunt sigilla sua sub sigillo authentico approbari facere si sit opus. Dicebant vlteriùs quòd cùm dicti Notarij proponi fecerint, quòd de his de quibus nunc agitur alius processus in dicta Curia nostra incœptus fuerit & adhuc pendebat, & quòd dati fuerant Commissarij, dicti Examinatores expensas præiudiciales habere debebant in hac causa: & attēto etiam quòd litis contestatio facta fuerat, dicti Examinatores ab impetitionibus & demandis dictorum Notariorum absolui debebant, & dicti Notarij in expensis dictorum Examinatorum condemnari. Iure verò super hoc primitus habito dicti Examinatores proponebant vlteriùs, quòd Procurator noster cum ipsis adiungi debebat in hac causa, attento maximè quòd eorum officium notabilius erat & antiquius quàm officium Notariatus prædictum: & insuper quòd dictis Notarijs in nullo tenebantur, nec eisdem erant obligati, & sic contra ipsos dicti Notarij actiones intentare non poterant nec debebant. Ex quibus & alijs per ipsos propositis concludebant quatenus dicti Notarij ad sua proposita non admitterentur, & si admitterentur quòd ipsi causam vel actionem non haberent faciendi suas conclusiones & demandas supradictas: & si causam vel actionem haberent quòd dicti Examinatores ab eisdem absoluerentur, & quòd dicti Notarij in eorum expensis condemnarētur. Dictis Notarijs replicantibus & dicentibus quòd eorum officium erat notabile & magnæ auctoritatis, quòdque litteræ per* ipsos impetratæ non erant litteræ ad partem impetratæ, sed erant ordinatio pro securitate certa & prouisione perpetua per regē Philippum Pulchrum prædecessorem nostrum in suo consilio facta & edita per successores dicti Philippi Pulchri prædecessores nostros & per nos confirmata: actáque iudiciaria, processus & scripturas examinationis testium debere facere non intendebāt nec proponi fecerant, sed duntaxat inuentaria ac diuisionem bonorum quæ causæ cognitionem non requirebant. Dicebant insuper quòd dicti Examinatores cognitionem causæ non habebāt, & dato sine præiudicio quòd ea quæ per dictum Præpositum sibi præcipiebantur facere possent, non erat nec intelligi debebat de his quæ ad dictos Notarios spectabant: erántque dicti Notarij sexaginta, vt profertur, promptiores ad negotiandum & pro minori pretio ac magis ad vtilitatem partiū & pro bono publico quàm Examinatores prædicti. Et quòd dudum certa lite inter dictos Notarios ex vna parte & dictos Examinatores ex altera in dicta Curia nostra mota & pendente, per eandē Curiam ordinatum fuerat quòd quælibet dictarum partium iure suo vteretur: & nihilominus dicti Examinatores contra dictum appuntamentum veniendo, contra chartas seu litteras dictorum Notariorum, certas interprisias fecerant: & ob hoc dicti Notarij requestas & conclusiones ac prouisionem superiùs declaratas fecerant ac requisierant. Dici non debebat dictos Notarios nouum processum inchoasse, nec habere debebāt dicti Examinatores expensas præiudiciales in hac causa præsertim, cùm processus alius in hac causa prout dicitur factus casu fortuito amissus fuisset. Ex quibus & alijs per ipsos replicando latiùs propositis dicebant quòd ipsi erant ad sua proposita admittendi, quódque dictus Procurator noster cum ipsis adiungi debebat ad fines prædictos & aliter prout suprà concludendo. Dictis Examinatoribus duplicantibus & dicentibus quòd de processibus, contractibus & obligationibus nulla ad præsens erat quæstio, sed duntaxat de inuentarijs & diuisione bonorū faciendis: erántque dicti Examinatores, & eorum officium antiquiores quàm officium Notariorum prædictorum. Dicebant insuper quòd in dubio præmissis attentis meliùs erant fundati, ac maior erat pro ipsis præsumptio quàm pro Notarijs prædictis: nam dicti Notarij de contractibus & obligationibus ac cæteris negotijs voluntarijs, & non de confectione inuentariorum ac partagiorum & diuisionis prædictorum ac cæterorum contentiosorum quæ in iudicium redduntur se intromittere debebant: & attento quòd prout dictum est, per dictam Curiam nostram appuntatum seu ordinatum fuerat, quòd quælibet dictarum partium iure suo vteretur, apparebat & apparet manifestè quòd litteræ dictorū Notariorum quas chartā & ordinationem *appellabant & appellant, non erant nec sunt claræ & liquidæ, sed obscuræ & per vsum interpretari debebant. Ex quibus & alijs per ipsos propositis concludebāt, quòd essent ad sua proposita admittēdi & aliter prout suprà. Tandem auditis partibus antedictis in omnibus quæ circa præmissa dicere & proponere voluerunt: visis insuper certis chartis seu litteris, actis & munimentis per ipsas partes eidem Curiæ nostræ exhibitis & traditis, consideratísque & attentis diligenter omnibus circa hoc attendendis, & quæ dictam Curiam nostram in hac parte mouere poterant & debebant: Per arrestum eiusdē Curiæ dictū fuit quòd ad dictos Notarios ad causam eorū officij Notariatus prædicti spectabat & spectat facere inuentaria, nec non partagia & diuisiones bonorū, & non ad Examinatores prædictos, & de his vtentur & gaudebunt de cætero dicti Notarij iuxta formam & tenorem dictæ eorum chartæ seu ordinationis infrà scriptæ. Et per idem arrestum dicta Curia nostra dictos Examinatores in expensis dictorū Notariorum condemnauit & condemnat, earumdem expensarum taxatione dictæ Curiæ reseruata. Tenor verò chartæ seu ordinationis dictorum Notariorum sequitur in hæc verba.* CAROLVS *Dei gratia Francorū rex. Notum facimus vniuersis præsentibus pariter & futuris, nos carissimi Domini & genitoris nostri vidisse litteras quarum tenor talis est.* CAROLVS *Dei gratia Francorū Rex. Notum facimus vniuersis modernis & futuris, nos carissimi Domini & genitoris nostri vidisse litteras quarū tenor talis est.* IOHANNES *Dei gratia Francorum Rex. Notum facimus vniuersis tam præsentibus quàm futuris, nos litteras inclytæ recordationis carissimi Domini & genitoris nostri eius magno sigillo sub cera viridi & laqueo de serico sigillatas vidisse, formam quæ sequitur cōtinētes.* PHILIPPE par la grace de Dieu Roy de France. Sçauoir faisons à tous presens & aduenir, que nous auōs veu les lettres de nostre tres-cher Seigneur & Cousin Philippe jadis Roy de France & de Nauarre, contenans la forme qui s'ensuit. PHILIPPVS *Dei gratia Francorum & Nauarræ Rex, Præposito ac sigillifero Castelleti nostri Parisiensis salutem. Cùm ex tenore ordinationis & confirmationis per inclytæ recordationis regem Philippum carissimum genitorem & Dominum nostrum, facta deliberatione & informatione præcedentibus appareat euidenter quòd pro vitandis malis plurimis atque periculis quæ ex confusa Notariorum dicti Castelleti multitudine prouenire dicebantur, dicti Notarij ad certum numerum, videlicet sexaginta, quos ad dicti Castelleti gerenda negotia compertum fuit sufficere, reducti fuerunt exclusis alijs quibuscumque: Inter quos sexaginta in dicta ordinatione expressos nonnulli tam Præpositi quàm Auditores, qui tunc* erant, ac etiam Examinatores & alij non existentes Notarij nominati fuerunt & retenti in ordinatione supradicta, prout ad auditum nostrum Notariorum ipsorum Castelleti prædicti insinuatio querulosa produxit. Mandauitque postmodum dictus genitor & Dominus noster per suas litteras Præposito tunc Parisiensi, vt omnibus aliis in dicta ordinatione non expressis ab officio Notariæ Castelleti prædicti prorsus amotis supradictos in dicta ordinatione cõtentos, qui ad sexagenarium duntaxat numerum ascendebant, absque huius augmentatione numeri permitteret officium ipsum exequi & liberè exercere, prout hæc & alia in ipsius Domini & genitoris nostri litteris pleniùs vidimus contineri. Quamquidem ordinationem claræ memoriæ Rex Ludouicus carissimus germanus & Dominus noster per suas subsequentes & nos postmodum per nostras duximus litteras confirmandam. Nihilominus sicut ex Notariorum ipsorum querulosa insinuatione audiuimus, quamquam per supradictum genitorem nostrum & dominũ Præposito & Sigillifero, qui pro tempore fiunt, firmiter & districtè præcipiendo datum fuit in mandatis ac etiam inhibitum expressè sub iuramentis suis, ne quasuis litteras, instrumenta, commissiones, inuẽtaria seu alia quælibet acta iudicialia vel processus, scripta per quosuis alios qui de dicto numero & iurati non essent, ipsi Præpositus & Notarij signare, ipséque Sigillifer sigillare auderent, sed potiùs ordinationem huiusmodi tenerent & seruarent, tenerique firmiter facerent & seruari absque augmentatione numeri prætaxati: tuique Præposite & Auditorum clerici & Examinatores eiusdem Castelleti & quidam alij Notarij processus, causas & negotia quæ in Castelleto ipso aguntur, lucri cupiditate accensi præoccupant, amplectuntur & hauriunt impudenter: ad quorum scripturas proprijs manibus sufficere non valẽtes, ea per quosdam clericos & scriptores non iuratos, nec de dicto existentes numero in domibus suis & cameris ac alibi scribi faciunt & transcribi, in ipsorum Notariorum conquerentium ordinationisque prædictæ & confirmationis eiusdem præiudicium, elusionem, contemptum & grauamen. Qui quidem scriptores clericuli non intelligentes quæ scribunt, secreta causarum plerumque partibus reuelasse dicuntur: ex quibus producuntur lites, conualescit falsitas & iustitia suffocatur. Quod etiam existit deterius quidem ex ipsis præoccupatoribus, dum à dicto Castelleto absentantur, suos habent clericos in suis locis residentes, qui litteras, instrumenta & acta conficiunt & ea sub nominibus magistrorum suorum signant, & in præsentia eorumdem temerariè, prout fertur, ex quo acta & instrumenta huiusmodi signantes meritò possunt argui falsitatis. Cæteri verò No-

tarij iurati de dicto existẽtes numero in suis sedẽt sedibus quotidie otiosi: nemo enim eos conducit, & ipsorum reliquias præoccupatorum mendicare coguntur: quod nihil aliud esse censemus, nisi quòd ipsi præoccupatores & clerici Notarios creent & faciant, statutúmque numerum augeant pro suæ libito voluntatis. Præmissa igitur debere corrigi cupiendo, nolendóque ordinationem & confirmationem numerum ipsorum Notariorum infringere, sed potiùs facere inuiolabiliter obseruari & teneri; nec etiam totum emolumentum sic ad partem conuerti; quòd pars altera sit mendicans: mandamus vobis insuper & vestrûm cuilibet districtè præcipiendo & sub iuramentis vestris quibus nobis adstricti tenemini, quatenus non obstantibus quibuscumque litteris à nobis seu genitoribus nostris quomodolibet in contrarium impetratis à quibusuis personis, omnibus & singulis Auditoribus & Examinatoribus prædictis ex parte nostra sub iuramentis suis & officiorum suorum amissione firmiter inhibeatis ne quis eorum litteras quaslibet, memorialia, commissiones, testium depositiones, inuẽtaria seu acta qualibet vel processus, quæ manu Notarij iurati & de dicto existentis numero scripta non fuerint, quomodolibet signare præsumant: quæ etiam per te Præposite signari & per te Sigillifer sigillari sub iuramentis vestris specialiter prohibemus. Omnibus & singulis eiusdẽ Castelleti Notarijs & Examinatoribus vniuersis præsentibus & postmodum anno quolibet futuris ex parte nostra sub iuramẽtis suis & sub officiorum suorum amissione: quibus si contra præsentem inhibitionem & sequentem fecerint, ipso facto volumus esse priuatos in plena audientia & per proclamationem publicam districtius inhiberi, ne quis eorum litteras quascumque, instrumenta, commissiones, depositiones, inuentaria, acta iudicialia vel processus aut scripturã quamcumque quæ per signa vel sigilla Castelleti transire, vel eisdem signari aut sigillari debeat, per alios quam per Notarium iuratum & de dicto numero existentem scribi facere vel scripta signare audeat vel permittat signo suo quacumque de causa, vt tum ipsi, si eis abundant negotia, de connotarijs suis iuratis sumere debeant adiutores. Quòd si contrà fieret, illud ex nunc prout ex tunc præsentium auctoritate & ex certa scientia cassari penitus volumus & etiã annullari. Sic igitur faciatis obseruari præmissa quòd ad nos super contrario non referatur querela: Scituri quòd si cõtrà feceritis, præter periurij notam, nostram pariter incurretis offensam. Reddite litteras. Datum apud Tauerniacum quinta die Iunij anno Domini millesimo trecentesimo decimo septimo. Et nous les choses deuant dictes & chacune d'icelles, si comme elles sont cy-dessus diuisées, auons agreables, & les leons, ratiffions, approuuons & confirmons de nostre auctorité Royal, sauf nostre droit en autres choses, & en toutes le droict d'autruy. Et que ce soit ferme & stable par tout temps, nous auons fait mettre nostre seel à ces presentes lettres. Donné à Marisy sainct Maart l'an de grace mil trois cens trente au mois de Septembre. *Quasquidem litteras ac omnia & singula in eis contenta rata habentes & grata, prout & quemadmodum superiùs sunt expressa, ea volumus, laudamus, approbamus, ratificamus & speciali gratia auctoritatéque nostra regia tenore præsentium confirmamus: & quòd istud firmum & stabile perpetuò perseueret, sigillum nostrum quo ante susceptum regimen vtebamur, præsentibus duximus apponendum, saluo iure nostro in aliјs & in omnibus quolibet alieno. Actum & datum Parisius, anno Domini millesimo trecentesimo quinquagesimo, mense Februarij. Nos autem præscriptas litteras ac omnia & singula in eis contenta rata habentes & grata, eas & ea prout superiùs sunt expressa, volumus, laudamus, ratificamus & approbamus, tenoréque præsentium de nostra gratia speciali & auctoritate regia confirmamus. Quòd vt præsentes litteræ perpetuò valeant & habeant firmitatem, has nostri fecimus sigilli munimine roborari, saluo in aliјs iure nostro & in omnibus quolibet alieno. Datum Parisius anno Domini millesimo trecentesimo septuagesimo tertio, & regni nostri decimo, mense Octobris. Nos autem præscriptas litteras ac omnia & singula in eis contenta, ratas habentes & gratas, eas & ea prout superiùs sunt expressa volumus, laudamus, ratificamus & approbamus, tenoréque præsentium de nostra speciali gratia & authoritate regia cõfirmamus. Quod vt firmum & stabile perpetuis perseueret temporibus, has præsentes nostri fecimus appẽsione sigilli muniri, saluo in aliјs iure nostro & in omnibus quolibet alieno. Datum Parisius mense Augusti, anno Domini millesimo trecentesimo octuagesimo primo & regni nostri primo. Quod vt firmum & stabile permaneat in futurũ, præsentes litteras sigilli nostri, in absentia magni ordinati, munimine fecimus roborari. Datum & actum Parisius in Parlamento nostro, anno Domini millesimo trecentesimo octogesimo secundo, & regni nostri tertio, die vicesima nona mensis Nouembris.* Et sur le reply est escript ce qui ensuit, *Per arrestum Curiæ*, Iouuence, & seellé.

Arrest de la Cour entre les Commissaires & Notaires pour le faict des Inuentaires.

CAROLVS DEI GRATIA FRANCORVM REX, *Notum facimus vniuersis præsentibus pariter & futuris, quòd cùm Notarij Castelleti nostri Parisiensis nostræ Parlamenti Curiæ nuper exponi fecerint, quòd certa lite dudum in eadem Curia mota & introducta inter dictos Notarios ex vna parte, & Examinatores dicti Castelleti ex altera, ratione confectionis inuentariorum, nec non partagiorum & diuisionum bonorum, quæ dicti Notarij ad causam eorum Notariatus Officij ad eos & ad nullos alios spectare dicebant. Dictis partibus auditis per Arrestum eiusdem Curiæ die vicesima nona mensis Nouembris, anno Domini millesimo trecentesimo octogesimo secundo prolatum dictum fuerat inter cætera, quòd ad dictos Notarios ad causam eorum Notariatus officij prædicti spectabat & spectat facere Inuentaria nec non partagia & diuisiones bonorum & non ad Examinatores prædictos, & quòd de his vterentur & gauderent dicti Notarij iuxta certæ eorum chartæ seriem & tenorem, & hoc dictum arrestum in dicto Castelleto nostro Parisiensi Locumtenente Præpositi nostri Parlamenti ibidem in iudiciis pro tribunali sedente per Petrum Burnost dicti Parlamenti nostri Hostiarium ad requestam dictorum Notariorum in dicto Castelleto præsentatum & traditum legi & publicari per magistrum Iohannem le Begue clericum Præpositura nostræ Parisiensis fuisset, dictus Hostiarius ex parte nostra & dicta Curiæ nostra dictis Præposito & eius Locumtenentibus ac Examinatoribus inhibuisset, ne contra prædicti Arresti executionem aliquomodo attentarent. Nihilominus dicti Examinatores aut saltem nonnulli corporum de præcepto dicti præpositi vel alias plura inuentaria nec non partagia & diuisiones bonorum fecere, & dictus Præpositus seu eius Locumtenens præcipere dictis examinatoribus vt dicta inuentaria partagia & diuisiones bonorum facerent nisi fuerant & nitebantur cōtra dictum arrestum ac defensiones & inhibitiones sibi factas veniendo, etiam contra dictum arrestum attentando ac in corporis Notariorum præiudicium & iacturam vt dicebant. Cúmque dicti Notarij certam in scriptis eidem nostræ Curiæ requestam tradidissent supplicātes eisdem super hoc de remedio condecenti prouideri: quódque requesta dictis Examinatoribus ex eiusdem Curiæ ordinatione ostensa fuerat: Constitutis nuper in eadem Curia dictis Notariis ex vna parte & Præposito nostro Parisiensi, nec non procuratore nostro à dictis Examinatoribus, prout quemlibet prædictorum tangebat seu tangere poterat: ex altera dicti Notarij petebant & requirebant quatenus ex parte dictæ nostræ Curiæ prædictis Examinatoribus inhiberetur & defenderetur ne de cætero inuentaria, nec non partagia, & diuisiones bonorum facerent, & insuper quòd contra dicti Arresti tenorem minimè attentarent, quinimò quæ contrà fecerant, reuocarent, & ad statum pristinum & debitum reducerent, & adnullarent quòd dicti Examinatores in expensis dictorum Notariorum condemnarentur. Dictis Præposito, Procuratore nostro & Examinatoribus, prout quemlibet eorum tangebat seu tangere poterat, ex aduerso proponentibus & dicentibus quòd Notarij antiquitus in dicto Castelleto pro negotiis quæ partes inter se voluntariè volunt agere, & Examinatores vt cum Præposito nostro Parisiensi iudiciis præsertim super carrellis assistant, introducti & ordinati fuerant. Sæpe verò contingit, quòd Præpositus noster Parisiensis alteri Examinatorum dicti Castelleti præcipit informationem bonorúmque inuentarium fieri, & quemadmodum per summarium mancipari: plerumque etiam oportet in exequendo vnam querimoniã in casu nouitatis & saisinæ, cuius executio alteri dicti Castelleti Examinatori commissa extitit, inuentarium bonorum fieri nec non bonorum vacantium, vt si quis aduena Parisiis absque herede de suo corpore procreato decederet, etsi dictus præpositus alteri dictorum Examinatorum præmissa committere non posset, manus haberet ligatas plusquam alius quicumque regni nostri iudex ordinarius: & nihilominus idem Præpositus erat, & est maior iudex noster ordinarius post Curiam nostram Parlamenti, vt dicebat. Dicti verò Examinatores præmissa faciebant eorum sumptibus & expensis, cùm non esset pars quæ prosequeretur: quod non faciebant nec facere consueuerant Notarij prædicti: omni die verò consimiles casus vel alij repentini superuenire poterant, in quibus idem Præpositus prouidere & committere poterat alterum dictorum Examinatorum circa facta iudiciaria magis quàm dicti Notarij erant prouidi & experti. & quia nonnulli dictorum Notariorum scilicet de præmissis nondum intromittere voluerant, multa incommoda nobis & partibus ac inconuenientia fuerant subsequuta. Præterea dicebant quòd de iure communi ciuili iudex ordinarius ea quæ suam iurisdictionem concernunt committere potest, &*

sic in dicta Curia nostri Parlamenti notoriè obseruatur. Dicebant insuper quòd dicta charta qua dicti Notarij se iuuabant in hac causa, sibi prodesse non poterat, nec debebat; nam dicta charta solùm prædictos Examinatores & eorum clericos, quando aliquid præmissorum eorum voluntate & authoritate faciunt, non dictum Præpositum nec etiam dictos Examinatores quando dictus Præpositus hoc eisdem præcipit seu committit, comprehendit. Dicta etiam charta loquitur expressè de litteris in quibus signa duorum Notariorum & sigillum præpositurae Parisiensis oportet apponi, quod non erat; nec est necesse in inuentariorum nec non partagij & diuisionis bonorum confectione, sed sufficiebat & sufficit præmissa sigillo alterius dictorũ Examinatorum, quod interdum sub sigillo dictae præpositurae Parisiensis approbatur, sigillari. In dicta etiam charta nulla habetur mentio de partagiis & diuisione bonorum: & dato sine præiudicio, quòd ad dictos Notarios inuentariorum, partagij & diuisionis bonorum confectio spectaret, esset sola scriptura & non confectio præmissorum: & si dicti Notarij arrestum in dicta nostra Curia contra prædictos Examinatores obtinuerant, illud erat ad dictam chartam relatiuum, & iuxta ipsius chartae seriem & formam debebat intelligi, prout ex ipsius inspectione liquidè poterat apparere, & talis fuerat & erat intentio Curiae nostrâ prædictae: nam si dicti Notarij omnia quae contendunt & non dicti Examinatores facerent, ijdem Notarij essent nimis onerati, nec ad ea sufficere possent. Dictum etiam arrestum ad inuentaria, nec non partagia & diuisiones bonorum quae de præcepto dicti Præpositi fiebant, se non extendebat nec extendi debebat: nam tunc per dictos Notarios hoc petitum non fuerat: dictum etiam arrestum super hoc non decidebat nec decidit, sed solùm continet quòd ad dictos Notarios ad causam eorum Notariatus officij spectabat & spectat, confectio inuentariorum nec non partagij & diuisionis bonorum, & per præmissa dictum arrestum effectum sortietur & habebit: nam dicti Examinatores eorum auctoritate propria præmissa facere non possunt nec debebunt. Ex quibus & aliis per ipsos Præpositum, Procuratorem & Examinatores latiùs propositis requirebant, quatenus per eandem Curiam nostram declararetur dictum Præpositum præmissa dictis Examinatoribus posse committere: quódque intentionis dictae curiae non existit vt dicti Notarij partagia & diuisiones bonorum faciant, & si quid facere debeant sit solùm scriptura & non cõfectio, iuxta formam & tenorem eorum chartae: & non aliter diceretur, quòd dictos Notarios eorum charta prædicta abusos fuisse & ob hoc nobis in emenda condemnarentur, & quòd dicti Examinatores contra dictum arrestum non venerant nec veniebant, ex præmissis concludent quatenus dicti Notarij ad eorum requestam non admitterentur, & si admittentur quòd dicta requesta sibi non fieret dictum quod arrestum modo & forma per dictos Præpositum Procuratorem & Examinatores supratactis per eandem curiam nostram declararetur, & quòd dicti Notarij in expensis dictorum Examinatorum condemnarentur: Dictis Notarijs replicantibus & dicentibus quòd in omni Curia sunt diuersi Officiarij sua officia exercẽtes & de iure & ratione iudex officium vnius alteri committere non poterat nec debebat: quodque dicti Notarij pro inuentarijs, nec non partagijs & bonorum diuisionibus, & dicti Examinatores pro examinibus faciendis ordinati & instituti fuerant. Aliter verò dicti Notarij in prædicta nostra Curia proponi fecerant quòd ad ipsos ad causam eorum officij, inuentaria nec non partagia & diuisiones bonorum facere spectabat. Dictis Examinatoribus ex aduerso proponentibus & dicentibus ad eos præmissa pertinere præsertim ad præceptum dicti præpositi. Dictis Notarijs replicando contrarium dicentibus & dictis partibus super his ad plenum auditorium per arrestum prædictum dictum fuerat, quòd præmissa facere ad dictos Notarios ad causam eorum officij Notariatus spectabat: sicque dictũ arrestum iuxta narrata & conclusiones intelligi: & ad ea quæ dictus Præpositus de præmißis se posse committere contendit, extendi debebat: Dicti etiam Præpositus, Procurator & Examinatores ad dicendum quòd dicta charta nullam de partagijs & bonorum diuisionibus faciebat mentionem, non erant nec sunt admittendi, sed contra dictum arrestum veniebant & nobis emendare debebant aliter quòd omnia præmissa dicti Examinatores proponi fecerant & deberent per viam propositionis errorum in hac parte procedere: & si dicti Notarij solum scripturam & non confectionem præmissorum haberet, hoc eisdem non prodesset, sed esset dictũ arrestum illusoriũ & nullius effectus, inuentaria quæ per Notarios fieri consueuerant & sic communiter obseruatur: & si dictus Præpositus aliqua dictis Examinatoribus committere poterat, erant explecta iustitiæ duntaxat: quare dicebant dicti Notarij quòd ipsi erant admittendi, & ad hoc & aliud prout suprà concludebant: Dictis Præposito, Procuratore & Examinatoribus duplicãtibus & dicentibus, quòd ea quæ per duos Notarios signari & deinde sub sigillo dicti Castelleti sigillari debebant, vt confectionem vnius testamenti vel obligationis dictus Præpositus prædictis Examinatoribus committere non poterat nec consueuerat, & sic continebat & intelligi debebat charta prædicta, sed confectionem inuentariorum & aliorum in dicta charta minimè comprehẽsorum dictus Præpositus dictis Examinatoribus committere poterat, nec super hoc facta fuerat ordinatio, sed uti poterat iure communi dictus Præpositus quemadmodum cæteri iudices ordinarij: nec erat necesse inuentaria signo manuali alicuius Notarij signari, sed sufficiebat quòd sigillo alterius Examinatorum signarentur, vt præfertur, dictóque Præposito omnis actus iudiciarius spectabat: dictum etiam arrestum prædictum Præpositum non comprehendebat eum, cùm aliter non fuisset in processu, requirebat quòd dictus Procurator noster vt per eandem Curiam declararetur quòd sola scriptura ad dictos Notarios spectabat quódque dicto Præposito dicta Curia præciperet, quòd præmissis vteretur prout hactenus fecerat & consueuerat, ad hoc & aliud prout suprà concludendo. Tandem auditis partibus antedictis in omnibus quæ circa præmissa dicere & proponere voluerunt, visis insuper charta, arresto & requesta prædictis, consideratísque & attentis diligenter omnibus circa hoc attendendis & quæ dictam Curiam nostram in hac parte mouere poterant & debebant: per arrestum eiusdem Curiæ dictum fuit quòd dicta charta & arrestum ad prædictam chartam, vt prædicitur, relatiuum sunt claré & liquidè seu clara & liquida absque obscuritate: & per idem arrestum dictum fuit quòd dicta Curia in prædicto arresto nihil immutabit: cuiusquidem arresti in quo dicta charta inseritur, tenor sequitur sub his verbis. CAROLVS Dei gratia Francorum Rex, Notum facimus vniuersis præsentibus pariter & futuris, quòd cùm Notarij Castelleti nostri Parisiensis nostræ Parlamenti Curiæ nuper exponi fecerint, quòd licet dudum per certas literas & chartam infrà scriptam super hoc eisdem Notarijs concessas dicti Notarij ad numerum sexaginta duntaxat pro negotijs dicti Castelleti peragendis & expediendis fuissent reducti exclusis alijs quibuscumque, ordinatúmque tunc fuisset quòd dicti sexaginta Notarij ad causam officiorum suorum & nulli alij facerent ac eisdem facere liceret literas, instrumenta, commissiones, inuentaria seu qualibet alia acta iudicialia memoralia, depositiones testium, processus & alias scripturas quascumque sub sigillo dicti Castelleti confectas: quæ quidem ordinatio deinde confirmata & approbata fuerat: Et quia dudum dicti Castelleti Examinatores qui non sunt de numero dictorum sexaginta Notariorum, nec in eadem ordinatione comprehensi, & qui dumtaxat pro expeditione causarum dicti Castelleti in facto examinationis seu examinis & in his quæ factum examinationis seu examinis duntaxat concernunt facti sunt & instituti, prout in eorum chartis seu litteris, & ordinatione creationis eorum dicitur latiùs contineri, dictos Notarios in eorum officio perturbauerãt & impedierant sibi ipsis Examinatoribus eorum spontanea voluntate potestatẽ & authoritatem faciendi inuentaria, partagia & diuisiones bonorum inter partes attribuendo, certa lis & processus inter dictos Notarios ex vna parte & dictos Examinatores ex altera dudam moti & inchoati fuissent & adhuc in eadem Curia nostra pendere dicantur, qui quidem processus necnõ articuli & rationes super hoc facti pluribus Commissarijs dictæ Curiæ nostræ traditi fuerant: penes quos quidem Cõmissarios qui ab hac luce migrauerant & alio casu fortuito siue facto & culpa dictorum Notariorum dictus processus perditus fuerat, nec deinde reperiri potuerat. Nihilominus dicti Examinatores præmissis non obstãtibus, dictis Notarijs in eorum officijs notariatus plures oppressiones, damna & impedimẽta fecerant & de die in diem facere non cessabant, eorum spontanea voluntate faciendo inuentaria nec non partagia & diuisiones bonorum in formam litterarum promissione seu obligatione minus vallatarum, eorum sigillis priuatis & incognitis sigillatarum, quibus nulla fides adhiberi debebat, & quas per litteras signo manuali alterius duorum Notariorum comprobare oportebat, talem de facto sibi potestatem attribuendo in dictorum Notariorum præiudicium non modicum & iacturam eorúmque officij diminutionem, nec non contra tenorem dictæ chartæ seu ordinationis temere veniendo & ea abutendo in hac parte. Et quia dicti Notarij certas defensiones & inhibitiones ex parte nostra seu dictæ Curiæ nostræ dictis Examinatoribus fieri fecerant, dicti Examinatores contra dictas inhibitiones & defensiones se opposuerant, & ob hoc fuerãt ad certã diem lapsam in dicta Curia nostra adiornati de & super præmissis dictis Notarijs responsuri ac vlterius processuri & facturi vt esset rationis, prout hæc & alia dicti Notarij ex tenore certæ requestæ dictæ Curiæ nostræ exhibitæ & traditæ & ex relatione certi dicti Parlamenti nostri Hostiarij latiùs apparere dicebant. Constitutis igitur propter hoc in dicta Curia nostra partibus antedictis seu earum procuratoribus, dicti Notarij hæc & alia latiùs proponendo concludebant, quatenus dicti Examinatores iuxta tenorem suæ creationis essent contenti, dictáque Curia nostra dictos Notarios eorum officio Notariatus vti & gaudere permitteret iuxta tenorem & formam suarum literarum ac ordinationis seu chartæ prædictarum, & quòd dicti Examinatores in expensis huiusmodi causæ condemnarentur. Dictis Examinatoribus ex aduerso proponẽtibus & dicentibus quòd eorum officium erat notabile ac magnæ auctoritatis & potestatis, & ad faciẽdum seu consulendũ criminalia & cætera Præpositi nostri Parisiensis iudicia, dictus Præpositus ipsos appellabat, erántque *sexdecim duntaxat ac maioris auctoritatis quàm Notarij prædicti: quódque dicti Notarij nullam chartam seu ordinationẽ à prædecessoribus nostris vnquam habuerant nec habebant, & si quas literas obtinuerant vel habebant, erant duntaxat quædã impetrationes ad partem concessæ, dictis Examinatoribus non vocatis ac informationẽ de commodo & incommodo reipublicæ minimè facta præcedente: quibus quidem literis seu impetrationibus vsi non fuerant dicti Notarij, quinimo si interdum vti voluerant, tunc dicti Examinatores statim hos impedierant & se opposuerant: Et per ipsas vsui antiquo quo vsi sunt dicti Examinatores, videlicet faciendi inuentaria, necnon partagia & diuisiones bonorum, derogare non intẽdimus, nec volumus, vt dicebant, huiusmodique prosecutionem faciebant dicti Notarij pro eorum priuato & singulari commodo & non pro publica vtilitate: dicti insuper Notarij de ijs quæ fiunt & fieri consueuerunt in iudicio, se intromittere non debebant, sed duntaxat de contractibus & obligationibus inter contrahentes voluntariè factis & initis, ad ipsósque Notarios processus, acta, inuentaria & diuisiones bonorum facere non spectabat, nam an faciendum acta iudiciaria certi erant in dicto Castelleto deputati & commissi, & ad faciendum inuentaria & diuisionem bonorum aliqualis causæ cognitio requiritur, & de his quæ causæ cognitionem exigunt, dicti Notarij se intromittere non debebant, sed ad dictos Examinatores qui de his quæ causæ cognitionem requirunt se intromittunt & intromittere possunt & consueuerunt, spectabat. Dicebant insuper dicti Examinatores, quòd in eodem Castelleto fuerant Examinatores priusquam Notarij introducti, dictique Examinatores à dicto tempore vsi fuerant faciendi processus, inuentaria, ac diuisionem bonorum & cætera omnia quæ dictus Præpositus eisdem præcipiebat: & si post examinationem testium per dictos Examinatores factam dicti Notarij processus facerent, hoc esset nimis sumptuosum partibus, ac secreta causarum & Curiæ reuelare, quod esset inconueniens & absurdum: fides etiam dictis Examinatoribus & his quæ faciebant adhiberi debebat: & ex abundanti possunt sigilla sua sub sigillo authentico approbari facere si sit opus. Dicebant vlterius quòd cùm dicti Notarij proponi fecerint, quòd de his de quibus nunc agitur alius processus in dicta Curia nostra inceptus fuerit & adhuc pendebat, & quòd dati fuerant Commissarij, dicti Examinatores expensas præiudiciales habere debebant in hac causa: & attẽto etiam quòd litis contestatio facta fuerat, dicti Examinatores ab impetitionibus & demandis dictorum Notariorum absolui debebant, & dicti Notarij in expensis dictorum Exami-*

natorum condemnare. Iure verò super hoc primitus habito dicti Examinatores proponebant vlterius, quòd Procurator noster cum ipsis adiungi debebat in hac causa, attento maximè quòd eorum officium notabilius erat & antiquius quàm officium Notariatus prædictum: & insuper quòd dictis Notarijs in nullo tenebantur, nec eisdem erant obligati, & sic contra ipsos dicti Notarij actiones intentare non poterant nec debebant. Ex quibus & alijs per ipsos propositis concludebant quatenus dicti Notarij ad sua proposita non admitterentur, & si admitterentur quòd ipsi causam vel actionem non haberent faciendi suas conclusiones & demandas supradictas: & si causam vel actionem haberent quòd dicti Examinatores ab eisdem absoluerentur, & quòd dicti Notarij in eorum expensis condemnarētur. Dictis Notarijs replicantibus & dicentibus quòd eorum officium erat notabile & magnæ auctoritatis, quòdque litteræ per ipsos impetratæ non erant litteræ ad partem impetratæ, sed erant ordinatio pro securitate certa & prouisione perpetua per regē Philippum Pulchrum prædecessorem nostrum in suo consilio facta & edita per successores dicti Philippi Pulchri prædecessores nostros & per nos confirmata: actáque iudiciaria, processus & scripturas examinationis testium debere facere non intendebāt nec proponi fecerant, sed duntaxat inuentaria ac diuisionem bonorum quæ causæ cognitionem non requirebant. Dicebant insuper quòd dicti Examinatores cognitionem causæ non habebāt, & dato sine præiudicio quòd ea quæ per dictum Præpositum sibi præcipiebantur facere possent, non erat nec intelligi debebat de his quæ ad dictos Notarios spectabant: erántque dicti Notarij sexaginta, vt profertur, promptiores ad negotiandum & pro minori pretio ac magis ad vtilitatem partiū & pro bono publico quàm Examinatores prædicti. Et quòd dudum certa lite inter dictos Notarios ex vna parte & dictos Examinatores ex altera in dicta Curia nostra mota & pendente per eandē Curiam ordinatum fuerat quòd quælibet dictarum partium iure suo vteretur: & nihilominus dicti Examinatores contra dictum appuntamentum veniendo contra chartas seu litteras dictorum Notariorum, certas interprisias fecerant: & ob hoc dicti Notarij requestas & conclusiones ac prouisionem superiùs declaratas fecerant ac requisierant. Dici non debebat dictos Notarios nouum processum inchoasse, nec habere debebāt dicti Examinatores expensas præiudiciales in hac causa præsertim, cùm processus alius in hac causa prout dicitur factus casu fortuito amissus fuisset. Ex quibus & alijs per ipsos replicando latiùs propositis dicebant quòd ipsi erant ad sua proposita admittendi, quódque dictus Procurator

noster

noster cum ipsis adiungi debebat ad fines prædictos & aliter prout suprà concludendo. Dictis Examinatoribus duplicantibus & dicentibus quòd de processibus, contractibus & obligationibus nulla ad præsens erat quæstio, sed duntaxat de inuentarijs & diuisione bonorũ faciendis: erántque dicti Examinatores, & eorum officium antiquiores quàm officium Notariorum prædictorum. Dicebant insuper quòd in dubio præmissis attentis meliùs erant fundati, ac maior erat pro ipsis præsumptio quàm pro Notarijs prædictis: nam dicti Notarij de contractibus & obligationibus ac cæteris negotijs voluntarijs, & non de confectione inuentariorum ac partagiorum & diuisionis prædictorum ac cæterorum contentiosorum quæ in iudicium redduntur se intromittere debebant: & attento quòd prout dictum est, per dictam Curiam nostram appuntatum seu ordinatum fuerat, quòd quælibet dictarum partium iure suo vteretur, apparebat & apparet manifestè quòd litteræ dictorũ Notariorum quas chartã & ordinationem appellabant & appellant, non erant nec sunt claræ & liquidæ, sed obscuræ & per vsum interpretari debebant. Ex quibus & alijs per ipsos propositis concludebãt, quòd essent ad sua proposita admittẽdi & aliter prout suprà. Tandem auditis partibus antedictis in omnibus quæ circa præmissa dicere & proponere voluerunt: visis insuper certis chartis seu litteris, actis & munimentis per ipsas partes eidem Curiæ nostræ exhibitis & traditis, consideratísque & attentis diligenter omnibus circa hoc attendendis, & quæ dictam Curiam nostram in hac parte mouere poterant & debebant: Per arrestum eiusdẽ Curiæ dictũ fuit quòd ad dictos Notarios ad causam eorũ officij Notariatus prædicti spectabat & spectat facere inuentaria, nec non partagia & diuisiones bonorũ, & non ad Examinatores prædictos, & de his vtentur & gaudebunt de cætero dicti Notarij iuxta formam & tenorem dictæ eorum chartæ seu ordinationis infrà scriptæ. Et per idem arrestum dicta Curia nostra dictos Examinatores in expensis dictorũ Notariorum condemnauit & condemnat, earumdem expensarum taxatione dictæ Curiæ reseruata. Tenor verò chartæ seu ordinationis dictorum Notariorum sequitur in hæc verba. CAROLVS *Dei gratia Francorũ rex. Notum facimus vniuersis præsentibus pariter & futuris, nos carissimi Domini & genitoris nostri vidisse litteras quarum tenor talis est.* CAROLVS *Dei gratia Francorũ Rex. Notum facimus vniuersis modernis & futuris, nos carissimi Domini & genitoris nostri vidisse litteras quarũ tenor talis est.* IOHANNES *Dei gratia Francorum Rex. Notum facimus vniuersis tam præsentibus quàm futuris, nos litteras inclytæ recordationis carissimi Domini & genitoris nostri eius magno sigillo sub cera viridi & laqueo de serico sigillatas vidisse, formam quæ sequitur cõtinẽtes.*

PHILIPPE par la grace de Dieu Roy de France. Sçauoir faisons à tous presens & aduenir, que nous auōs veu les lettres de nostre tres-cher Seigneur & Cousin Philippe jadis Roy de France & de Nauarre, contenans la forme qui s'ensuit. PHILIPPVS *Dei gratia Francorum & Nauarræ Rex, Præposito ac sigillifero Castelleti nostri Parisiensis salutem. Cùm ex tenore ordinationis & confirmationis per inclytæ recordationis regem Philippum carissimum genitorem & Dominum nostrum, facta deliberatione & informatione præcedentibus appareat euidenter quòd pro vitandis malis plurimis atque periculis quæ ex confusa Notariorum dicti Castelleti multitudine prouenire dicebantur, dicti Notarij ad certum numerum, videlicet sexaginta, quos ad dicti Castelleti gerenda negotia compertum fuit sufficere, reducti fuerunt exclusis alijs quibuscumque: Inter quos sexaginta in dicta ordinatione expressos nonnulli tam Præpositi quàm Auditores, qui tunc erant, ac etiam Examinatores & alij non existentes Notarij nominati fuerunt & retenti in ordinatione supradicta, prout ad auditum nostrum Notariorum ipsorum Castelleti prædicti insinuatio querulosa produxit. Mandauitque postmodum dictus genitor & Dominus noster per suas litteras Præposito tunc Parisiensi, vt omnibus aliis in dicta ordinatione non expressis ab officio Notariæ Castelleti prædicti prorsus amotis supradictos in dicta ordinatione cōtentos, qui ad sexagenarium duntaxat numerum ascendebant, absque huius augmentatione numeri permitteret officium ipsum exequi & liberè exercere, prout hæc & alia in ipsius Domini & genitoris nostri litteris pleniùs vidimus contineri. Quamquidem ordinationem claræ memoriæ Rex Ludouicus carissimus germanus & Dominus noster per suas subsequentes & nos postmodum per nostras duximus litteras confirmandam. Nihilominus sicut ex Notariorum ipsorum querulosa insinuatione audiuimus, quamquam per supradictum genitorem nostrum & dominū Præposito & Sigillifero, qui pro tempore fiunt, firmiter & districtè præcipiendo datum fuit in mandatis ac etiam inhibitum expressè sub iuramentis suis, ne quasuis litteras, instrumenta, commissiones, inuētaria seu alia quælibet acta iudicialia vel processus, scripta per quosuis alios qui de dicto numero & iurati non essent, ipsi Præpositus & Notarij signare, ipséque Sigillifer sigillare auderent, sed potiùs ordinationem huiusmodi tenerent & seruarent, teneríque firmiter facerent & seruari absque augmentatione numeri prætaxati: tuique Præposite & Auditorum clerici & Examinatores eiusdem Castelleti & quidam alij Notarij processus, causas & negotia quæ in Castelleto ipso aguntur, lucri cupiditate accensi præoccupant, amplectuntur & hauriunt impudenter:*

ad quorum scripturas proprijs manibus sufficere non valentes, ea per quosdam clericos & scriptores non iuratos, nec de dicto existẽtes numero in domibus suis & cameris ac alibi scribi faciũt & transcribi, in ipsorũ Notariorum conquerentium ordinationisque prædictæ & confirmationis eiusdem præiudiciũ, elusionem, contemptum & grauamen. Qui quidem scriptores clericuli non intelligentes quæ scribunt, secreta causarum plerumque partibus reuelasse dicuntur: ex quibus producuntur lites, conualescit falsitas & iustitia suffocatur. Quod etiam existit deterius quidem ex ipsis præoccupatoribus, dum à dicto Castelleto absentantur, suos habent clericos in suis locis residentes, qui litteras, instrumenta & acta conficiunt & ea sub nominibus magistrorum suorum signant, & in præsentia eorumdem temerariè, prout fertur, ex quo acta & instrumenta huiusmodi signantes meritò possunt argui falsitatis. Cæteri verò Notarij iurati de dicto existẽtes numero in suis sedẽt sedibus quotidie otiosi: nemo enim eos conducit, & ipsorum reliquias præoccupatorum mendicare coguntur: quod nihil aliud esse censemus, nisi quòd ipsi præoccupatores & clerici Notarios creent & faciant, statutúmque numerum augeant pro suæ libito voluntatis. Præmissa igitur debere corrigi cupiendo, nolendóque ordinationem & confirmationem numerũ ipsorum Notariorum infringere, sed potiùs facere inuiolabiliter obseruari & teneri; nec etiam totum emolumẽtum sic ad partem conuerti, quòd pars altera sit mendicans: mãdamus vobis insuper & vestrûm cuilibet districtè præcipiendo & sub iuramentis vestris quibus nobis adstricti tenemini, quatenus non obstãtibus quibuscumque litteris à nobis seu genitoribus nostris quomodolibet in contrarium impetratis à quibusuis personis, omnibus & singulis Auditoribus & Examinatoribus prædictis ex parte nostra sub iuramentis suis & officiorũ suorum amissione firmiter inhibeatis ne quis eorũ litteras quaslibet, memorialia, commissiones, testium depositiones, inuentaria seu acta quælibet vel processus, quæ manu Notarij iurati & de dicto existentis numero scripta non fuerint, quomodolibet signare præsumant: quæ etiã per te Præposite signari & per te Sigillifer sigillari sub iuramentis vestris specialiter prohibemus. Omnibus & singulis eiusdẽ Castelleti Notarijs & Examinatoribus vniuersis præsentibus & postmodũ anno quolibet futuris ex parte nostra sub iuramentis suis & sub officiorum suorum amissione: quibus si contra præsentem inhibitionem & sequentem fecerint, ipso facto volumus esse priuatos in plena audientia & per proclamationem publicam districtiùs inhiberi, ne quis eorum litteras quascumque, instrumenta, commissiones, depositiones, inuentaria, acta iudicialia vel processus aut scripturã quamcũque quæ per signa vel sigilla Castelleti transire, vel eisdem signari aut sigillari debeat, per alios quàm per Notarium iuratum & de dicto numero existentem scribi facere vel scripta signare audeat vel permittat signo suo quacumque de causa, vt tum ipsi, si eis abundant negotia, de connotariјs suis iuratis sumere debeant adiutores. Quòd si contrà fieret, illud ex nunc prout ex tunc præsentium auctoritate & ex certa scientia cassari penitus volumus & etiã annullari. Sic igitur faciatis obseruari præmissa quòd ad nos super contrario non referatur querela: Scituri quòd si contrà feceritis, præter periurij notã, nostram pariter incurretis offensam. Reddite litteras. Datum apud Tauerniacum 5. die Iunij anno Domini 1317. Et nous les choses deuant dictes & chacune d'icelles, si comme elles sont cy-dessus diuisées, auons agreables, & les leons, ratiffions, approuuons & confirmons de nostre auctorité Royal, sauf nostre droit en autres choses, & en toutes le droict d'autruy. Et que ce soit ferme & stable par tout temps, nous auõs fait mettre nostre séel à ces presentes lettres. Donné à Marisy sainct Maart l'an de grace 1330. au mois de Septembre. Quasquidem litteras ac omnia & singula in eis cõtenta rata habentes & grata, prout & quemadmodum superiùs sunt expressa, ea volumus, laudamus, approbamus, ratificamus & speciali gratia auctoritatéque nostra regia tenore præsentium confirmamus: & quòd istud firmum & stabile perpetuò perseueret, sigillum nostrũ quo ante susceptum regimen vtebamur, præsentibus duximus apponendum, saluo iure nostro in aliјs & in omnibus quolibet alieno. Actum & datum Parisius, anno Domini 1350. mense Februarij. Nos autem præscriptas litteras ac omnia & singula in eis contenta rata habentes & grata, eas & ea prout superiùs sunt expressa, volumus, laudamus, ratificamus & approbamus, tenoréque præsentium de nostra gratia speciali & authoritate regia confirmamus. Quòd vt præsentes litteræ perpetuò valeant & habeant firmitatem, has nostri fecimus sigilli munimine roborari, saluo in aliјs iure nostro & in omnibus quolibet alieno. Datum Parisius anno Domini 1373. & regni nostri 10. mense Octobris. Nos autem præscriptas litteras ac omnia & singula in eis contenta, ratas habẽtes & gratas, eas & ea prout superiùs sunt expressa volumus, laudamus, ratificamus & approbamus, tenoréque præsentium de nostra speciali gratia & authoritate regia cõfirmamus. Quod vt firmum & stabile perpetuis perseueret temporibus, has præsentes nostri fecimus appensione sigilli muniri, saluo in aliјs iure nostro & in omnibus quolibet alieno. Datum Parisius mense Augusti, anno Domini 1381. & regni nostri primo. Quod vt firmũ & stabile permaneat in futurum, præsentes litteras sigilli nostri, in absentia magni ordinati, munimine fecimus roborari. Datum & actum Parisius in Parlamento nostro, anno Domini 1382. & regni nostri 3. die vicesima nona mensis Nouembris. Quod vt firmum & stabile permaneat in futurum, præsentes litteras sigilli nostri munimine fecimus roborari. Datum & actum Parisius in Parlamento nostro, Anno Domini 1384. & regni nostri 4. die vicesima mensis Iulij. Et sur le reply est escript, *Per arrestum Curiæ*, signé Iouuence, & scellé du grãd seau de cire verte, sur laqs de soye rouge & verte.

Vidimus d'vn Arrest de la Cour entre Monsieur l'Euesque de Paris & Notaires du Chastelet.

A TOVS ceux qui ces lettres verront, Gilles Seigneur de Clamecy & de Prouuair, Conseiller du Roy nostre Sire, & garde de la Preuosté de Paris, salut. Sçauoir faisons que nous l'an de grace mil quatre cens vingt le Mercredy vingt-quatriesme iour de Iuillet, vismes vnes lettres du Roy nostredit Seigneur données en sa Cour de Parlement, & seellées de son grand seel en double queuë de cire iaune, desquelles la teneur s'ensuit. CAROLVS *Dei gratia Francorum Rex, vniuersis præsentes litteras inspecturis salutem. Notum facimus quòd in nostra Parlamenti Curia litigantibus dilecto & fideli consiliario nostro Episcopo Parisiensi actore ex vna parte, & Nicasio le Musnier, ac Stephano Boileaut Notarijs in Castelleto nostro Parisius, cæterorũque in dicto Castelleto nostro Notariorum defensoribus, Procuratore nostro cum ipsis adiũcto ex altera: Fuit pro parte dicti Episcopi propositum, quòd ipse qui Consiliarius noster existit hac ratione & altera cum suis iuribus, terris, iurisdictionibus & possessionibus quibuscumque in nostra speciali & saluagardia adeò notoriè existebat, quòd nullus inde poterat ignorantiam prætendere, quanquam ad causã dicti Episcopatus sui iura plura, nobilitates, dominia, iurisdictiones & possessiones, tam in villa Parisiensi à nobis insignè & immedietatè sui nominis superioritate & ressorto atque Curiæ nostræ prædictæ dicto Episcopatu pertinentis ex partagio, diuisione seu appanagio olim facto Episcopo Parisiensi regis tunc prædecessoris nostri germano tenebat & possidebat & inter cætera Parisius habebat & habet & insigne à nobis sub prædictis superioritate & ressorto: inde & simpliciter terram & iurisdictionem quæ vulgariter Forus Episcopi nuncupatur tenebat: pro qua regenda & gubernanda habebat, & habet officiarios, bailliuum, præpositum, tabelliones, seruientes & alios ministros ad exercitium dictæ iurisdictionis necessarios: quódque est in possessione, & ius habebat & habet solidè & insolidum ad causam iurisdictionis huiusmodi faciendi & fieri faciendi in dicta terra & iurisdictione fori Episcopi omnia explecta ad altam, mediam & bassam iurisdictionem spectantia, & quæ quilibet*

Dominus habens altam mediam & bassam iurisdictionem facere poterat: nec non quòd quotiens aliquis in dicta iurisdictione decedit absque hærede legitimo de suo corpore procreato, nec nullo successore propinquo ad quem de iure & ratione ipsius decedētis bona post eius obitum pertinere debeant, relicta bona huiusmodi decedentis capiēdi, habēdi & ad suam vtilitatem solùm & in solidum tanquam bona vacantia applicandi faciendique eo casu quo scilicet non apparet huius vel alius successor ad quem liquidè bona defuncti debeant pertinere, per se & suos officiarios huiusmodi bona arrestare & sub manu sua regi & tenere tanquam bona vacantia, & de ipsis inuentarium faciendi & fieri faciendi ad conseruationem iuris sui aut illorum ad quos pertinere deberent, eáque sub dicta manu sua tenendi & conseruandi donec appareat alius habens vel legitimus hæres defuncti, vel alter, cui de iure & ratione, vsu, vel consuetudine illa restituere teneatur. Ius etiam habebat & erat in possessione & saisina per se vel officiarios suos cognoscendi solus & in solidum inter partes si ratione bonorum huiusmodi decedentium, lis vel controuersia oriatur, & ea parte ad quam de iure pertinēre deberet deliberandi seu deliberare faciendi, atque etiam in dicta terra & iurisdictione sua faciendi, & fieri faciendi omnia bonorum inuentaria tam ad requestam partis, quàm alterius quandocumque casus exigit, ac etiam exigendi & recipiendi iuramenta in talibus præstari consueta & alia ceteráque necessaria iure suæ iurisdictionis ordinariæ faciendi, quamquam nullus & præsertim Castelleti nostri Parisius Notarij sub prætextu vel auctoritate sui officij, vel alterius eumdem Episcopum vel eius officiarios impedire possint, vel aliquid facere propter quod faciendi inuentaria vel alia explecta iustitiæ in dictis terra & iurisdictione sua idē Episcopus vel officiarij sui quouis modo impediantur, nec etiam sub officij eorumdem Notariorum velamine, vel auctoritate in eisdem terra, & iurisdictione sigillare, vel arrestare bona quæcumque sua, partagia, diuisiones, vel inuentaria facere, aut exigere iuramenta seu alia ad præmissa quouis modo pertinentia, vel alia explectum iustitiæ continentia, & insuper contradicendi & impediendi Notarios prædictos ne in dictis terra & iurisdictione sua sigillent, vel inuentaria per medium iustitiæ faciant, seu aliud quod vt inuētarium haberet: & generaliter contradicendi & impediendi ne aliquod explectū iustitiæ in dictis terra & iurisdictione suis faciant, quibusquidem iuribus, possessionibus & saisinis idem Episcopus & eius prædecessores, & alij à quibus causam habere dignoscitur vsi fuerant, & gauisi à tanti temporis spatio, cuius initij ac etiam de contrario me-

moria hominũ non exstabat: aut saltem per tẽpus sufficiens ad bonas & sufficientes possessionem & saisinam adquirendas & retinendas absque impedimento quocumque, quod ad ipsius peruenerit notitiam & sicut fuit appositum, postea tamen ad ipsius & prædecessorum suorum vtilitatem remotum & reparatum extiterat. Vlteriùs proponebat dicens Episcopus quòd Iohanna vxor Petri Forsene ciuis Parisiensis in domo ipsorum coniugũ in vico de Tirechappe Parisius sub prædicta iurisdictione fori Episcopi & alta iurisdictione ipsius Episcopi situata nullo hærede ex suo corpore procreato vel alio legitimo relicto, qui saltem appareret, diem suum clauserat extremum: propter quod de iure, vsu & consuetudine notoriis bona dictæ defunctæ, tanquam vacantia ob defectum hæredis eidem Episcopo tanquam alto iusticiario iure successorij edicti pertinebant, & de ipsius erat virtute consuetudinis generalis regni nostri per quam mortuus saisit viuum saisitus: & supposito quòd ad eum non pertinerent, attamen cùm ipsa nullum reliquerit hæredem ex corpore suo progenitum, vel alium qui se pro hærede ipsius gereret, ad ipsum, vel officiarios suos pro eo spectabat dicta bona arrestare, sigillare & inuentoriare ac ea sub manu sua tanquam iustitiæ conseruare, donec aliquis appareret qui de iure vel consuetudine deberet per eos expedire, & si aliqua super eis oriretur controuersia, de ipsa solùm & in solidum cognoscere & detrũcare de iure vsu & consuetudine prælibatis. Quibus tamen non obstãtibus prænominati Nicasius & Stephanus pro Notariis in dicto Castelleto nostro se gerentibus propria sua auctoritate absque commissione minimèque Episcopi prædicti vocata iustitia in domo prædictorum Petri & vxoris suæ ea defuncta & corpore adhuc præsente in sua iurisdictione vt proferetur per modum iustitiæ explectendo bona existentia arrestant, aut quæ tam in armariis quàm aliis locis & arcis domus suæ sigilla sua posuerant, cuius occasione corpore in terram sepulto generalibus eiusdem Episcopi officiariis ad dictam domum vt sigillarent & facerent inuentarium vt moris est & eis competebat, id facere impedimento per dictos Notarios in loco apposito & facto obsistente minimè potuerunt, requisitique dicti Notarij per ipsius Episcopi procuratorem qua auctoritate ad eos iure officij sui Notariatus competente id fecerant, & quod intentionis ipsorum erat inuentarium facere & bona æstimare ac iuramẽta in talibus fieri solita exigere, responderant innuentes nihilominus, quòd eorum explectum siue sigillatum talis erat vigoris, quòd idem Episcopus vel officiarij sui post sigilli eorum appositionem absque offensa bona sic sigillata capere, arrestare vel inuentoriare non poterant. Ex quibus dictorum Nicasij & Stephani Notariorum explectum fuisse & esse explectum iustitiæ reale & actuale, ac per ipsos non vt per priuatas personas, sed per modum iustitiæ factum, & ex consequenti cum vigore alicuius commißionis, id non fecerint, nec etiam iustitia loci, scilicet dicti Episcopi vocata, nullum & inualidum aut saltem damnabile & torsionarium & ad ipsius Episcopi vtilitatem reparabile sibi luculenter apparere dicebat, quinimo & ipsos etiam in eo deliquisse quòd ipsi qui ratione officij sui Notariatus nullum habent iurisdictionis exercitium, absque commißione in ipsius Episcopi alta iustitia & ea non vocata fecerant explectum supradictum, quod eis esto quòd iurisdictionis haberēt exercitium minimè licuerat nec licebat, nisi saltem commißionem haberent casum continentem & ipsius iustitia vocata ac in casibus superioritatis ressorti vel alterius priuilegiati secundum ordinationes regias: sed hoc faciendo ac ipsum & eius officiarium præmisso modo perturbando & impediendo vti iurisdictione sua, nostram infregerant saluamgardiam, sicque procuratorem nostrum secum adiungi debere præmißis attentis dicebat, & insuper quia petitione per eumdem Episcopum ex medijs supradictis edita cæterorum dicti Castelleti Notariorum Procurator in iudicio comparuerat pro prædictis Nicasio & Stephano nomine omnium Notariorum Castelleti defensionem suscipere satagens, explectum per eos factum aduocando & vt extra processum idem Nicasius & Stephanus ponerētur: proponebat dictus Episcopus quòd dicti Notarij corpus nec collegium habebāt, sed habebat & habet vnusquisque ipsorum officium singulare, nec nomine aliorum Notariorum vel collegij quod se dicunt habere, aut de eorum mandato id fecerant, sed ad requestam quarumdam priuatarum personarum duntaxat vt ipsi dicebāt. Prosequebatur etiam dictos Nicasium & Stephanum ex delicto & ratione saluægardiæ per eos infractæ, huius occasione ab Episcopis emendam requirendo, quo casu non debebat aliorum procurator supposito quòd collegium haberent, vel corpus ad suscipiendum pro ipsis defensionem adiungi, aut si saltem ad adiungendum se processui admitteretur, dicti tamen Nicasius & Stephanus in processu remanere debebant, nec non & Procurator noster cum eo & non cum dictis Notarijs adiunctus, quia ex eorum parte in nullo iuriū nostrorum tangebatur. Ex parte verò Episcopi concludebatur ad emendam quæ nobis ex Notariorum prædictorum delicto poterat deberi, quæ præmißis attentis & alijs per dictum Episcopum latiùs propositis explectum & sigillatum per dictos Nicasium & Stephanum in domo præfati Petri Forsene factum nullum aut saltem adnullandum tanquam torsionarium, & quidquid sit quod per eos reparandum

fuit

fuit, reparari debere, & ipsos illud faciendo deliquisse. Dicebat etiam ad emendas proprietates ac dicto Consiliario nostro faciẽdas honorabiles & vtiles prout discretioni dictæ Curiæ nostræ faciendum videretur condemnari & compelli, dictorúmque Notariorum Castelleti procuratorem nec ipsos Notarios per modum corporis vel collegij ad suscipiendum defensionem huius causæ pro dictis Nicasio & Stephano & ad se adiungendi huic processui non esse admittendos, sed remanerent duo singulares prædicti soli in processu, nec cum ipsis adiungeretur dictus Procurator noster in hac parte, sed cum dicto Consiliario nostro, se ab ipsis si adiunctus erat disiungendo: erátque idem Episcopus ad proposita per ipsum admittendus & non prædicti duo, & etiam cæteri Notarij, & saltem non valebant proposita per ipsos simul, vel separatim dici & pronũtiari: nec non quòd dicti Notarij duo & etiam cæteri alij prout quoslibet tam scilicet duos quam cæteros tangere & conuenire poterat, in ipsius damnis, interesse & expensis condemnarentur petebat, ac etiam concludebat pluribus per eum ad fines prædictos rationibus allegatis expressè protestando, quòd per quæuis ab eo proposita explectum solum ratione cuius præsens controuersia mouebatur & non alia in suis rationibus contenta in præsenti processu duntaxat intendebat deducere: Supradictis defensoribus & Procuratore nostro proponentibus ex aduerso, quòd secundum ordinationes regias & à legitimo tempore in Castelleto nostro Parisiensi erant, & esse consueuerant sexaginta Notarij Regij à nostris dudum prædecessoribus pro vtilitate reipublicæ, quantum eorum officium concernere poterat, atque potest, instituti & ordinati, qui ad causam officij sui Notariatus & absque alia commissione, & etiam eorum quilibet ex eorum institutione & creatione prædicta ius habebant & consueuerant faciendi & passandi litteras super quibuscumque contractibus sigillo nostro dicti Castelleti sigillandas & quæcumque genera inuentariorum, partagiorum, & diuisionum bonorum in villa & vicecomitatu Parisiensi & alibi generaliter per totum Regnum nostrum, potissimè cùm per eos ad quos huiusmodi bonorum dispositio pertinere censetur, siue tutores, curatores, executores, aut balliatores fuerint, & sunt requisiti, sicut præmissa per litteras, fundationes & creationes eorumdem à nobis & pluribus nostris prædecessoribus confirmatas liquidiùs apparere dicebant, quanquam duo Notarij erant & esse consueuerant & præsertim dicti Nicasius & Stephanus, qui de dictorum Notariorum erant numero, viri prudentes, legales & veridici & in eorum officio experti, quique sæpius ad requestam nonnullorum magnatum & dominorum de regno nostro litteras plurium contractuum *in diuersis partibus regni, nostri Flandriæ, Picardiæ, Britanniæ & Burgundiæ, in Calisio & terra Armaniaci & pluribus alijs locis regni nostri absque alia commißione, quàm iure officij sui receperant, fecerant & passauerant, sicut & cæteri Notarij eorũ consocij facere consueuerant, fuerántque & erant huiusmodi Notarij habẽtes litteras super cõtractibus & etiam omnium inuentariorum & diuisionum bonorum genera, maximè cùm per partes fuerant & erant requisiti, per totum regnum nostrum & specialiter in villa & vicecomitatu Parisiensi & in prædicta terra & iustitia dicti Episcopi, absque alia iustitia euocatione, vel commißione, poßeßione & saisina faciendi, nec non ipsi ad alicuius, vel aliquorum requestam pro faciendis inuentarijs fuerint euocati, & ea tunc facere, alijs impediti, aut complere nequiuerant, vel nequibant, loca, domos, cellaria, armariolas, arcas & similia suis sigillis, vel signetis sigillandi donec illa compleuerint & complere potuerint, sicque vsi fuerant dicti Notarij & eorum singuli suíque prædecessores tam in regno nostro, quàm villa & vicecomitatu prædictis, nec non in iustitia & iurisdictione dicti Episcopi per spatium decem, viginti, triginta, quadraginta annorum & ampliùs, & per tantum tempus de cuius contrario hominum memoria non existit, & quod erat sufficiens ad omnem bonam poßeßionem, & etiam ius rei acquirendum & retinendum: & quoties casus euenerant absque impedimento quocumque, & si quod extiterat appositum, postea tamen fuerat ad eorum vtilitatem reductum, prædictis Notarijs & eorum quolibet in prædictis iuribus & poßeßionibus remanentibus: quod accidisse dicebant in personas Ioannis Burgundi & prædicti Nicasij Notariorum ratione inuentarij bonorũ defuncti Dionysij Diuitis in iurisdictione dicti Episcopi commorantis: in quo licet fuissent per Leodegarium Benerron Curiæ dicti Parlamenti nostræ hostiarium eiusdémque Episcopi gardiatorem impediti, huiusmodi tamen impedimentum per magistrum Henricum de Marla, Episcopi prædicti tunc bailliuum, nunc verò in dicta Curia nostra præsidentem fuerat remotum, compleuerántque dicti Burgũdus & Nicasius inuentarium per eos inchoatum in sua poßeßione remanendo, quod etiam pluries acciderat in terra Episcopi dicti, tam in personas Nicasij prædicti & Ioannis Malelime, ac etiam dicti Stephani Boileaut & Ioannis Tillar dicti Castelleti Notariorum ratione inuentarij bonorum defuncti magistri Nicasij Fabri dudum in nostra prædicta Curia Procuratoris, ac etiam defunctæ Ioannæ Reginæ: super quibus impedimenta per bailliuos dicti Episcopi tunc existentes apposita remota fuerant, & dum Notarij per eos incæpta inuentaria compleuerant, suísque iuribus prædictis poßeßionibus vtendo prædicti & cæteri Notarij in iustitia &*

iurisdictione dicti Episcopi & alijs terris & iurisdictionibus dictæ villæ & ciuitatis Parisiensis & regni nostri scientibus & videntibus dominis & locorum iustitiarijs nullo super his apposito dictis Notarijs impedimēto, frequenter inuentaria fecerant & faciebāt: quinimo nuper lite mota in nostra Curia supradicta inter dictos Notarios ex vna parte & Examinatores in Castelleto nostro prædicto ex altera, ratione confectionis inuentariorum & partagiorum bonorum, partibus auditis per Arrestum eiusdem Curiæ nostræ dictum extiterat, quòd ad eosdē Notarios ad causam officij sui inuētaria, diuisiones & partagia facere pertinebat, & quòd de cætero iuxta tenorem litterarum suarum vterētur & gauderent: dictique Examinatores in eorum expensis condemnati vltimò proponebant, quòd dictis suis iuribus & possessionibus vtendo ad requestam Ioānæ nuper Petri Forsene coniugis, dicti testamenti sui seu extremæ ordinationis suæ complemento, dictum Petrum Forsene maritum suum ac Ioannem Peliçon suos nominauerat executores, quanquam ipsa defuncta prædicti, Petrus Yuo, & etiā cum eo dictus Iohānes Peliçon executorū nominibus Nicasium & Stephanum prædictos quatenus inuentarium facerēt bonorum inter dictum Petrum & præfatam defunctam dum viuebat communium requisierant: ad quorum requestam corpore dictæ mulieris insepulto & adhuc in domo existente prædicti Nicasius & Stephanus pro tuitione & securitate bonorum & ad eorum conseruationem qua hora non patiebatur vt inuentarium complerent, nonnulla loca, cameras, arcas & armaria suis sigillis & signetis sigillauerant: ipsis verò postea redeūtibus reperierant, quòd Dionisius Monachus seruiētem dicti Episcopi se dicens ad instantiam Iohannis gereret se Procuratorem dicti Episcopi gerentis: quorum dictus Episcopus factum ratum habuerat & gratum, loca per dictos Notarios priùs sigillata sigillauerat & eis maius apponebat impedimentum fecerat per Alealmum Cachematte, præfatæ Curiæ nostræ hostiarium & fori Episcopi gardiatorem se dicentem sigillare, in quo taliter fuerant dicti Notarij indebitè & torsionariè impediti quo ad complementū inuentarij prædicti intendere, neque cauere potuerant in suum cæterorúmque Notariorum dicti Castelleti præiudicium maximum præmissis attentis. Et dicebant & proponebant insuper omnes prædicti Notarij, ac etiam dicti Nicasius & Stephanus, & Procurator noster, quòd omnes prædicti Notarij nomine collegij sui ad suscipiendum defensionem nomine prædictorum Nicasij & Stephani erant admittendi, & dicti Nicasius & Stephanus extra processum ponendi, eò quòd in hac parte iura & possessiones totius dictorum collegij Notariorum *deducebantur & deducuntur, an videlicet in terminis & casu suprapositis eis liceret sigillare loca in quibus existunt bona de quibus inuẽtarium per eos fieri requiritur, quod suo singulari & priuato nomine, nisi quia sunt Notarij, dicti Nicasius & Stephanus, facere nequirẽt nec potuissent: quia cùm omnes etiam alios Notarios pariter concernat, liquidò ius eorum collegij deduci in hac parte spectat apparere: nam si contra prædictos Nicasium & Stephanum ipsis solùm in processu remanentibus Episcopus obtineret in causa ipse de cætero contra cæteros Notarios quòd in sua iustitia, vel terra sigillare non possent mittere & contendere: imò & si contra aliquem singularem alicuius collegij factum aliquod ipsum collegium concernendo facientem aliquid factum fuerit, ad collegium spectat & pertinet huiusmodi facti & illius qui fecit defensionem suscipere: alioquin facillimè iura collegiorum destrui possent & adnullari, quorum tamen iura fortiùs per collegium quàm per singulares poterant & possunt sustineri & defendi: & aliàs daretur occasio cõtra singulares collegiorum debiles attentandi à potentioribus metu litium, vel alteri resistere non valerent: sicque ex præmissis dictorum Notariorum collegium & Procuratorem ad suscipiendum dictam defensionem admitti, & dictos Stephanum & Nicasium extra processum poni, & in eo solùm tanquam duo collegij supposita remanere debere dicebant, præsertim cùm per factum ipsorum ius communis collegij Notariorum eorúmque iura & possessiones conseruentur, nihílque per eos sit factum quod de genere malorum censeatur, & cùm eorum possessiones prædictæ sint admittẽdæ. Præterea dicebant præfatum Episcopum non esse in hac parte ad proposita per ipsum contra ipsos Nicasium ac Stephanum ac Notarios admittendum: nam præsens controuersia ratione sigillati prædicti erat inchoata, quod prædicti Nicasius & Stephanus fecerant ad executorum defunctæ prædictæ requestam, quidquid non erat factum, vel explectum iustitiæ, vel iurisdictionis, vel tale per quod aliquam vellent facere in præiudicium iurisdictionis Episcopi prædicti interprisiam: sed erat & est solùm vnum factum voluntarium ad requestam partis requirentis factum & inceptum, sicut & de iure scripto testatur, quocumque sigillo sibi placuerit suum saltem potest testamẽtum sigillare, per quod tamen nulla sigillantibus maior attribuitur auctoritas, vel iurisdictio: eòque priuatorum consensus ei non daret iurisdictionem, qui sigillat; & hoc esset remouere facultatem cuilibet liberæ personæ consignationem iuris & bonorum suorum quærendi, quod nulla permitteretur ratione & esto siue putandũ, quòd factum etiam explectum iustitiæ censeretur eis, tamen id facere licuerat cùm ad nos per conuentionem iuriſdictio cognitio & pertineret, quam habueramus ex ſigillato dicti Caſtelleti ſub quo teſtamentum dictæ defunctæ confectum extiterat, cuiúſque & executionis ipſius factum executores prædicti nobis & iuriſdictioni noſtræ ſubmiſerant Notarios prædictos vt teſtamentum prædictum & inuentarium facerent requirendo: dictus etiam Epiſcopus eos deliquiſſe præmiſſa bona ſigillando, proponenda non etiam admittendum præmiſſa, & quia ſigillare prædicta bona reſpectu eorum qui requirebant non erat delictum, nec exceſſus, nec etiam dicti Epiſcopi reſpectu, quia non erat perpetratio mali: nam ſicut verberare vel interficere aut furtum facere & ſimilia, nec in ſui contemptum, vel in intentione ſuæ iuriſdictionis impediendæ fuerunt, ſed erat quoddam voluntarium & de voluntate executorum id requirentium factum & non animo aliquod factum iuſtitiæ exercēdi. Dicebat etiam procurator in propoſitione, quòd factum Dioniſij ſeruiētis ipſius Epiſcopi & etiam hoſtiarij ipſius ſe dicentis gardiatorem, erant facta in præiudicium temporalitatis noſtræ: nam cùm Notarij prædicti qui officiarij regij exiſtunt antè ſigillaſſent, non debuerant prædicti ſeruiens & hoſtiarius poſtea ſigillare, ſed per requeſtam à nobis vel per Curiam noſtrā ſuperiorem ſeu prouenire de remedio dictus Epiſcopus petere debuiſſet, eſto adhuc quòd prædicti Stephanus & Nicaſius indebitè ſigillaſſent, ſicque id reparari facere tenebatur & tenetur Epiſcopus prædictus & nobis in emenda condemnari. Quare ex præmiſſis & alijs pluribus rationibus latiùs propoſitis ſupradictos omnes Notarios ſui nomine collegij ad recipiēdum in auoamentum & defenſionem huius cauſæ pro & nomine dictorum Stephani & Nicaſij & ipſos Nicaſium & Stephanum extra proceſſum poni debere, & quinimo niſi vt de numero dictorum Notariorum non remanebunt, aut ſi remaneant quòd dicti Notarij cum his adiungentur & remanebunt adiuncti, dictúmque Epiſcopum ad deducendum huiuſmodi proceſſum contra dictos Stephanum & Nicaſium eorum ſingulari nomine non eſſe admittendum nec ad ſuſtinendum quominus Procurator noſter cum ipſis adiunctus remaneat dici & pronuntiari, aut ſaltem quòd cauſam & actionem non habeat, nec non quòd ab ipſius impetitionibus erant & ſunt abſoluendi & remanebunt immunes & abſoluti, & inſuper completum & ſigillatum per ipſos ſeruientem & gardiatorem ſigillatum ſeruientis prædicti confortando ad requeſtam Procuratoris ipſius Epiſcopi factum & quod idem Epiſcopus ratum habuit, adnulletur & ad nihilum ponatur, dictúſque Epiſcopus in emēdam, qualem diſcretioni Curiæ noſtræ videretur, ratione huiuſmodi interpriſiæ per detentionem temporalitatis cōdemnaretur dici & pronuntiari dictus Procurator noſter, & quòd cum eiſdem Notarijs adiunctus remaneret, nec non quòd ad proposita per ipsum erant & non dictus Episcopus admittendi, quanquam dictus Episcopus in ipsorum Notariorum & etiam dictorum Nicasij & Stephani, si & in quantum suo priuato nomine remanerent in processu condemnaretur. Petebant defensores supradicti ad præmissa concludendo. Tandem partibus antedictis in omnibus quæ in ea præmissa & tam replicando, quàm duplicando dicere & proferre voluerunt ad plenum auditis & ad tradendum rationes suas in scriptis per modum memoriæ vnà cum litteris earumdem ac in arrestum appunctatis, deinde verò per eandem Curiam nostram visis rationibus partium prædictarum ac munimentis & litteris earumdem, ordinatum extiterit, quòd super nonnullis ex factis prædictis incertis ex articulis partium prædictarum & specialiter ex eiusdem Curiæ nostræ ratione signatis vocatis euocādis inquiretur veritas, & informatione, vel inquesta super eis facta dictæ Curiæ nostræ reportata iunctis partium prædictarum rationibus litterarúmque suarum contradictionibus & rationibus earumdem hinc inde tradendis, si quas tradere valent, fieret ius eisdem. Visis igitur partium prædictarum rationibus & informatione seu inquesta supradicta vnà cum testamento prædictæ defunctæ, cæterísque considerandis & attendendis diligenter attentis; nec non, quòd explectum seu sigillatum in domo dicti Petri Forsene ad requestam executorum dictæ defunctæ factum extiterat, & quæ dictam Curiam nostram in hac parte mouere poterant & debebant. Per arrestum eiusdem Curiæ nostræ dictum fuit, explectum per prænominatos Notarios, Nicasium & Stephanum factum fuisse & esse validum, & tenebit ac remanebit & perficietur remouebitque omnes, faciet præfatus Episcopus remoueri sigillata posita per dictos seruientem & gardiatorem super bonis dicti Petri & eius vxoris prædictæ dum viuebat: alioquin eadem Curia nostra faciet remoueri dictos Notarios à cæteris impetitionibus eiusdem Episcopi absoluendo, ipsúmque in expensis præfatorum Nicasij & Stephani condemnando earumdem expensarum taxatione memorata Curiæ nostræ reseruata. In cuius rei testimonium præsentibus litteris nostrum iussimus apponi sigillum. Datum Parisijs in Parlamento nostro 8. die Iunij, anno Domini 1397. & regni nostri 17.* estoient ainsi signées sur le reply de la marge par bas, *Per arrestum Curiæ, I. Villequin*: & au dos estoit escript, Publié en iugemēt au chastelet de Paris le Samedy vingtiesme iour d'Auril l'an 1498. *Ita est*, Fresnes, &c. Et nous à ce present commis, & transcript, auons mis le seel de la Preuosté de Paris l'an & iour dessusdicts. Ainsi signé, Billard.

Sentence contre les Notaires Apostoliques.

A TOVS ceux qui ces presentes lettres verront, Pierre de Marigny, Conseiller, Maistre des Requestes de l'Hostel du Roy nostre Sire, & Commis à la garde de la Preuosté de Paris, Salut. Sçauoir faisons, qu'en l'an de grace mil quatre cens vingt & vn, le Ieudy dix-neufiesme iour de Iuin, furent presens en iugement pardeuant nous au Chastelet de Paris le Procureur du Roy nostre Sire audit Chastelet, au nom & pour iceluy Seigneur, & Guillaume de Bar comme Procureur de la Communauté des Clercs, Notaires du Roy nostre Sire audit Chastelet d'vne part, & discretes personnes Maistre Nicolas Paris commis pour & en l'absence de Maistre Iean Lohier Maistre és Arts & Licencier en Decret, & Maistre des Testamens de la ville & Diocese de Paris, Maistre Arnoul Doriot Tabellion Apostolique & Imperial, & Notaire de la Court de Monsieur l'Euesque de Paris, & Guillaume Camus aussi Notaire & Tabellion d'icelle Court, pour eux & en leurs personnes d'autre part: Contre lesquels lesdicts Procureur du Roy & de ladicte Communauté desdicts Clercs & Notaires dudit Chastelet, disoient & maintenoient que le Roy nostre Sire auoit droict & estoit en saisine & possession de tout temps, que à luy & ses Preuosts de Paris & non à autres Seigneurs, Iuges ou Commis appartenoit & appartient faire & donner toutes manieres de commissions & commandemens executoires, sans que l'Official de Paris, le Maistre des testamens de la ville & diocese de Paris, leurs Commis, Lieutenants, ne autres personnes de quelque pouuoir, commission ou authorité qu'ils vsent ou soient fondez, puissent faire donner ne bailler quelques commissions, commandemens, contrainctes que ce soit, ne faire ou faire faire sur ce aucuns exploicts: & outre, que ausdicts Clercs & Notaires du Roy à cause de leur office de Notaire, tant par la creation & fondation des Roys de France dont ils sont fondez & creez comme autrement, deuëment & à certains & iustes tiltres & chartres à declarer quand temps seroit, appartenoit & doit appartenir de faire tous inuentaires & appreciations de biens par tout le Royaume de France: dont ils auoient plusieurs Arrests sur ce donnez en Parlement, & de ce auoient & ont par eux & leurs predecesseurs iouy & vsé, & en estoient en bonne & suffisante saisine & possession seuls & pour le tout, sans que lesdicts Official & Maistre des testamens, leurs Lieutenans ou Commis, ne aussi leurs Notaires ou Tabellions, ne aucuns autres Notaires, Tabellions Apostoliques ou Imperiaux y ayent que veoir ne que cognoistre, & ne s'en peuuent ou doiuent entremettre, ne faire tels inuẽtaires, contraintes ou solemnitez de sermens ou autres dependances de ce: Toutesfois que ce nonobstant ledit Maistre Nicolas Paris auoit & a donné & baillé vne certaine commission ausdits Notaires de la Court de l'Euesque de Paris, contenãt ceste forme.

Vniuersis præsentes litteras inspecturis Nicolaus Paris Magister in artibus & licentiatus in decretis & venerabili & circunspecto viro magistro Ioanne Leon in artibus Magistro & Licentiato in decretis Commissario speciali in causis testamentorum villæ, ciuitatis & diocesis Parisiensis solo & in solidum sede Episcopali vacante deputato ipso cogente in remotis commissus & deputatus salutem in Domino. Notum facimus, quòd anno Domini millesimo quadringentesimo primo, die Martis post festum sancti Sacramenti honestæ persona Iaquelota relicta & Iohannes Roze executores testamenti seu vltimæ voluntatis defuncti Hueti Bonelayne, sponte die supradicta in iudicio coram nobis comparuerunt & proposito non coacti submiserunt testamentum & redditionem compoti eiusdem cum eius connexis & dependentijs, coherentijs, compulsionibus & iurisdictionibus Curiæ Ecclesiasticæ & spiritualis Paris. prout & tenore præsentium submittunt promittere, prout & quilibet eorum promisit per fidem suam corporalem præstitam bonum & fidele compositum & reliqua huiusmodi testamenti & bonorum huiusmodi executionum & earum de gestione & administratione per eosdem nobis, vel successoribus nostris in posterum reddere, ac omnia & singula, quæ huiusmodi executionem & compoti redditionem concernunt & concernere possunt sicuti veri & boni executores facere debent & tenentur: quod eis & eorum cuilibet, prout nostro incumbit officio, præcepimus & iniunximus prout & tenore præsentium iniungimus. Qua submissione sic vt præmittitur per dictos executores sponte facta nobis in iudicio pro tribunali sedentibus præfati executores nobis requisierunt, quòd ad finem meliùs reddendi

reddendi compotum de prædictis eis dare & committere vellemus certos Notarios Curiæ Parisiensis, ad scribendum & registrandum bona eiusdem defuncti, & rem ad eius executionem spectantem & pertinentem ac eorumdem bonorum appretiationem. Quare nos videndo huiusmodi petitionem fore & esse iustam & iuri consentaneam, cupientésque & affectantes, prout etiam nostro incumbit officio, decedentium vltimas voluntates iuxta posse adimpleri, discretos viros magistrum Arnulphum Dorioti baccalaureum in decretis, publica, Apostolica & Imperiali authoritate & Guillermũ le Camus clericos Curiæ Parisiensis iuratos committimus, commisimus, prout & tenore præsentium committimus, seruatis tamen solemnitatibus in talibus seruari consuetis. In cuius rei testimonium sigillum Curiæ Parisiensis vnà cum signeto nostro his præsentibus litteris duximus apponendum. Datum anno Domini 1421. die qua suprà. Ainsi signé, la Plote. Par vertu desquelles lettres de commission, lesdicts Notaires de la Court de l'Euesque de Paris, auoient & ont nagueres, c'est à sçauoir le 27. iour du mois de May dernierement passé, fait l'inuentaire & prisée des biens de feu Huet Bonnelayne pelletier, demeurant en la ruë sainct Honoré à l'enseigne de la cage, qui montoit à grande somme d'argent & contraint presentement & autrement la femme & executeurs d'iceluy deffunct à leur monstrer & enseigner tous ses biens, & tout aussi auant comme eussent fait ou peu faire les gens, officiers & Notaires dudit Chastelet, à tort & contre raison, en abusant de iustice, & attentant & entreprenant indeuëment contre le Roy nostre Sire, & à sa Iustice, & contre les droicts & priuileges desdicts Notaires au preiudice du Roy nostre Sire & desdicts Notaires. Pourquoy lesdicts Procureurs du Roy & de ladicte communauté de ses Notaires dudit Chastelet tendoient & concluoient, afin que par nous, par nostre iugement & à droict fust dit & declaré qu'au Roy nostre Sire, & à sa Iustice appartenoit & appartient faire & donner telles commissions & contrainctes que dessus est dit, & non audit Maistre des testamens ne à sondit commis ou autres quelconques, & aussi qu'ausdicts Notaires du Chastelet appartenoit & appartient à faire lesdicts inuentaires & non ausdicts Notaires de ladicte Court de Paris ne autres quelconques: Et outre qu'il fust dit & declaré ladicte commission dudit commis, dudit Maistre des testamens, & ledit inuentaire fait par iceux

Notaires de la Court dudit Euesque estre nuls & de nulle valeur, & qu'ils feussent cassez & rompus, cõme faits par personnes non ayans puissance du faire, & lesdicts maistres Nicolas Arnoul & Guillaume le Camus condemnez & contraints à les rappeller, reuoquer & mettre au neant : Et fust aussi dit que ledit inuentaire soit fait desdicts biens par les Notaires dudit Chastelet, & auec ce qu'ils fussent condemnez de l'amender au Roy nostre Sire, d'amende arbitraire, la taxation reseruée, & aussi à rendre & restituer à partie tout ce qui par eux a esté receu, prins & exigé desdictes commissions & inuentaires & és despens de ladicte communauté des Notaires, la taxation reseruée: Consideré que lesdicts Maistre Nicolas Paris, Arnoul Doriot & Guillaume le Camus ont liberalement confessé en iugement par serment. C'est assauoir ledit maistre Nicolas, qu'il auoit fait faire & donner ladite commission par Clerc ou Greffier, & lesdicts Arnoul & Guillaume, que par vertu d'icelle ignorant des choses dessusdictes contre eux proposées auoient fait ledit inuentaire & fait faire la solemnité sur ce accoustumée, & ladicte vefue & executeurs non cuidans offenser ne mesprendre, requerans nostre grace. Nous ces choses considerées, veuës lesdictes lettres de commission & inuentaire dont dessus est fait mention, & acertenez de faire proposer par lesdicts Procureurs du Roy & Procureurs de la communauté desdicts Notaires, disnes & disons qu'au Roy nostre Sire & à sa Iustice pour luy appartient à faire & à dõner telles commissions que dessus est dit & escrit, & non audit maistre Nicolas ne autres quelconques: & aussi que ausdicts Notaires du Chastelet appartenoit & appartient faire tous tels inuentaires, & non ausdicts Notaires de la Court de Paris, ne autres officiers ou Tabellions Apostoliques & Imperiaux ne autres quelconques : Et par sequelle disons icelles commissions & inuentaires, dont dessus est fait mention, nuls & de nulle valeur & comme tels faits par personnes non ayant pouuoir à ce, les auons mis & mettons au neant & tout ce qui s'en est ensuiuy : mais disons que ledit inuentaire ja fait par lesdicts Notaires du Chastelet, & condemnons les dessus à les rappeller & mettre au neant & à l'amender au Roy nostre Sire & ausdicts Notaires d'amende arbitraire à la taxation de la Cour: &

à rendre & restituer à partie tout ce que prins & leué ont desdicts commission & inuentaire : laquelle amende par eux ployée en iugement attendu leurs ignorances & qu'ils ont affermé qu'ils n'auoient pas ce fait par conuoitise ne pour entreprendre contre le Roy & sa justice & les priuileges desdits Notaires, mais eux ignorans d'iceux droicts & priuileges, leur auons remise & quittée pour ceste fois : & neantmoins leur auons deffendu & fait deffense de par le Roy nostre Sire & à chacun d'eux à peine de cinq cens liures parisis d'amende à appliquer au Roy nostre Sire, d'oresnauant ils ne facent telles entreprises ou exploicts contre & au preiudice du Roy nostre Sire, ne desdicts Notaires. Par nostre sentence definitiue, & par droict, en tesmoing de ce nous auons fait mettre à ces lettres le seel de la Preuosté de Paris. Ce fut fait l'an & iour dessus dicts. Ainsi signé, Choart.

Arrest contre les Commissaires pour faict de partages.

CAROLVS Dei gratia Francorum Rex, vniuersis præsentes litteras inspecturis, salutem. Notum facimus, quòd nos ad requestam Notariorum Castelleti nostri Parisiensis extrahi fecimus de registris nostræ Parlamenti Curiæ quoddam arrestum inter ipsos & Procuratorem nostrum ex vna parte, & Examinatores dicti Castelleti ex altera, die quarta Martij anno Domini millesimo trecentesimo nonagesimo prolatum, cuius tenor sequitur. Constitutis in nostra Parlamenti Curia Notariis Castelleti nostri Parisiis ac Procuratore nostro generali pro nobis actoribus ex vna parte, & Examinatoribus dicti Castelleti defensoribus ex altera; Pro parte dictorum actorum propositum extitit, quòd dudum per certas litteras & chartam super hoc eisdem Notariis concessas, & postmodum confirmatas & approbatas, dicti Notarij ad numerum sexaginta dumtaxat pro negotiis dicti Castelleti peragendis & expediendis reducti fuerant, exclusis aliis quibuscumque: ordinatúmque tunc fuerat quòd dicti sexaginta Notarij ad causam officiorum suorum, & nulli alij sub pœna priuationis ab eorum officiis facerent ac eisdem facere liceret litteras, instrumenta, commissiones, inuentaria, seu quælibet alia acta iudicialia, memorialia, depositiones testium, processus & alias scripturas quascumque quæ per signa vel sigilla dicti Castelleti transire, vel eisdem signari aut sigillari debebant: sicque per arrestum dictæ nostræ Parlamenti Curiæ inter dictos Notarios ex vna parte & Examinatores prædictos ex altera, ipsis auditis vigesima nona die mensis Nouembris, anno Domini millesimo trecentesimo octogesimo secundo, dictum extiterat, ac inter cætera declaratum quòd ad dictos Notarios, non autem ad Examinatores prædictos spectabat facere inuentaria, nec non partagia & diuisiones bonorum, & de iis vterentur & gauderent. Deinde verò processu inter dictos Notarios & Examinatores in dicta nostra Curia super declaratione & interpretatione dictarum chartæ & arresti suborto, & ipsis partibus auditis: per aliud arrestũ vigesima die Iulij anno Domini millesimo trecentesimo octogesimo quarto prolatum, dictum fuerat quòd ea charta & arrestum ad eam relatiuum erant clarè & liquidè, seu clara & liquida, absque obscuritate, nihilque in dicto arresto immutaretur. Quibus omnibus non obstantibus, sed dictis charta & arrestis prorsus spretis & contra eam & ea temere veniendo & attentando dicti Examinatores inuentaria, diuisiones & partagia fecerant & faciebant. Et quia ad eorum notitiam peruenerat quòd informatio super hoc contra eos fiebat, ipsi Examinatores officiarios regios se dicentes requisierant, quatenus omnes informationes cessarent; offerendo per peremptorias respondere: & hac de causa Procurator noster contra dictos Examinatores pro ipsis Notariis existebat & esse debebat, & talis erat vsus & stilus in eadem Curia nostra communiter obseruatus. Quare petebant Notarij & Procurator noster prædictos Examinatores ab eorum officiis iuxta tenorē dictæ chartæ perpetuò priuari, ac in emendis honorabili & vtili videlicet erga dictos Notarios de mille libris Parisiens. & erga nos de totidem, priùs tamen ipsis Notariis quàm nobis satisfacto, ad reddendúmque & restituendum eisdem Notariis quicquid ipsi Examinatores ex confectione inuentariorum, partagiorum & diuisionum receperant & leuauerant, nec non & in eorum damnis, interesse & expensis condemnari. Supradictis Examinatoribus ex aduerso proponentibus quòd quidquid egerant in hac parte, factum fuerat ex præcepto ac virtute literarum commissionis & mandati Præpositi Paris. & ob hoc requirebant quatenus idem Præpositus aut Procurator noster garandiam, aduoamentum & defensionem huius causæ pro ipsis susciperet: responso siquidem per dictos Præpositum & Procuratorem nostrum quòd sibi de mesprendendo cauerent. Dicebant vlteriùs Examinatores prædicti quòd dictus Præpositus erat iudex ordinarius villæ Parisiensis, & maior totius regni post Curiam nostram Parlamenti, ac vt præses prouinciæ censebatur & reputabatur, poteràtque ac sibi & omni alij ordinario iudici spectabat quicquid suæ iurisdictionis erat committere, multoties in toto & aliquotiens in parte, vt de causa aliqua singulari cognoscere ac facere diuisiones & partagia, nec non informationes secretas & inuentaria bonorum alicuius carceribus mancipati aut aduenæ Paris. absque hærede de suo corpore procreato decedentis, vel alterius cuiuscumque & aliter, executionésque querimoniarum in casibus nouitatis & saisinæ: in quibus casibus opus erat res contentiosas propter debatum partium ad manum nostram tamquam superiorem poni: quæ dictus Præpositus etiam seruientibus nostris & fortiori ratione prædictis Examinatoribus committere poterat: possent etiam duæ personæ priuatæ par-

tagia & diuisiones inter se facere: & multo magis præfatus Præpositus ea commitere posset: & si dictus Præpositus alteri dictorum Examinatorum præmissa committere non posset, manus haberet ligatas plusquam alius qui sit regni nostri iudex ordinarius. Dicebant præterea Examinatores prædicti, quòd officium eorumdem erat notabile & magnæ auctoritatis, ad causam cuius plura onera supportare habebant: nam informationes quas ex officio Præpositi facere oportebat, suis expensis faciebãt, in factísque iudiciariis & criminalibus cũ Præposito super quadrelis euocabantur & assistebant, in suisque officiis prædictis bene & debite semper processerant, nec corruptionem, prauitatem aut fauorem inordinatum commiserant. Insuper ius Præpositi iinterquid discussum fuerat, nec de eo mentionem faciebant charta & arresta prædicta, ac propter præceptum Præpositi excusandi erant. De quibus concludebant Examinatores prædicti, quatenus in processu non tenerentur, quódque dicti Notarij, & Procurator noster ad sua proposita non admitterentur; & si admittendi essent, quòd causam & occasionem non haberent faciendi suas conclusiones & demandas supradictas. Si verò causam & occasionem haberent ipsi Examinatores ab eisdem absoluerentur, prædictique Notarij in eorum expensis condemnarentur. Tandem partibus antedictis in omnibus quæ circa præmissa dicere & proponere voluerunt ad plenum auditis ac in arresto appunctatis: Visis insuper charta & arrestis prædictis vnà cum cæteris actis & munimentis eidem Curiæ nostræ traditis: consideratis etiam & attentis diligẽter omnibus circa hoc attendendis & considerandis & quæ eandem Curiam nostram in hac parte mouere poterant & debebant, per arrestum eiusdem Curiæ nostræ dictum fuit, quòd Examinatores prædicti contra dictas chartam & arresta attentauerant, & propter hoc ipsos in emenda cẽtum librarum Turonensium erga nos condemnauit & condemnat Curia nostra supradicta, ordinauitque & ordinat quòd dicti Examinatores nihil ex iis quæ receperunt, prædictis Notariis reddere aut restituere tenebuntur, & ex causa & per idem arrestum præfata Curia nostra ipsos Examinatores in expensis dictorum Notariorum condemnauit & condemnat, earundem expensarum taxatione Curiæ nostræ memoratæ reseruata. In cuius extractus testimonium præsentibus litteris nostrum iussimus apponi sigillum. Datum extractus huiusmodi Parisiis in Parlamento nostro decimo tertio die Decembris anno Domini millesimo quadringentesimo primo, & Regni nostri vigesimo secundo. Et sur le reply est escript, *Extractum de Registris Curiæ.* Ainsi signé, de Bayes.

CVm constitutis in nostra Parlamenti Curia Notariis Castelleti nostri Parisiis ac Procuratore nostro generali pro nobis actoribus ex vna parte, & Examinatoribus dicti Castelleti defensoribus, ex altera: pro parte dictorũ actorum propositũ extitit quòd dudum per certas litteras & chartam super hoc eisdem Notariis concessas, & postmodum confirmatas & approbatas dicti Notarij ad numerũ sexaginta dumtaxat pro negotiis dicti Castelleti peragendis & expediendis reducti fuerant, exclusis aliis quibuscumque: ordinatumque tunc fuerat, quòd dicti sexaginta Notarij ad causam officiorum suorum & nulli alij sub pœna priuationis ab eorum officiis facerent, ac eisdem facere liceret litteras, instrumenta, commissiones, inuẽtaria, seu quælibet alia acta iudicialia, memorialia, depositiones testium, processus & alias scripturas quascũque, quæ per signa vel sigilla dicti Castelleti transire, vel eisdem signari aut sigillari debebant: sicque per arrestum dictæ nostræ Parlamenti Curiæ inter dictos Notarios ex vna parte & Examinatores prædictos ex altera ipsis auditis vigesima nona die mensis Nouembris anno Domini millesimo trecentesimo octogesimo secundo, dictum extiterat ac inter cætera declaratum, quòd ad dictos Notarios, non autem ad Examinatores prædictos spectabat facere inuentaria, nec non partagia & diuisiones bonorum, & de iis vterentur & gauderent. Deindè verò processu inter dictos Notarios & Examinatores in dicta nostra Curia super declaratione & interpretatione dictarum chartæ & arresti suborto, & ipsis partibus auditis per aliud arrestum vigesima die Iulij anno Domini millesimo trecentesimo octogesimo quarto prolatum: dictum fuerat quòd dicta charta & arrestum ad eam relatiuum erant clarè & liquidè, seu clara & liquida, absque obscuritate, nihilque in dicto arresto immutaretur. Quibus omnibus non obstantibus, sed dictis charta & arrestis prorsus spretis & contra eam & ea temere veniendo & attentando dicti Examinatores inuentaria, diuisiones & partagia fecerant & faciebant. Et quia ad eorum notitiam peruenerat quòd informatio super hoc contra eos fiebat, ipsi Examinatores officiarios regios se dicentes requisierant, quatenus omnes informationes cessarent; offerendo per peremptorias respondere: & hac de causa Procurator noster contra dictos Examinatores pro ipsis Notariis existebat & esse debebat, & talis erat vsus & stilus in eadem Curia nostra communiter obseruatus. Quare petebant Notarij & Procurator noster prædictos Examinatores ab eorum officiis iuxta tenorẽ dictæ chartæ perpetuò priuari, ac in emendis honorabili & vtili videlicet erga dictos

Notarios de mille libris Parisiens. & erga nos de totidem, priùs tamen ipsis Notariis quàm nobis satisfacto, ad reddendúmque & restituendum eisdem Notariis quicquid ipsi Examinatores ex confectione inuentariorum, partagiorum & diuisionum receperant & leuauerant, nec non & in eorum damnis, interesse & expensis condemnari. Supradictis Examinatoribus ex aduerso proponentibus quòd quidquid egerant in hac parte, factum fuerat ex præcepto ac virtute literarum commissionis & mandati Præpositi Paris. & ob hoc requirebant quatenus idem Præpositus aut Procurator noster garandiam, aduoamentum & defensionem huius causæ pro ipsis susciperet: responso siquidem per dictos Præpositum & Procuratorem nostrum quòd sibi de mesprendendo cauerent. Dicebant vlteriùs Examinatores prædicti quòd dictus Præpositus erat iudex ordinarius villæ Parisiensis, & maior totius regni post Curiam nostram Parlamenti, ac vt præses prouinciæ censebatur & reputabatur, poteràtque ac sibi & omni alij ordinario iudici spectabat quicquid suæ iurisdictionis erat committere, multoties in toto & aliquotiens in parte, vt de causa aliqua singulari cognoscere ac facere diuisiones & partagia, nec non informationes secretas & inuentaria bonorum alicuius carceribus mancipati aut aduenæ Paris. absque hærede de suo corpore procreato decedentis, vel alterius cuiuscumque & aliter, executionésque querimoniarum in casibus nouitatis & saisinæ: in quibus casibus opus erat res contentiosas propter debatum partium ad manum nostram tamquam superiorem poni: quæ dictus Præpositus etiam seruientibus nostris & fortiori ratione prædictis Examinatoribus committere poterat: possent etiam duæ personæ priuatæ partagia & diuisiones inter se facere: & multo magis præfatus Præpositus ea commitere posset: & si dictus Præpositus alteri dictorum Examinatorum præmissa committere non posset, manus haberet ligatas plusquam alius qui sit regni nostri iudex ordinarius. Dicebant præterea Examitores prædicti, quòd officium eorumdem erat notabile & magnæ auctoritatis, ad causam cuius plura onera supportare habebant: nam informationes quas ex officio Præpositi facere oportebat, suis expensis faciebāt, in factisque iudiciariis & criminalibus cū Præposito super quadrelis euocabantur & assistebant, in suisque officiis prædictis bene & debitè semper processerant, nec corruptionem, prauitatem aut fauorem inordinatum commiserant. Insuper ius Præpositi inter quid discussum fuerat, nec de eo mentionem faciebant charta & arresta prædicta, ac propter præceptum Præpositi excusandi erant. De quibus concludebant Examinatores prædicti, quatenus in processu non tenerentur: quódque dicti Notarij & Procurator noster ad sua proposita non admitterentur, & si admittendi essent, quòd causam & occasionem non haberent faciendi suas conclusiones & demandas supradictas. Si verò causam & occasionem haberent ipsi Examinatores ab eisdem absoluerentur, prædictique Notarij in eorum expensis condamnarentur. Tandem partibus antedictis in omnibus quæ circa præmissa dicere & proponere voluerunt ad plenum auditis ac in arresto appunctatis: Visis insuper charta & arrestis prædictis vnà cum cæteris actis & munimẽtis eidem Curiæ nostræ traditis, cõsideratis etiam & attentis diligenter omnibus circa hoc attendendis & considerandis & quæ eandem Curiam nostram in hac parte mouere poterant & debebant: Per arrestum eiusdem Curiæ nostræ dictum fuit, quòd Examinatores prædicti contra dictas chartam & arresta attentauerant, & propter hoc ipsos in emẽda centum librarum Turonensium erga nos condemnauit & condemnat Curia nostra supradicta, ordinauítque & ordinat quòd dicti Examinatores nihil ex iis quæ receperunt prædictis Notariis reddere aut restituere tenebuntur: & ex causa & per idem arrestum præfata Curia nostra ipsos Examinatores in expensis dictorum Notariorum condemnauit & condemnat, earumdem expensarum taxatione Curiæ nostræ memoratæ reseruata: reseruant insuper & reseruat dicta Curia nostra prouidere super excessiuis sallariis quæ dicuntur per dictos Notarios accipi & ex se ac etiam super facto inuentariorum si opus sit prout fuerit rationis. Pronunciatum quarta die Martij anno nonagesimo. Et est escrit ce qui ensuit, *Extractum à registris Curiæ Parlamenti.* Ainsi signé, de Heues.

Arrest contre des Commissaires qui auoient fait des inuentaires & partages, qui ont esté condemnez en l'amande, & à rendre l'esmolument.

CAROLVS *Dei gratia Francorum Rex, vniuersis præsentes litteras inspecturis, salutem. Notum facimus, quòd cùm Notarij Castelleti nostri Parisiensis nobis seu nostræ Parlamenti Curiæ fecissent exponi, quòd licet iam dudum per certas litteras & chartã super hoc eisdem Notarijs concessas & postmodum confirmatas & approbatas, dicti Notarij ad numerum sexagenarium duntaxat pro negociis dicti Castelleti peragendis & expediendis reducti fuissent, alijs quibuscumque semotis & exclusis: ordinatúmque pro tunc extitisset, quòd dicti sexaginta Notarij ad causam officiorum suorũ & nulli alij sub pœna priuationis ab eorũ officijs facerẽt, inter Notarios ex vna parte & Examinatores dicti Castelleti ex altera, trigesima die Nouembris, anno Domini millesimo trecentesimo octogesimo secundo, prolatum dictum extitisset, & inter cetera declaratum, quòd ad dictos Notarios nõ ad Examinatores prædictos spectabat facere inuẽtaria, nec non partagia & diuisiones bonorum, & his vterentur & gauderent: Et quia postmodum prædicti Examinatores contra præmissa attentauerant, per certum aliud arrestum dictæ nostræ Curiæ die quarta Martij, anno Domini millesimo trecentesimo nonagesimo prolatum, ijdem Examinatores in emenda centum librarum Turonensium ergo nos fuissent condemnati: his tamen non obstantibus Magistri Milo de Rouuroy, Nicolaus Chaon & Petrus de Campignolijs Examinatores in dicto Castelleto nostro, & eorum quilibet nonulla inuẽtaria, bonorum diuisiones, partagia, dictus videlicet Milo de Rouuroy bonorum defunctorum Iohannis de Merlo & Iohannæ eius quondam vxoris ad requestam executorum testamentorum suorum, vel aliorum: præfatus verò Petrus de Campignolijs bonorum defuncti Iohannis de Ganairra quõdam militis & Domini de domibus supra Sequanam, nec non dictus Nicolaus Chaon bonorũ defunctæ vxoris Petri Boucher mercatoris lignorum Parisiensis inuentaria nõnullásque diuisiones & partagia fecerant contra prædictã chartã & arresta quamplurimùm attentando ac in dictorum Notariorum præiudicium & iacturam, & ob hoc de mandato dictæ nostræ Curiæ ac infor-*

matione super attentatis huiusmodi facta praecedente ijdem de Rouuroy de Campignolijs, & Chaon fuissent in eadem nostra Curia adiornati de super praemissis, Procuratori nostro generali pro nobis & dictis Notarijs responsuri processurique & facturi quod ius esset: constitutis propter hoc in dicta nostra Curia praefatis Procuratore nostro & Notarijs actoribus ex vna parte; & supradictis de Rouuroy, de Campignolijs & Nicolao Chaon Examinatoribus in dicto Castelleto defensoribus ex altera. Cùm dicti actores praemissa & alia latiùs proponẽdo & allegando conclusissent ad finem seu fines, quòd diceretur defensores praedictos attentasse & propter hoc in emendis erga nos iuxta dictae Curiae nostrae discretionem condemnarẽtur, ipsique defensores caeterique Examinatores in dicto Castelleto ad cessandum à confectione similium inuentariorum, diuisionúmque bonorum & partagiorum, & ad reddendum & restituendum ipsis actoribus quidquid ex confectione eorumdem inuentariorum receperant & leuauerant, nec non in damnis, interesse & expensis eorumdem actorum condemnarentur & compellerentur. Pro parte dictorum defensorum propositũ extitit ex aduerso, quòd quicquid ipsi egerant in hac parte, factum fuerat virtute literarum à nobis obtentarum, ac ex praecepto & commissione Praepositi nostri Parisiẽsis: propter quod quatenus dicti Procurator noster & Praepositus Parisiensis garandiam, aduocamentum & defensionem huiusmodi causae pro ipsis susciperent requirebant, qua per ipsos denegata dicti defensores vlterius proponebãt quòd dictus Praepositus Parisiensis iudex ordinarius villae Parisiensis & maior totius regni post Curiam nostram Parlamenti tenebatur & reputabatur, poterátque, ac sibi tanquam vrbis Praefecto, & omni alij iudici ordinario licebat, quicquid suae iurisdictionis erat committere, vt de aliqua causa cognoscere, facere diuisiones & partagia bonorum, nec non informationes secretas & inuentaria bonorum alicuius carceribus mãcipati aut aduenae Parisius absque herede de suo corpore procreato decedentis, vel alterius cuiuscumque, & alias executiones quae querimoniarum in casibus nouitatis & saisinae, in quibus casibus opus erat res contentiosas ad manum nostram tanquam superiorem ponere: quae dictus Praepositus etiam seruiẽtibus nostris & fortiori ratione dictis Examinatoribus committere poterat: quae si facere non posset, manus haberet plusquam alius quisuis iudex regni nostri ordinarius ligatas. Dicebãt insuper defensores antè dicti, quòd ipsi in dicto Castelleto nostro, sed etiam Examinatores constituti fuerant ab antiquo, quorum officia laudabilia & magnae auctoritatis & praeminentiae existebant, ad causam quorum quamplura onera habuerant & habere con-

sueuerant supportare: nam informationes quas ex officio dicti Præpositi nostri & ad requestam Procuratoris nostri, vel alij pro nobis facere oportebat, suis expensis faciebant, & in factis iudiciarijs & criminalibus cum dicto Præposito nostro euocabantur & assistebant, nec vnquam corruptionem, prauitatem, vel fauorem inordinatum in suis officijs supradictis commiserant: quinimo bene, fideliter & debitè semper processerant, & potissimè circa casus propter quos in processu quamuis indebitè tenebantur, literis nostris & commissionibus dicti Præpositi Parisiensis ac tantis quas partes obtinuerant & impetrauerant, & dictos Examinatores requisierant in hac parte nullam de ipsis quin bene egissent querelam referentes. Præterea proponebant, quòd charta dictorum actorum præallegata nullam de diuisionibus & partagijs mentionem faciebat, in quibus cognitio causæ requirebatur: propter quod dicti actores de se ipsis se intromittere non poterant seu debebant; & quidquid in dicta charta contineretur, ad ea duntaxat quæ sigillo Castelleti indigebant eadem charta se extendebat, licet adhuc dicti actores quamplura acta & memorialia quæ dicto sigillo sigillari consueuerant non facerent, sed Clerici & registratores Curiæ dicti Castelleti: quibus attenti dicti Examinatores inuentaria, partagia, quæ & diuisiones bonorum, & alia quæ dicti sigilli impreßione non indigebant, facere potuerant, & poterant absque hoc quòd aliquid attentassent: Et esto quod alij dicti Examinatores fuissent erga nos in emenda per arrestum condemnati, non simili de causa fuerant: nam voluntariè & sine mandato, vel commissione expressis tunc processerant: quod non fecerant de præsenti defensores supradicti, de quorum, vel aliorum Examinatorum altero faciliùs & minoribus sumptibus quàm de duobus Notarijs quilibet poterat se iuuare. Per quodquidem arrestum dicta nostra Curia super excessiuis salarijs quæ per dictos Notarios accipi & exigi dicebantur, ac etiam super facto inuentariorum si opus esset prouidere reseruauerat, vt deceret, quæ prouisio nunc necessario requirebatur. Ex quibus & pluribus alijs rationibus concludebant defensores prædicti, quatenus in processu minimè teneretur, dictique Procurator noster & Notarij ad sua proposita non admitteretur, alioquin quòd causam & actionem non haberet dictas suas cõclusiones & demandas faciendi, & si causam seu actionem haberent quòd ab eisdem absoluerentur dicti defensores & in eorum expensis prædicti Notarij condemnarentur. Dictis actoribus replicãdo dicentibus quòd charta prædicta de debatis iamdudum, anno videlicet millesimo trecentesimo decimo septimo, inter dictos Notarios & Examinatores subortis mentionem faciebat per quam inter cætera fuerat ordinatum quòd casu quo contingeret Examinatores prædictos ad confectionem diuisionum, partagiorum, vel inuentariorum bonorum procedere, suis priuarentur officijs. Secundum quam chartam dicti Notarij plura inde obtinuerant contra dictos Examinatores arresta, quorum visis tenoribus factum huiusmodi emendabile censeri debeat, nonobstantibus commissionibus dicti præpositi nostri Parisiensis, ab vsu quarum in hac parte dicti Examinatores alij repulsi fuerant & si qui literas nonnulli dictorum defensorum in casibus præmissis à nobis habuerant, inciuiles & surreptitiæ existebant, nullam de dicta charta clausulam, Saluo iure alieno, continentes, nec de arrestis prædictis mentionem facientes, & ob hoc eisdem obtemperare non debuerant actores supradicti. Ex his & alijs rationib. quòd ipsi ad sua proposita admitterentur & alijs concludentibus prout suprà. Tandem partibus antedictis in omnibus quæ circa præmissa deceret proponere voluerant ad plenum auditis & ad tradendum penes dictam nostram Curiam arresta, chartam, commissiones & literas supradictas, ac in arresto appũctatis. Visis igitur prædictis arrestis, charta, commissionibus & literis consideratis insuper & attentis diligenter omnibus circa præmissa considerandis & attendendis, & quæ dictam Curiam nostram in hac parte mouere poterant & debebant, per arrestum eiusdem Curiæ nostræ dictum fuit quòd prædicti defensores contra dictas chartam & arresta attentauerant, & propter hoc dicta nostra Curia eorum quemlibet in emẽda sexaginta librarum Parisiensium erga nos & ad reddendum & restituendum ad ordinationem eiusdem nostræ Curiæ ea quæ ex confectione dictorum inuentariorum receperunt & exegerũt, ac in expensis dictorum Notariorum condemnauit & condemnat, prædictarum expensarum taxatione Curiæ nostræ memoratæ reseruata. In cuius rei testimonium præsentibus litteris nostrum iussimus apponi sigillum. Datum Parisijs in Parlamento nostro die decima nona Februarij, anno Domini millesimo quadringentesimo sexto, & Regni nostri vigesimo septimo. Et sur le reply est escrit, *Per arrestum Curiæ,* Gayet: & seellé.

Arreſt de la Cour contre vn Commiſſaire qui a fait des contracts qui ſont declarez nuls & defences, & condemné és deſpens.

CAROLVS *Dei gratia Francorum Rex, vniuerſis præſentes litteras inſpecturis, ſalutem. Notum facimus, quòd conſtitutis in noſtra Parlamenti Curia dilectis noſtris Notariis in noſtro Caſtelleto Pariſienſi appellantibus à Præpoſito noſtro Pariſienſi ſeu eius Locumtenente actoribus ex parte vna: & Petro Leguiano inthimato & defenſore ex altera. Pro parte dictorum actorum propoſitum fuit quòd in prædicto Caſtelleto noſtro fuerant & erant diſtincta officia iudicum, videlicet Auditorum, Examinatorum & Notariorum & aliorum: quorum quidem Notariorum numerus ad ſexaginta per Regem Philippum prædeceſſorem noſtrum anno Domini milleſimo trecenteſimo decimo redactus fuerat, ipſorúmque Notariorum & nullius alterius ex regia ordinatione dicti Regis Philippi officium erat litteras, inſtrumenta, commiſſiones, inuentaria & alia quæcumque acta iudiciaria & litteras quas ſigillari contingit, eiuſdem Caſtelleti ſigillo conficere, prout & chartarum regiarum eiſdem Notariis conceſſarum tenore liquere poterat ac liquebat: ad cuius cauſam ipſi Notarij erant ac fuerant in poſſeſſione bona & ſaiſina faciendi quaſcumque litteras contractuum, commiſſiones, obligationes, litteras fide iuramenti, ſtipulatione, rageria, obligatione, renunciatione vallatas & alias cuiuſuis generis litteras, inſtrumenta ſeu ſcripturas Præpoſituræ Pariſienſis ſigillo muniendas: & ſpecialiter ad eoſdem Notarios & ad nullos alios ſpectabat quaſcumque litteras contractúſque, quittancias, compromiſſa, arbitragia, obligationes, & alias litteras inter partes voluntariè factas & paſſatas, & ſtipulatione ſeu promiſſione, gageria, ſummiſſione & renunciatione factas & paſſatas, quæ per eos ſcribi ſignaríque & non per alios, nec alio ſigillari quàm ſigillo dictæ Præpoſituræ debebant. Quibus poſſeſſionibus licet vſi & gauiſi fuiſſent per tantum tempus quòd de ipſius contrario memoria hominum non extabat, aut per tantum tempus quod ad bonam poſſeſſionem acquirendam ac retinendam ſufficiebat ac ſufficere debebat, abſque eo quòd alius & præſertim clericus criminalis regiſtri dicti Caſtelleti recipere queat aut debeat huiusmodi litteras, eas signare, nec de ipsis se intromittere in dictorum Notariorum & sui officij praeiudicium, nisi ipse Clericus criminalis dicti Castelleti Notarius esset: & contrà Examinatores dicti Castelleti in ipsorum Notariorum iurium praeiudicium interprendere satagentes, inuentaria & alia ad ipsorum officium Notariorum pertinentia facere conando, plura in dicta nostra Curia aresta obtinuissent, per quae dictum fuerat & pronunciatum, ad dictos Notarios & non ad alios pertinere inuentaria, partagia & diuisiones bonorum facere. His tamen nonobstantibus praefatus Guiant ipsius Castelleti Examinator & se dicens Clericum criminalem registri dicti Castelleti, non tamen Notarius, quasdam litteras, quittancias & obligationes sponte & voluntariè inter Petrum Baldut ex vna parte & Guiardum Chorede ex altera passatas, & gageria, stipulatione, summißione & renunciatione interueniente iuramento vallatas signauerat & eas sigillari facere sategerat. Ad quod cùm se opposuissent & ob hoc coram Magistro Faelice de Bosco se pro vicegerente in criminalibus nostri praedicti Praepositi Parisiensis, ex ipsius Faelicis mandato comparantes praemissa proposuissent, ipsumque declinassent tanquam ad eum huius causae cognitio non pertineret, & insuper ad succurrendum indemnitati dictarum partium contrahentium se gratis dictas litteras incontinenti facturos obtulissent, se ex abundanti ne dicta sigillarentur litterae opponendo: dictus tamen Faelix per suam protulerat sententiam, quòd praemissae litterae sigillarentur. Vnde ad eandem nostram Curiam certam emiserant appellationem, qua nonobstante dictus Faelix quasdam litteras fide & iuramento vallatas & gageriam, obligationem & renunciationem continentes per dictum defensorem receptas sigillari dicti Castelleti sigillo, se in contrarium ipsis actoribus opponentibus, attentando fecerat alias insuper litteras cautionis, plegariae, & stipulationem inter Petrum Nouiom ex vna parte & Iohanetam la Faulconiere, Bertrandum Andri & Bartholomeum de Turte cautiones dictae Iohanetae ex altera parte sponte receperat in nostrum & ipsorum praeiudicium attentando & interprendendo. Super quibus appellatione in oppositionem virtute litterarum nostrarum ab eisdem obtentarum conuerti videndo, & attentatis praedictis & informatione potius cuiusdam requestae virtute eidem Curiae nostrae ab ipsis porrectae, fuerat idem defensor ad certam diem elapsam in ipsa nostra Curia adiornatus. Quare intherinationem dictarum nostrarum litterarum requirendo concludebant, quatenus diceretur ipsos Notarios ad bonam & iustam causam se opposuisse, dicerentúrque expleta & atten-*

tata præmissa nulla seu annullanda esse: quas conclusiones si non haberent vt opponerent eisdem, saltem vt actoribus fierent & in emendis duarum mille librarum, ac in suis damnis, interesse & expensis condemnaretur, fierétque eidem defensori sub grauibus pœnis inhibitio, ne ampliùs in eorum iura & officium interprendere præsumeret seu attentaret quacumque lite pendente, & eisdem status fieret ac sibi noster generalis Procurator adiungeretur. Defensore prædicto ex aduerso proponente ac dicente, quòd in supradicto Castelleto nostro erat ac esse consueuerat post Curiam nostram antedictam in facto iustitiæ notabilior Regni nostri sedes, ad quam ratione eiusdem sigilli Vniuersitatisque scholarium, Parisiis studentium, & ad eam causarum multitudo copiosa tam ciuilium quàm criminalium affluebat, pro quarum expeditione ab antiquo ibidem esse consueuerant & erant duæ sedes seu auditoria duo distincta & segregata: vnum pro ciuilium, magnus Parquetus: Reliqui verò pro criminalium & incarcerationum & elargamentorum casuum expeditione, Paruus Parquetus vulgariter nuncupatus. Sic duo Locumtenentes dicti nostri Præpositi Parisiensis. Sic & clerici duo, ciuilis videlicet pro magno parqueto, & pro paruo criminalis, iuramento erga nos astricti & affecti: quorum clericorum officia Regia & de domanio nostro ab eorum actorum officiis licet Regiis separata ac diuisa censebantur & censeri debebant, eò præsertim quia ad annuam pecuniæ summam, ad dicti nostri Domanij vtilitatem, prout ex compotorum libris receptoris nostri Parisiens. apparebat, & non prædicta actorū officia commodum pecuniarium inde proueniens suum facientium tradebantur ac tradi solebant: Quorum actorum erat recipere litteras contractuum & conuentionum seu pactorum extra iudicium inter partes sponte sua celebratorum, initorum & passatorum: Clericorum verò prædictorum expedita, appunctata, ordinata & sententiata per dictos Præpositum Parisiensem & suos Locatenētes expedire & signare prout Notariis obseruatum & vsitatum fuerat. Quod prædicti Notarij facere nequibant neque debebant, cùm registrum non faciant: Vnde inconuenientia maxima oriri, & eosdem actores commodum & lucrum quod ad nos pertinere deberet, referre contingeret: ex quibus clarum erat eosdem clericos de numero sexaginta Notariorum prædictorum non esse nec esse debere. Nam præteritorum reminiscendo temporum Iohannes Dangeruiller & Yuertus Roye Ci-

uiles, & magistri Iohannes de Regula, Andreas le Preux & Alealmus Cachemaree criminales clerici dicti Castelleti suum exercentes officium scientibus & videntibus Notariis eiusdem Castelleti fuerant & non Notarij, prout ex matricula seu registro quo dictorum actorum nomina inscribi solent apparere poterat & apparebat. Nec insuper erat necesse eos Notarios esse, cùm nihil passaretur seu per dictos Præpositum aut suos Locatenẽtes reciperetur per eos signandum nisi causa cognita & iudicialiter: quòd etiam signeto dicti Præpositi vnà cum ipsorum signis muniebatur & registrabatur: & si aliqui de clericis ciuilibus ipsius Castelleti de numero dictorum actorum seu Notariorum fuerant, illud fuerat & erat facultatis & non necessitatis, & vt commodi duplomate vterentur nec litteras ad suum clericaturæ officium pertinentes vt Notarij, sed tantundem vt clerici adiuncto dicti Præpositi signeto signabant, quomodo & non aliter in dicto Castelleto sigillabantur ac sigillari debebant litteræ prædictæ. Alius etiam verborum obseruabatur stilus in litteris per eos vt clericos, & alius in litteris per Notarios signatis: in quibus duorum Notariorum signa requirebantur & in per ipsos vt clericos signatis, suum signum, cum dicto Præpositi signeto sufficiebat. Præterea clericos ab antiquo habere consueuerant ipsi clerici Castelleti, quorum signis & signeto dicti Præpositi munitæ litteræ sigillabantur & in Castelleto sigillari debebant, Sic & auditores eiusdem Castelleti clericos nobis iuratos habebant, qui nihilominus Notarij non erant, & quibus fidem non minorem quàm clericis auditoriorum beatorum Martini de Campis & Maglorij Parisiensium & aliorum adhibere debere in dubium non erat reuocandum. Dicebat insuper quòd ipse erat notabilis vir, sufficiens & peritus constitutus in officio prædicto Clericaturæ criminalis supradicti Castelleti nostri, quòd per quindecim annos vel circiter notabiliter, fideliter & diligenter & suorum antecessorum more exercuerat; absque eo quòd vllatenus super aliquo interprẽdisset neque interprendere vellet, quippe cùm prædictum quod gerebat officium non suum sed nostrum, quia illius pecuniaria commoditas ad ipsum nostrum Præpositum ex nostra concessione redundaret, esse censeretur. Et si obligationem Girardi Chorede receperat & ipsius litteras signauerat, illud fuerat modo suprà per eum tacto quo poterat. Nam anno Domini millesimo quadringentesimo quarto dictus Girardus Tesmenum

menum Balduin Parisiensem interfecerat: ratione cuius idem Chorede in dicto Castelleto incarceratus remissionem à nobis obtinuerat. Cuius interinationi ac ipsius Chorede liberationi Petrus Balduin pater dicti Balduin partibus ipsis auditis coram Locumtenente criminali dicti nostri Præpositi, consenserat viginti librarum turonensium summa mediante pro suo ciuili interesse: de quaquidem summa duodecim libras soluerat, & alias octo libras turonenses ille Chorede certis terminis plegios tradendo soluere promiserat: super qua obligatione confectæ fuerunt litteræ per ipsum signatæ, & in earum cauda signeto dicti Præpositi apposito per ipsum receptum & litteras super ea factas & per ipsum signatas: dicebat quòd illæ passatæ & per eum receptæ fuerant, coram dicto Præposito iudicialiter & de consensu partium super liberatione Iohannis de Monasteriis prisonarij in dicto Castelleto, & quòd in vxorem suam vsque ad mortem eam verberando sæuierat, prædictis litteris in cauda signeto signatis. Idem defensor quandam transactionem seu accordum inter Perretam de Nouion ex vna parte & Iohanetam de la Fauconiere, in dicto Castelleto carceraliter mancipatam pro patrato homicidio Parisius in personam Iohannis de Nouion prædictæ Perretæ fratris, ex altera, initum & factum super intherinatione remissionis per dictam Iohanetam obtentæ, & ipsius liberatione iudicialiter prædictis partibus consentientibus receperat: vnde litteras Præpositi prædicti signeto roboratas confecerat & signauerat: occasione quorum ijdem Notarij ipsam in eadem nostra Curia vexauerant & vexabant sub prætextu quarundam litterarum chartæ per ipsos à nobis obtentarum, vt dicebant: de quibus tamen fidem non faciebant & ante quarum impetrationem dicta duo Clericaturæ Castelleti nostri prædicti officia separata ab officiis dictorum actorum suprà tacto modo erant in prædictis litteris minimè comprehensa: & supposito quòd in prædictis litteris comprehenderentur, erant tamen in possessione & saisina de contrario. Et quatenus obstabat arrestum per dictos Notarios aduersus Examinatores prædictos obtentum & allegatum, quia de illo non agebatur, nec ipse manutenere volebat, quòd dicti actores extra iudicium coram ipsis facta recipere non deberent, quemadmodum ipse transactiones pacta & compromissa super processibus initas & factas, præsertim respectu incarcerationum & bo-

L

norum impeditorum recipere poterat & debebat, nonobstantibus obligationibus & bonorum summißionibus in eisdem contentis, secundum quod ab omni tempore erat fieri solitum: Nam in Procuratoriis apud acta factis, in tutelis, in curationibus, in vendagiis authoritate iustitiæ contractis ipsa bonorum summißio apponebatur, ex qua dicti actores interesse nullum habebant, nec habere poterant: & quò ad litteras de appellationibus in oppositionem conuertendis per dictos actores impetratis non obtemperaretur, nec ipsi opponentes admitterentur, sed ipsos malè appellasse diceretur, & si vt opponentes admitterentur, quòd ad malam & iniustam causam se opposuerant, & ad ipsum suo vti officio modo suprà dicto secundum, nec non in suis damnis, interesse & expensis condemnarentur, statim lite pendente sibi adiudicari & adiunctionem nostri generalis Procuratoris requirendo. Replicantibus ac dicentibus ipsis actoribus, quòd in suprà dicto Castelleto solum erat ac esse debebatauditorium, scilicet Præpositi Parisiensis: aut ipsius Locatenētium, pro celerica prisoniariorum & causarum ordinariarum aliarum expeditione consueuissent super carrellis ipsos prisoniarios expedire: sicut in eadem nostra Curia solum erat auditorium: quódque Consiliariorum nostrorum eiusdem Curiæ pars ad Turrem quæ criminalis nuncupabatur, ad expediendum aliquas causas criminales, quandoque secedat, nec ob hoc duo in eadem nostra Curia auditoria dici volebant, prout de dicto Castelleto ipse defensor manutenere volebat, eo quòd suam cameram in qua papyros & negocia sua deponere & conseruare habebat, ad quam ipse Præpositus seu suus Locumtenens aliquotiens secedebat, vitans infectum aerem carcellorum prædictorum pro expeditione prisoniariorum, paruum parquetum nuncupabat, quod erat nouum & præiudiciale auditorium: Sic etiam in eodem Castelleto solus erat ipsius Præpositi Locumtenens ac esse debebat, licet à tempore Hugonis Aubriot quondam militis & Parisiens. Præpositi, nonnulli se permisissent Locatenentes Præpositi Parisiensis propter nonnullas prisoniariorum expeditiones per eos loco eiusdem Præpositi factas nuncupari. Similiter solus in eodem Castelleto dici debebat clericus ordinarius, nec officia clericorum ibidem præsertim in præiudicium eorundem actorum diuisa & separata dici poterant neque debebant, cùm ibidem esset vnicum &

ordinarium clericaturæ officium, quod magister Petrus Defraxinis tenebat, quod Regium & nobis iuratum erat, & non illud quod dictus defensor officium se tenere dicebat à dicto Præposito ad sua criminalia registra facienda & ad eiusdem Præpositi voluntatem & vtilitatem duntaxat commissus & deputatus: aliter turbaretur officia contra rationem; cùm non tantùm appunctamenta criminalia in suprà dicto paruo Parqueto ex proposito ipsius defensoris fierent, sed ciuilia liberationum seu elargamentorum ex causis merè ciuilibus: & tamen in causis in quibus requirebantur placitationes, appunctamenta & expeditiones, in ordinario auditorio ab antiquo fieri debebant: cuius contrarium facere erat interprendere contra bonum publicum & ad singularem vtilitatem dictorum defensorum & Præpositi. Præterea dicebant quòd dictus Præposituræ Parisiensis clericus Notarius & de numero sexaginta Notariorum erat & esse debebat, quod defensor ipse qui tanquam Notarius quondam contra dictum Defraxinis clericum dictæ Parisiensis Præposituræ, vt esset Notarius vnà cum ipsis aliis Notariis præcesserat, adeò quòd oportuerat ipsum Defraxinis Notarium effici, & hac ratione poterat facere acta memoralia aliásque litteras: quod facere non poterat neque debebat dictus defensor, qui Notarius non erat: quamvis nonnumquam ob reuerentiam dicti Præpositi & sui prædecessoris, quorum idem defensor se clericum manutenebat, tolerassent quòd ipse faceret registra, depositiones, confessiones, vel expeditiones criminales, non tamen quòd reciperet obligationes, vel summissiones partium voluntarias: nec inde litteras in iudicio passatas facere debebat: aliter eneruaretur ipsorum actorum officium, cui huiusmodi litteras facere & submissiones & obligationes recipere incumbebat: quas faciendo registra haberent facere, si vt clerici dicti Castelleti dictas litteras facerent, qui pariter & Notarij esse debebant, prout Iohannes d'Angeruilliers, Yuertus Ioye, magistri Petrus le Begue, & Iohannes le Begue, secundum quod fuerat registratum: sed registrum deperditum fuerat: vel forsan soli Notarij simplices registrabantur, & non Notarij & clerici simul existentes: quamuis tamen esto quòd registrarentur, non sequebatur, si non fuerant registrati, quòd ob hoc non fuissent Notarij. Iohannes insuper de Regula, qui fuerat clericus Cri-

minalis, ex dictis dicti defensoris, & sui prædecessores fuerant Notarij, & sic dicti Andreas & Alealmus non fuerant Notarij, illud ex tolerantia ad tempus extiterat, & post viginti seu triginta annos, quod ipsorum iura minimè præiudicare poterat: sicut nec obstabat signetum dicti Præpositi prædictis litteris appositum, quo magis ea recipere & facere dictus defensor posset, cùm ipsam securitatem maiorem non faceret, sed duntaxat quandam ostentationem & solemnitatem: vt credatur, quòd huiusmodi litteras dictus Præpositus videat: quas rarißimè videbat & frequenter huiusmodi signum plus retardationem hominum, quàm expeditionem operabatur: illúdque differentiam forsan faciebat seu facere poterat inter ea quæ coram Notariis seu altero eorum & sigillifero Castelleti inter partes voluntarias, & ea quæ iudiciariè fieri contingebat: quæ iudiciariè facta signo solius Castelleti clerici signari sufficiebat ac sufficere poterat & debebat, & si aliquæ litteræ receptæ, & per illum qui se clericum Castelleti criminalem dicebat, fuerant sigillo Castelleti prædicti sigillatæ, illud per inaduertentiam sigilliferi, euitare etiam indignationem dicti Præpositi cupientis fuerat. Nunquam etiam clerici clericos criminales Castelleti se dicentium signauerant litteras, nisi citra tempus paucum quo dictus defensor per quendam suum clericum signare fecerat. Quòd si clerici Auditorum, quorum officium ad firmam pro nobis annuatim trahebatur signabant, illud attentum dictorum Auditorum Auditorísve suæ intentioni non oberat, neque ipsius defensoris Præposito proderat, neque prodesse poterat seu debebat: tum ipsis etiam Auditorum clericis priusquam ipsorum officium ad domanium nostrum redigeretur ne ipsi signarent, in eadem ipsa nostra Curia contendebant. Quamobrem non mirum erat si cum dicto defensore, qui super eorum iura interprendere satagebat & interprendebat, iudicialiter concertarent: cùm idem defensor non nostri, sed dicti Præpositi clericus, ad quem ipsius spectabat institutio & destitutio, & ad eos ambos vtilitas pecuniaria Reipubl. damnosa, nobis ipsisque actoribus intolerabilis obligationes voluntarias & litteras non explectorum iudiciariorum condemnationem, seu à solutionem importantium ad eorum officium pertinentes recepisset ac fecisset. Nam quamuis idem defensor consensum per suprà dictum Balduin iudicialiter præbitum remißioni per ipsum Chorede obtentæ inscribere ac re-

gistrare poterat: non tamen conuentionum suarum obligationem & summißionem certis terminis soluendi recipere habebat, neque debebat: sic nec obligationem voluntariam inter Iohannem de Monasteriis & Iohannem Deberuille, nec alias suprà tactas cautiones & obligatorias summißiones voluntariè contractas in negotiis merè ciuilibus & acta iudicialia minimè concernentibus, esto quòd in dicti Præpositi præsentia factæ fuissent: non enim præsentia ipsa negotia prædicta, sed partium consensus mutuus validabat & validare debebat, quacumque interueniente condemnatione seu verborum obseruatione, vel stilo naturam obligationis numquam immutante: aliter ipse defensor, quoscumque contractus voluntariè initos & factos ipso Præposito sic contrahentes ad eos tenendum condemnare recipere valeret: quod esset absurdum & suæ prædictæ Regiæ contrarium chartæ, ante cuius concessionem & obtentum & prædictæ Præpositurae clericus alter ipsorum Notariorum erat ac esse debebat & cõsueuerat, nec alius quam Notarius clericus Præpositurae ipsius esse poterat: ad quem siquidem clericũ apud acta Procuratoria recipere ac in suo registro redigere, absque eo quòd ex illo registro litteræ factæ sigillari deberent. Bonorum liberationes, tutelæ & curæ, & alia huiusmodi ad quæ iudicis decretum interuenire necesse erat spectabat, ac spectare debebat & ad alium neminem. Quòd si quandoque alij quidam Notarij registra criminalia coram Præposito Parisiẽsi prædicto fecerant, illud fuerat citra tempus modicum per aliquos clericorum dictæ Præpositurae clericos loco suorum Magnorũ Notariorum existẽtium circa alia impeditorum, confeßionem prisonariorũ & alia huiusmodi registrãtium & suis prædictis Magistris referentium. Prout nonnumquam in dicta nostra Curia per clericos criminalis registratoris fieri eueniebat: & si aliter fuerat fieri visum, illud inaduertẽtia, aut dißimulatione seu tolerantia exstiterat, quam tolerantiam seu dißimulationem erga ipsum defensorem amplius habere, seu gerere non poterat, cùm ipse terminos suos longè excederet, eorũ iura & cõmoda intercipiẽdo & in præiudiciũ suum & suæ prædictæ chartæ publicatæ & per arresta eiusdem nostræ Curiæ innouatæ, ac in suis terminis saltem vsque ad tempus supradicti Andreæ le Preux, quo scilicet nullus exercere poterat sæpe dictũ factum nisi Notarius, & præsertim vsque ad tempus dicti defensoris, respectu eorum quæ contentiosa erant in eadem nostra Curia, obscuritate abutendo. Ex his & aliis quàm plurimis rationibus propositis, quòd ipsi & non dictus defensor admitterentur statúsque sibi adiudicaretur & prout suprà concludentibus & requirentibus, quatenus præfatus noster Procurator eisdem adiungeretur. Eodem nostro Procuratore proponente & dicente, quòd in dicto nostro Castelleto solus erat, ac esse debebat clericus dictæ Præpositurę ascriptus, & eiusdem clericus nominatus. Cuius officium erat intendere circa ea quæ ordinariè in eodem castelleto deducebantur: in his verò quibus extraordinariè, vt prisoniarios interrogando, vel similia faciendo idem Præpositus vacare volebat, clericum suum euocare solebat & secum adesse iniungebat: in quibus sic extraordinariè agitatis, si litteram fieri negotium exigebat, accersebatur alter Notariorum Prædictorum, quem idem Præpositus volebat. Nunc verò ordine turbato, ac peruerso præmissus defensor supradictorum actorum, officium ordinarium, interpretando litteras cuiuscumque generis, passim & indistinctè recipiebat, clericos septem, vel octo habens, quorum adolescentes aliqui absque legitima authoritate, litteras signare præsumebat in magnam Reipubl. ac singularum periculum, nostrique Domanij & officiorum ordinariorum iacturam, ad quos duarum mille librarum obuenire debeant, vtilitásque ad ipsum defensorem redundabat. Dicente præterea quòd iidem defensores pendente per dictos actores interiecta appellatione, & huius ratione re contentiosa in dictæ nostræ Curiæ manu proposita, obligationes, summissiones, plegerias, & compromissa præter condemnationem dicti nostri Præpositi attentando receperat, prout ex informationibus super his factis apparere poterat, & apparebat: ex præmissis concludendo, quatenus erga nos ipse defensor, quingentarum librarum emenda, aut alia, prout eiusdem nostræ Curiæ discretioni videretur, condemnaretur: requirendo, vt per eandem nostram Curiam talibus interprisiis prouideretur. Memorato defensore duplicatò dicente, quòd tanto tempore de cuius contrario hominum memoria non extabat, expeditiones prisoniariorum Castelleti fiebant ac fieri consueuerant in camera auditorij parui parqueti *supradicti, quæ Camera criminalis nuncupabatur, & in qua minùs frequenter defectus antea concedebantur, eo quòd quanto indecentius parata, & composita erat, tanto rariùs frequentabatur. Nunc verò quia honestiùs restaurata ac ædificata erat, ad eam sæpius versabatur, defectúsque præsertim diebus Veneris, ibidem dabantur à Locumtenente dicti Præpositi criminalis: ad quos concedendos, antea altum auditorium prædicti Castelleti occupabatur & impediebatur: ex quibus sequebatur, quòd cùm ibidem esset criminale auditorium, sic Locumtenentem & clericum criminales esse, ac fuisse ex prædictis apparebat, quidquid in contrarium dicti actores proposuissent, qui si causam ipsam defensorum seu suos antecessores impediendi & in suo officio perturbandi habuissent, non adeò tardassent, nec etiam interesse habebant, cùm vltra quod possent sibi superuenirent negotia; quibus non contentabantur, volentes vsurpare ea quæ suprà proposita erant, seu clericaturæ criminalis officij: quod vtile pariter & necessarium pro bono iustitiæ Regni nostri & Reipub. erat: eo præsertim quòd tanta apud idem Castelletum causarum ciuilium copia quæ in Auditorio ciuili, cuius supradictus Defraxinis clericus erat expediebantur, nec non incarcerationum ibidem executionum & prisoniariorum inibi affluentium, quòd nullatenus in auditorio solo expediri valerent, nisi superesset dicti auditorij criminalis subsidium, occasione & medio cuius ad nos de quatuor ad sex mille librarum obueniebat pecuniarium emolumentum. Nec aduersus hæc dictus noster Procurator, cum dictis Notariis se adiungebat, partem faciens & maximè quin ipse signare posset, & deberet modo suprà per eum tacto non esse de numero prædictorum Notariorum: de quorum etiam numero si clericus ciuilis dicti nostri Castelleti erat, non tamen ratione sui dicti clericaturæ officij, vt Notarius esset necessitabatur; sed se adiunxerat dictus noster Procurator, quia dicebat se quasdam litteras per eum signatas post appellationem per dictos autores interpositam sigillari fecisse, cùm veritas haberet contrarium: Nam dicta appellatio ad eorum requestam annullata iam erat & fuerat: quamuis ipse dictas litteras sigillari non fecisset, sed pars ad quam dictæ litteræ pertinebant. Dictus etiam noster*

Procurator commodi nostri, & Reipublicæ ac defensoris eiusdem præiudicio, & aliis per eum suprapositis attentis secum & non cum dictis Notariis adiungi is debebat. Prout eadem nostra Curia quæ pro nobis & republica ordinata erat, animaduertere poterat & debebat ex his & prout suprà concludendo. Tandem auditis ad plenum hinc inde partibus antedictis super omnibus quæ circa præmissa, tam replicando quàm duplicando dicere ac proponere voluerunt, & in arresto appunctatis: visis igitur informationibus super præmissis factis, litterisque, actis & munimentis partium prædictarum, consideratis insuper, & attentis diligenter omnibus circa præmissa considerandis & attendendis, & quæ eandem Curiam nostram in hac parte mouere poterant & debebant: Memorata nostra Curia litteris per dictos actores impetratis obtemperando, appellationem per ipsos actores factam per suum arrestum annullauit & annullat absque emenda: & per idem arrestum dictum fuit, eosdem actores ad bonam & iustam causam ne supradictæ tres litteræ sigillarentur se opposuisse: inhibuitque ac inhibet eadem nostra Curia prædicto defensori ne deinceps consimiles litteras faciat, eundem defensorem in expensis ipsorum actorum condemnando, earundem expensarum taxatione dictæ nostræ Curiæ reseruata. Tenores verò dictarum trium litterarũ seriatim subsequũtur. A tous ceux qui ces presentes lettres verront, Guillaume Seigneur de Tignonville, Cheuallier, Conseiller, Chambellan du Roy nostre Sire, & garde de la Preuosté de Paris, Salut. Sçauoir faisons qu'auiourd'huy sont venus deuant nous en iugement au Chastelet de Paris, Guillaume & Iean de Heruille, Escuiers, comme eux faisant forts en ceste partie de Damoiselle Ieanne de Heruille leur sœur femme de Iean Lemonstiers Escuier d'vne part & ledit Iean Lemõstiers prisonnier eslargi du Chastelet de Paris d'autre part. Lesquelles parties de leur bon gré sans contrainte se sont compromises & condescendues, & par ces presentes se comprométtent & condescendent du tout de tous les debats meus & esperez à mouuoir entre ledit Iean Lemonstiers & ladicte Damoiselle, tant des battures & naureures

naureures nagueres faictes par ledit Iean Demontiers en la personne de ladite Damoiselle cõme de toutes autres choses quelconques sans rien excepter, ou dit & ordonnance de Messire Iean Dauid Conseiller du Roy nostre Sire & Maistre des Requestes de son Hostel & de Guillaume d'Yssy Escuier à ce present & esleu par lesdites parties d'vn commun accord comme leurs arbitres, arbitrateurs & amiables cõpositeurs. Et ont promis lesdictes parties & promettent par ces presentes tenir & auoir agreable à tousiours sans rappel l'edit & Ordonnance desdits arbitres, comme Arrest de Parlement, sur peine de cinq cens liures parisis que partie contredisante payera, appliquee moytié au Roy nostre Sire & moytié à partie obtemperante. Et pour ce que ledit Iean Demonstiers est cité en Court d'Eglise en cas de separation contre ladicte Damoiselle, & aussi que tous les biens desdites parties sont entre les mains du Roy nostre Sire, lesdictes parties consentent que ladicte citation cesse & demeure nulle & que l'arrest & main du Roy nostre Sire mis esdicts biens en soiẽt leuez, & que lesdicts arbitres les mettent tous en leurs mains en lieu de celle du Roy nostre Sire, és mains desquels arbitres ladicte Damoiselle & ledit Iean son mary rapporteront tous les biens qu'ils ont pris & destournez sans en rien receller, & auec ce ledit Iean Demonstiers consent que lesdits arbitres facent prouision de viure tel qu'il leur plaira sur tous les biens de ladicte Damoiselle & ses enfans & audit Iean, & durera ce compromis iusques à Pasque prochaine venante. Toutes lesquelles choses dessus dictes & chacune d'icelles lesdictes parties chacune endroict soy ont promis & promettent par ces presentes auoir & tenir fermes & agreables à tousiours, sans aller, faire ou dire contre en aucune maniere, & payer les peines qui commises seront par celuy qui les commettra, & rendre & payer auec ce l'vne partie à l'autre, tous cousts, mises, despens, dommages & interests qui faicts & soustenus seront de l'vne d'icelle partie par le fait & coulpe de l'autre, pour raison des choses dessus-dictes ou aucunes d'icelles non entherinées & accomplies sur l'obligation de tous leurs biens, & des biens de leurs hoirs, meubles & immeubles, presens & aduenir, lesquelles elles ont soubmis & soubsmettẽt par ces presentes pour ce du tout à la iurisdiction & contraincte de

M

la Preuosté de Paris & de toutes autres iustices, soubz qui iurisdictions ils seront & pourront estre trouuez, Renonceant en ce fait expressément lesdictes parties chacune endroict soy par leurs sermens & par la foy de leurs corps pour ce baillee corporellement en nostre main, à toutes exceptiõs, de deception, de mal, de fraude, d'erreur, circonuention & d'ignorance, à toutes lettres de respit, de grace, dispensations & absolutiõs données ou à dõner, de quelque Prince ou Prelat que ce soit, à tout droict escrit & non escrit, Canon & Ciuil, à tous vz, stils, coustumes, raisons, deffenses & oppositions, & generalement à toutes autres choses quelconques, qui ayder & valoir leur pourroient, pour venir, faire & dire encontre la teneur de ces lettres, ou aucunes des choses dedans contenuës, & au droict disant generallement renonciation non valoir. En tesmoing de ce nous auons fait mettre à ces lettres le seel de la Preuosté de Paris. Ce fut fait & passé en iugemẽt audit Chastelet par lesdicts Guillaume & Iean de Heruille d'vne part & dudit Iean Demonstiers tout prisonnier eslargi dudit Chastelet de Paris d'autre part le Mecredy 17. iour de Decembre l'an 1404. ainsi signé, P. Leguant. *Item*: A tous ceux qui ces presentes lettres verront Guillaume Seigneur de Tignonuille, Cheuallier, Conseiller, Chambellan du Roy nostre Sire, & garde de la Preuosté de Paris, salut. Sçauoir faisons qu'auiourd'huy est venu deuant nous en iugement au Chastelet de Paris Pierrot Baudouin dit Galene tixerrãt de soye demeurãt à Arras en la ruë de Pie, pere, si comme il disoit, de feu Theuenin Baudoüin à son viuant demeurant à Paris chez Paulet le Beuf garde-busche du Roy nostre Sire : lequel Pierrot en son nom & comme soy faisant fort en ceste partie de tous les autres parens & amis charnels dudit feu Theuenin son fils, a quitté & quitte par ces presentes du tout à tousiours sans rappel, Guardin Concoude charpentier demeurant en Paris en la ruë percée, ses biens, ses hoirs, & ayans cause, de la mort & occision par luy perpetrée en la personne dudit feu Theuenin, pour lequel cas ledit Guardin est à present prisonnier és prisons du Roy nostre Sire audit Chastelet, & sur lequel cas il a impetré lettre de grace & Remission du Roy nostre Sire, & de toute autre chose quelconque, dont il luy pourroit faire demande, ores ne ou tẽps auenir, à cauſe du fait deſſus dit, en quelque maniere que ce ſoit: Et auec ce s'eſt conſenty & conſent par ces preſentes à la deliurance du corps & des biens dudit Guardin, & à l'entherinement de ſeſdictes lettres de Remiſſion, moyennant & parmy ce que ledit Guardin luy en payera, & ſera tenu payer la ſomme de vingt liures tournois. Dont preſentement ledit Guardin luy a payé en iugement en noſtre preſence en deniers comptans, la ſomme de douze liures tournois, & quant au ſurplus de ladicte ſomme montant huict liures tournois, ledict Guardin promet & gage à rendre & payer en ceſte maniere. C'eſt aſſauoir audit Pierre ou au porteur de ces lettres la ſomme de ſix liures tournois, de Paſques prochain venans en vn an & quarẽte ſols tournois audit Paulet le Bœuf, à qui ledit Pierrot les doibt par le moyen dudit feu Theuenin dedans la fin de ce preſent mois d'Auril, auec tous couſts, miſes, deſpens, dommages & intereſts, qui faicts & ſouſtenus ſeront par ſon defaut & coulpe: pour raiſon des choſes deſſus dictes, ou aucunes d'icelles non entherinées & accõplies. Toutes leſquelles choſes deſſuſdictes & chacune d'icelle, leſdictes parties chacune en droict ſoy, ont promis en noſtre preſence & promettent par ces preſentes, auoir & tenir fermes & agreables à touſiours, les tenir, garder & entretenir, & accomplir l'vne enuers l'autre de point en point ſelon la forme & teneur de ces preſentes, ſans aller, faire ou dire contre en aucune maniere, iamais à nul iour, & rendre & payer l'vne partie à l'autre, tous couſts, miſes, deſpens, dommages & intereſts, qui faicts & ſouſtenus ſeront de l'vne d'elles par le fait & coulpe de l'autte, pour raiſon des choſes deſſus dictes ou aucunes d'icelles non entherinées & accomplies: Sur l'obligation de tous leurs biens & des biens de leurs hoirs, meubles & immeubles, preſens & aduenir, leſquels ils ont ſoubmis & ſoubſmettent par ces preſentes, pour ce du tout à la iuriſdiction, coërtion & contraincte de la Preuoſté de Paris, & de toute autre Iuſtice, ſous qui iuriſdictions ils ſeront & pouront eſtre trouuez. Renonceant en ce fait expreſſément par leurs ſermẽs & foy de leurs corps pour ce baillez corporellement en noſtre main, à toutes exceptions, de deception, de mal, de fraude, barat d'erreur, leſion, circonuention & d'ignorance, à tout droict eſcript & non eſcript, Canon & Ciuil, à toutes graces, lettres d'estat & de respit, dispensations & absolutions donnees & à donner, de quelque Prince ou Prelat que ce soit, & generalement à tout ce, qui tant de fait comme de droit, d'vs & de coustume, ayder & valoir leur pouroit, ou à l'vn d'eux, pour venir, faire ou dire contre la teneur de ces lettres, ou aucunes des choses dedans contenuës & au droict, disant generale non valoir renonciation: En tesmoing de ce nous auons fait mettre à ces lettres le séel de la Preuosté de Paris. Ce fut fait & passé en iugement audit Chastelet par lesdites parties le Mercredi 8. iour d'Auril l'an de grace 1404. & mesmement ledit Guardin à mettre & tenir son corps en prison fermée, outre le guichet dudit Chastelet & par tout ailleurs, où il sera & pouroit estre trouué à ses propres cousts & despens. Fait comme dessus, ainsi signée P. Leguant. *Item*, A tous ceux qui ces presentes lettres verront, Guillaume Seigneur de Tignonuille, Cheuallier, Chambellan, Conseiller du Roy nostre Sire, & garde de la Preuosté de Paris, Salut. Comme le Dimanche 24. iour de May l'an de grace 1405. Iehãnette la Faulconiere chambriere seruante demeurant à Paris pres la porte de Baudet, eust esté emprisonnée és prisons du Roy nostre Sire du Chastelet de Paris, pour ce qu'elle auoit fait battre & naurer par vn sien frere, vn appellé Iean de Nouyon valet Chaussetier demeurant audit lieu, en l'hostel de Iacques Alargent, si comme l'on disoit, pour raison desquelles ledit Iean de Nouyon estoit allé de vie à trespassemẽt, & apres ledit emprisonnement fait, ladicte Iehannette nous eust presenté certaines lettres de remission par elle impetrées du Roy nostre Sire, sur ledit cas, seellées de son grand séel en las de soye & cire verte, lesquelles lettres de remission, ladicte Iehannette nous eust presentées, requerant l'entherinement d'icelles. Sçauoir faisons qu'auiourd'huy comparans en iugement, pardeuant nous audit Chastelet, Perrette de Nouion sœur germaine & naturelle, si comme elle disoit, dudit feu Iean de Nouion d'vne part, & ladicte Ieannette de la Fauconiere prisonniere audit Chastelet pour ledit cas d'autre part, icelles parties qui estoient & esperoient estre en procez deuant nous l'vne contre l'autre sur le fait & cas dessus dicts: nous ont baillé

& presenté vne cedule de papier, faisant mention de certains traictez & accords faicts entre elles sur ce que dit est. De laquelle cedule la teneur s'ensuit de mot à mot: Comme plaid & procez soit meu ou esperé à mouuoir ou Chastelet de Paris entre Perrette de Nouion sœur germaine naturelle & legitime de feu Iean de Nouion d'vne part, & Ieannette la Fauconiere à present prisonniere audit Chastelet d'autre part, pour raison de la mort & occision perpetrée en la personne dudit deffunct Iean de Nouion, pour lequel cas ladicte Iehannette estoit prisonniere audit Chastelet & sur lequel cas elle auoit obtenu & impetré du Roy nostre Sire, lettres de remission seellées en las de soye & cire verte, desquelles elle s'estoit aydée en iugement. Finablement icelles parties, apres ce que ladicte Perrette de Nouion informée de la verité du cas & des droicts qu'elle a & peut auoir en ceste partie: ont traicté & accordé ensemble par le moyen d'aucuns de leurs amis, pour escheuer tous plais & procez en la forme & maniere qui s'ensuit. C'est à sçauoir que ladicte Perrette de Nouion en son nom & comme soy faisant fort en ceste partie de tous les autres parens & amis dudit feu Iean de Nouion, soient freres, sœurs ou autres parens, quitte purement, bonnement & absolument à tousiours ladicte Iehannette la Fauconiere, ses biens, ses hoirs, & ayans cause, de la mort & occision perpetrée en la personne dudit feu Iean de Nouion son frere, & de tout ce qu'elle & les autres parens & amis d'iceluy feu Iean de Nouion luy pouroient demãder, ores ou au temps aduenir en quelque maniere que ce fust, sans rien en excepter, & de ce que dict est garantir & desdomager à ses propres cousts & despens ladicte Ieanne la Fauconiere, ses biens, ses hoirs, & ayans causes toutesfois que mestier en sera: & en outre faire ratifier, passer & accorder ladicte quittance par les autres parens & amis toutesfois que requise en sera: Et auec ce ladicte Perrette esdicts noms se consent par ces presentes à la deliurance de ladicte Ieannette, de tous ses biens & cautions, & à l'enterinement de sesdictes lettres de remission: voulant & consentant qu'icelles ses lettres de remission luy soient entherinées & accomplies de point en point selon leur forme & teneur, au regard d'elle & dudit feu Iean de Nouion, moyennant & parmy ce que ladite Ieannette la Fauconiere payera & ſera tenuë payer à ladite Perrete, pour raiſon de l'intereſt ciuil d'icelle Perrete, & pour les autres choſes deſſuſdictes la ſomme de vingt eſcus d'or, de dix-huict ſolz pariſis piece en ceſte maniere. C'eſt à ſçauoir preſentemẽt ſix eſcus d'or, leſquels ſeront prins ſur les biens de ladicte Ieannete la Fauconiere, eſtans en la main du Roy noſtre Sire, pour raiſon dudit cas & ſur tous ſes autres biens, leſquels ladicte Ieannete la Fauconiere veut & conſent par ces preſentes, pour ce eſtre vendus & deliurez ſans iour & ſans terme à l'acheteur, plus offrant & dernier encheriſſeur, & les deniers qui en yſſiront ladicte Perrete eſtre premieremẽt payée de ladicte ſomme de ſix eſcus, & quant au ſurplus le payer en ceſte maniere : c'eſt à ſçauoir en chacun des quatre termes en l'an à Paris acouſtumé, deux eſcus d'or iuſque à fin de payement, à commencer à payer pour le premier terme à Paſque prochain venant. Et pour ſeureté du payement d'iceluy ſurplus, ladicte Ieannete de la Fauconiere baudra caution les perſonnes cy-apres nommées : c'eſt à ſçauoir Bertrand Harel, & Catherine de la Cour leſquels s'obligeront, c'eſt à ſçauoir ledit Bertrand, tous ſes biens & ſon corps à mettre & tenir en priſon fermée, & ladicte Catherine tous ſes biens ſeulement, à payer à ladicte Perrete eſdicts noms ledit ſurplus, montant à quatorze eſcus d'or aux termes, & par la maniere que dit eſt, comme pour leur propre fait & debte : & partant leſdictes parties ſe departent de tous procez. Voulant icelles parties par [illegible]ous eſtre condẽnées à tenir, entheriner & accomplir l'vne e[illegible]ers l'autre, les traictez & accords faicts entre elles, dont mention eſt faicte en la cedule cy-deſſus tranſcripte de point en point ſelon la forme & teneur d'icelle cedule. Et pour ce, nous de leur accord & conſentement les auons condemnées & condemnons à ce faire, tenir, entheriner & accomplir l'vne enuers l'autre : & meſme ladicte Ieannete la Fauconiere à tenir priſon pour l'acompliſſemẽt d'icelles choſes par noſtre ſentence & par droict : & à ce faire ont eſté preſens en iugemẽt pardeuant nous audit Chaſtelet, Bertrand Harel & Catherine de la Court demeurans à Paris derriere ſainct Denis de la Chartre, nommée en ladicte cedule deſſus tranſcrite : Leſquelles pour ladite Ieannete & à sa requeste se sont constituez en nostre presence, & constituent par ces presentes pleiges & cautions enuers ladicte Perrette de la somme de quatorze escus d'or, du coing du Roy nostre Sire, de dix-huict sols parisis piece, des deniers de la somme contenuë oudit accord, laquelle somme de quatorze escus, lesdicts Bertrand & Catherine & chacun pour le tout, ont promis & gagé, promettent & gagent par ces presentes, rendre & payer à ladicte Perrette aux termes declarez en ladicte cedulle pour les causes contenuës en icelle, comme pour leur propre fait & debte, auec tous cousts, mises, despens, dommages & interests, qui faicts & soustenus seront par defaut de leur payement, ou autrement par leur faute & coulpe pour raison des choses dessus dictes, ou aucune d'icelles non entherinées & accomplies : sur l'obligation de tous leurs biens & des biens de leurs hoirs, meubles & immeubles, presents & aduenir, lesquels ils ont soubmis & soubmetent par ces presentes, pour ce du tout à la iurisdiction & contrainte de la Preuosté de Paris & de toutes autres Iustices, sous qui iurisdiction ils seront & pourront estre trouuez, & mesmement ledit Bertrand son corps à mettre & tenir en prison fermée, outre le guichet dudit Chastelet & par tout ailleurs à ses cousts & despens. Renonceant lesdicts Bertrand & Catherine par leur sermens & par la foy de leur corps, pour ce baillée corporellement en nostre main, à toutes exceptions, de deception, de mal, de fraude, barat, lesion, circonuention & d'ignorãce, à toutes barres, cautelles, cauillations, raison, deffenses & oppositions, à tout droict escrit & non escrit, Canon & Ciuil, à toutes lettres d'estat, de respit, dispensations & absolutions & autres quelconques & à tout ce generallement, qui tant de fait comme de droict, d'vs & coustume, ayder & valoir leur pourroit, pour aller, faire cõtre la teneur de ces lettres ou aucune des choses dedãs contenuës, & au droict, disant generale renonciation non valoir: & mesmement ladicte Catherine au benefice du Senatusconsult Velleyan, à l'epistre du diu' Adrian, & à tous autres droits faicts & introduits en la faueur des femmes. Et neantmoins nous de l'accord & consentement desdicts Bertrand & Catherine, auons condemné & condemnons iceux Bertrand &

Catherine aux choses dessusdictes par eux promises faire tenir, entretenir & accomplir enuers ladicte Perrette par nostre sentence & par droict. En tesmoin de ce nous auons fait mettre à ces lettres le seel de la Preuosté de Paris. Ce fut faict & passé en iugement audit Chastelet par lesdictes Perrete & Ieannete, & aussi par ledit Bertrand le Lundy premier iour de Feurier, & par ladicte Catherine le lundy quatriesme iour dudit mois de Feurier l'an de grace mil quatre cents quarante & cinq. Ainsi signé en la marge de dessouz, P. Leguant. *In cuius rei testimonium præsentibus litteris nostrum iussimus apponi sigillum. Datum Parisius in Parlamento nostro die vigesima octaua Ianuarij. Anno Domini millesimo quadringentesimo septimo, & Regni nostri vicesimo octauo.*

Arrest contre les Commissaires qui ont fait des inuentaires & partages.

Extraict des Registres de Parlement.

CVM *pro parte Procuratoris communitatis sexaginta Notariorum nostrorum Castelleti Parisiensis nobis fuisset expositũ, quòd licet per chartas & priuilegia eisdẽ Notariis per prædecessores nostros Francorum Reges concessas & per nos confirmatas & approbatas, ad ipsos Notarios solùm in solidum, non autem ad Examinatores dicti Castelleti aut alios quoscumque pertineret, inter alia facere inuentaria, partagiáque & diuisiones bonorum, & de hoc fuissent & essent iidem Notary in bonis possessione & saisina, huiusmodíque chartæ & priuilegia per diuersa Curiæ nostræ Parlamenti arresta confirmatæ, ac quidam Examinatores qui attentauerant in certis emendis & ad restituendum, id quod ex confectione inuentariorum partagiorúmque & diuisionum receperant, ac in expensis dictorum Notariorum condemnati extitissent: Nihilominus & pauco tempore ex parte dictorum exponentium deductum fuerat quòd die vicesima quarta Decembris anno Domini millesimo quadringentesimo decimo sexto, vel circiter, magister Natalis Volengary, alter Examinatorum dicti Castelleti se gerens pro Commissario Præpositi tunc Paris. fieri fecerat partagium & diuisionem de bonis tunc communibus inter Petrum Salomonis Parisius tunc commorantem & Genouefam eius vxorem separatam: & super huiusmodi partagio litteras, signo manuali & sigillo suo signatas & sigillatas tradiderat: & insuper ipse Natalis, & quidam aly dictorum Examinatorum scientes dictas chartas priuilegiáque & arresta dictorum Notariorum, contra ea veniendo & temere acceptando à prolatione dictorum arrestorum, citra plurá alia inuentaria partagiáque & diuisiones fecerant, aut fieri fecerant, & de die in diem facere conabantur, bonorum appreciatores, latomósque, carpentarios ac alios operarios iuratos secum vocando & capiendo, ac litteras suas quibus promissiones obligationésque & approbationes ac renunciationes partium exponebant eiusmodi partibus, eisdem tradendo, in dictorum Notariorum & iurium suorum grande præiudicium, vt dicebant: & ob hoc dicti exponentes certas litteras à nobis die sexta Decembris vltimò lapsi obtinuissent, quarum vigore Guillermus de Buymont primus dicti Parlamenti nostri hostiarius ad dictorum exponentium requestam inhibuisset, ex parte nostra, & sub certis pœnis nobis applicandis, dicto Natali, nec non Magistris Iacobo Viardi, Guillermo VViderne, Iacobo Cardoz, Iohanni Tillardi, Iohanni Moion, & cæteris omnibus dicti Castelleti Examinatoribus & cuilibet ipsorum, ne de cætero de confectione inuentariorum partagiorũque & diuisionum se aliqualiter intromitterent, nec permißiones aut obligationes ad hoc necessarias, vel alios contractus præiudicium siue damnum officiis dictorum Notariorum ferentes reciperent, quódque reuocarent & adnullarent, aut facerent adnullari, quicquid per eos aut aliquem ipsorum, indictorum Notariorum ac suarum chartarum priuilegiorúmque & arrestorum præiudicium attentatum fuerat siue factum, ac omne id quod ad causam præmissorum exegerant, seu receperant in manibus dictorum exponentium restituerent: dicens, & insuper idem Notarius, certis tamen responsionibus de parendo dictis chartis, priuilegiis & arrestis Notariorum præfatorum per dictos Examinatores aut nonnullos ex ipsis dictis, quia per informationem & aliter debitè constiterat, eidem hostiario dictos Natalem Volengarÿ, Iacobum Viardi & Guillermum VViderne de confectionibus inuentariorum seu partagiorum & diuisionum bonorum, ac aliis interprisiis & attentatis, de quibus in dictis nostris litteris latiùs fiebat mentio, culpabiles fuisse, & esse: eosdem Natalem Iacobum & Guillermum, & quemlibet ipsorum adiournasset comparituros in dicta Curia nostro Procuratori nostro generali pro nobis ac dictis Notariis super huiusmodi attentatis & interprisiis eorúmque circumstantiis & dependentiis responsuros, & vlteriùs processuros, & facturos quod foret rationis. In quaquidem Curia comparentibus dictis Notariis & Procuratore nostro ex parte vna & præfatis Natali Bolengarÿ, Iacobo Viardi & Guillermo VViderne, Examinatoribus in dicto Castelleto, prout quemlibet eorum tangere poterat, ex altera: Notarÿ præfati seu eorum Procuratores pro eis, præmißis & aliis per eos latiùs recitatis & vlteriùs dicto per eos quòd dicti Examinatores Castelleti aut aliqui ipsorum, vigore commißionis Præpositi Parisiensis alteriúsve iudicis, aut aliter facere inuentaria, partagia aut diuisiones bonorum nullatenus poterant, neque debebant, conclasissent ad finem, seu fines quòd ad eos facere inuentaria, partagiáque & diuisiones pertineret, dictósque Volengarÿ, Viardi & VViderne, ac quẽlibet eorum contra dictas chartas & arresta in dictorum Notariorum & iurium suorum præiudicium fecisse seu interprendisse & attentasse diceretur, & propter hoc ÿdem Volengarÿ, Viardi & VViderne & quilibet ipsorum erga dictos Notarios in emendis honorabilibus & vtilibus ad dictæ Curiæ nostræ discretionem & ad restituendum reddendúmque & tradendum addictorum Notariorum aut suæ capellæ dicti Castelleti, vel confratriæ vtilitatem, omne id quod ipsi Examinatores, & quilibet eorum ad causam inuentariorum, partagio-*

rúmque & diuisionum per eos, aut alterum eorum confectarum exegerant, aut receperant, condemnarētur & cōpellerentur, nulláque fides literis ex dictis inuētariis aut partagiis per dictos Examinatores confectis adhiberetur, quinimo lacerarentur & adnullarentur eædem litteræ vt per Notaris reficerentur: & insuper inhiberetur ex parte nostra & dictæ Curiæ nostræ antedictis Volengarij, Viardi & VViderne, vt aliis omnibus dicti Castelleti Examinatoribus & cuilibet ipsorum, ne de cætero, de confectione inuentariorum, partagiorúmque & diuisionum, ac aliis rebus ad officium dictorum Notariorum pertinentibus se vllo modo intermitterent, expensásque ac damna & interesse aduersus tres prænominatos Examinatores dicti Notarij haberent & reportarent. Præfati verò Natalis Volengarij, Iacobus Viardi & Guillermus VViderne, dicentes inter alia se nihil in contemptum, vel spretum dictarum chartarum & priuilegiorum dictorum Notariorum & arrestorum dictæ nostræ Curiæ ad eorumdem Notariorum vtilitatem prolatorum, nec aliquid in ipsorum Notariorum præiudicium malitiosè, vel fraudulenter fecisse, nec facere velle. Sed si aliqua explecta eisdem Notariis præiudiciabilia, & suis chartis priuilegiísque & arrestis derogatoria exegerant, illa per ignorantiam, non per malitiam fecerant, ipsa reparare ad dictæ nostræ Curiæ ordinationem offerendo. Quibusdam litteris nostris eidem Curiæ nostræ directis, quibus dictus Volengarij partagium prædictum & bonis communibus dictorum Petri Salomonis & Genouefæ eius vxoris: dictus verò Viardus aliud partagium cum inuentario de bonis ex decessu defuncti Iohannis Gabel, quondam Draperij & burgensis Parisius relictis, præfatus autem VViderne, vigore commissionis quorundam Commissariorum super facto forfacturarum & confiscationum ad nos pertinentium deputatorum, inuentarium de bonis quæ fuerant, Galteri Dorbec absentis, & partem quorundam aduersariorum nostrorum vt ferebatur tenentis, fecisse confitebatur, subiungendo præterea per dictum Viderne, quòd pro certo de dictis arrestis Notariorum præfatorum notitiam habuerat, ipse dictum inuentarium per Notarios prædictos ac aliquos ex ipsis refici pro curauerat, & refectum per eos ad minus pretium quòd antea se immiscent, & iusta horum occasione ipsos, aut alterum eorum emendis aut aliàs nullatenus molestari, aut inquietari requisissent, ad hoc & ad finem quòd ab impetitionibus & demandis dictorum Notariorum & etiam dicti Procuratoris nostri qui pro nobis ab ipsis & quolibet eorum emendas per dictam Curiam arbitrādas & taxandas petierat, & ne Examinatores cum Notarijs confectionibus inuentariorum, partagiorúmque & diuisionum bonorum populi, seu partium sumptuositatem intercessus, inter eas absoluerentur & ab expensis concludendo: auditísque ad plenum dictis partibus *memorata Curia nostra, eas ad tradendum seu ponendum penes ipsam chartas priuilegiáque & arresta : nec non alias literas & explecta ac munimenta quibus eodem pacto se iuuare volebant, cum arresto apotaxeos. Visis igitur per dictam Curiam chartis, priuilegiis & arrestis, ac aliis litteris expletisque & munimentis per dictas partes eidem Curiæ traditis & exhibitis, consideratísque & attentis diligenter omnibus circa præmissa considerandis & attẽdendis, quæ dictam nostram Curiam in hac parte mouere poterant & debebant: Per arrestum eiusdem Curiæ nostræ dictum fuit, quòd ad dictos Notarios ad causam officiorum suorum, non autem ad Examinatores præfatos pertineret inter alia, inuentoria, partagia & diuisiones bonorum facere, & de hoc ipsi Notarij iuxta formam & tenorem suorum priuilegiorum, chartarúmque, ordinationum ac arrestorum per eos super hoc obtentorum & obtentarum vtentur & gaudebunt, inhibebiturque ac inhibuit & inhibet dicta Curia per idem suum arrestum antefatis Examinatoribus, & cuilibet ipsorum, ne ad causam suorum officiorum, nec etiam per Commissionem dicti Præpositi Parisiens. vel eius Commissarium, dicta inuentaria, partagia ac diuisiones bonorum faciant, aut fieri faciant. Et insuper dicta Curia per idem arrestum interprisias & explecta prædicta per dictos Natalem Volengarij & Iacobum Viardi factas respectu ipsorum & cuiuslibet eorum, adnullauit & adnullat: ordinando præterea quòd ipsa explecta penes dictam Curiam afferentur & apportabuntur pro ordinando de eisdem respectu partium quas concernunt prout rationabiliter decebit prouentique penes dictam Curiam iisdem Volengarij & Viardi, & cuilibet eorum infra quindenum à data præsentium computandum, id quod ad causam dictorum explectorum & interprisiarum per eos factarum receperant: pro ordinando similiter & faciendo exinde, quòd dicta Curia duxerat aduisandum ipsos Volengarij & Viardi in dictorum Notariorum expẽsis earum taxatione reseruata condemnando & eos literis nostris prætactis per ipsos impetratis obtemperando & emendis erga nos & dictos Notarios releuando, inquantum eum dictum VViderne concernit, dictà Curia eum extra processum absque expensis & emenda posuit & quòd prius præcipiendo sit: super quod dicta Curia seu regis ordinatio dictis Notariis dudum concessa de iuribus suis latiùs faciens mentionem registretur, & publicetur cum alijs ordinationibus solitis anno quolibet in dicto Castelleto Paris. publicari. Pronunciatum die decima nona Aprilis anno Domini millessimo quadringentesimo vicesimo tertio, ante Pascha,* Signé, de Heuez.

Lettres de Confirmation.

HENRY par la grace de Dieu Roy de France, A nos amez & feaux Conseillers, les Gens de nostre Cour de Parlement à Paris, salut & dilection. La Communauté de nos chers & bien amez Notaires au Chastelet de nostre ville de Paris, nous a fait humblement exposer que pour subuenir au bien & estat de la chose publicque, à quoy ils sont ordinairement occupez en leurs persõnes, Nos predecesseurs Roys de Frãce, par bonne & meuë deliberation de Conseil, auroient statué & ordonné que ausdicts Notaires & non à autres appartiendroit & appartient faire passer & receuoir, tant en nostre ville, faulxbourgs & banlieuë de Paris, que en toutes autres villes & lieux de nostre Royaume, pays, terres & seigneuries de nostre obeissance, tous contracts, ventes & obligations, eschanges, transactions, commissions, testamens, quittances, instrumens, faire inuentaires, partage & diuisions de biens, & tous autres actes concernans ledit office de Notaire, de seeller de leurs seels toutes maisons, coffres, armoires, huches & autres choses esquelles seront tous biens que l'on voudroit inuentorier des personnes decedées, & dont les parties voudrõt faire faire inuentaire, & que nuls autres officiers de nostredicte ville, fauxbourgs & banlieuë, ne pourrõt faire, passer ne receuoir aucuns contracts, faire inuentaires, partages & diuisions de biẽs ne autres actes & instrumens concernans ledit estat, sur peine de priuation de leurs offices & de nullité. Aussi que nostre Preuost de Paris, ou ses Lieutenans & Auditeurs, ne pourront decerner commission, addressant aux Examinateurs dudit Chastelet ne autres qu'ausdicts Notaires, pour faire lesdicts inuentaires, partages & diuisions de biens & autres actes & instrumens concernans ledit office de Notaire : semblablement que lesdicts Examinateurs ne pourront proceder au fait d'enquestes ne examen de tesmoings, sans appeller auec eux pour adioinct l'vn desdicts Notaires, sur peine de nullité de ce qui feroit fait au contraire, & de punition contre les infracteurs par priuation de leurs offices, condemnation d'amendes enuers nous & lesdicts Notaires, & de restitution de deniers qu'ils auroient pource receuz, comme ayans attenté contre & au preiudice desdicts statuts, octrois & priuileges. Dauantage que lesdicts supplians auroient leurs causes commises, tant en demandant comme en defendant, pour raison des biens procedans de leurs chefs & de leurs femmes & de ceux dont ils aurōt le droict & cause pardeuant ledit Preuost de Paris & lesdicts Lieutenans. A la charge que lesdicts supplians feront residēce en ladicte ville & fauxbourgs de Paris & non ailleurs. Et sur iceux statuts, octrois & priuileges, lesdicts supplians ont obtenu plusieurs sentences & arrests de nostredicte Cour, contre lesdicts Examinateurs & autres qui se sont ingerez faire le contraire, par lesquels a esté ordonné à ce que l'on ne puisse pretēdre cause d'ignorāce desdits statuts, octrois & priuileges, que par chacun an ils seroient leuz & publiez en l'Auditoire dudit Chastelet, & desdicts priuileges & de plusieurs autres, lesdicts supplians ont obtenu nos lettres de confirmation. Nous requerant iceux supplians, deffences estre faictes aux dessusdicts Preuost de Paris, ses Lieutenans, Auditeurs, Examinateurs, & à tous autres qu'il apartiendra, de ne contreuenir ausdicts priuileges, sentences & arrests donnez sur iceux, sur les peines indictes & declarées ausdicts priuileges & octrois, sentences & arrests, & continuer d'an en an la publication desdicts statuts, octrois & priuileges audict Chastelet de Paris, selon qu'il est contenu en iceux arrests, à ce qu'aucun n'en puisse pretendre cause d'ignorance, & sur ce leur impartir nos lettres de prouision à ce necessaires. Pource est-il que nous ce consideré, voulant obuier au desordre & confusion qui souuentefois aduient par diuersité d'officiers, entreprenans les vns sur les autres, & pource que lesdicts arrests ont esté donnez en nostredicte Cour par forme de reglement & suiuant lesdicts statuts, octrois & priuileges. Nous mandons & commandons & tres-expressément enioignons en commectant, entant que mestier est ou seroit, de grace special par ces presentes, Qu'appellé nostre Procureur general en nostredicte Cour, auquel mandons y interuenir pour l'interest de Iustice & entretenement desdicts statuts, priuileges, octrois & arrests & autres qui pour ce feront à appeller: s'il vous appert de ce que dit est, mesme desdicts statuts, octrois & priuileges, sentences & arrests donnez sur & en consequence d'iceux, & qu'ils ayent esté confirmez de nous, comme dit est, à ce qu'à l'aduenir ne nous soit plus fait aucune plaincte ne clameur par nosdicts Notaires: attendu que par forme de reiglement ils ont obtenu lesdites sentences & arrests: Vous en ce cas faites iceux statuts, octrois, priuileges, sentences & arrests inuiolablement entretenir, garder & obseruer selon leur forme & teneur: en contraignant à ce faire tous ceux qui pour ce feront à contraindre. Et parce que lesdicts arrests ont esté donnez par forme de reglement en nostredicte Cour selon & en ensuiuant leurs chartres, priuileges & octrois, vous mandons & commettons par ces presentes que lesdicts exposans dont vous receuez, & lesquels voulons par vous estre receuz à requerir & demander l'execution d'iceux arrests, tout par la forme & maniere, que s'ils estoient dedans l'an de l'impetration d'iceux, nonobstãt le long laps de temps qu'ils ont esté dõnez; aussi à ce que l'on ne puisse pretẽdre cause d'ignorance à l'aduenir, desdictes chartres, priuileges & octrois concedez ausdicts Notaires: Faictes iceux priuileges & confirmation par nous sur iceux octroyez publier par chacun an en nostre auditoire dudit Chastelet & autres lieux que besoing sera suiuant la teneur desdicts arrests: Nõobstant aussi que la publication d'iceux priuileges ait esté longuement discontinuée, que ne leur voulons le tout aucunement nuire ny preiudicier en aucune maniere, ains de tout les en auons releuez & releuons de grace special, plaine puissance & auctorité Royal par ces presentes. Et en mettant à execution lesdictes sentences & arrests obtenus selon & en ensuiuant lesdicts priuileges, faictes iouïr & vser nosdicts Notaires plainement & paisiblement de tout le contenu és priuileges, octroys, chartres, sentences & arrests. En faisant expresses inhibitions & defences de par nous à nostredit Preuost de Paris, sesdicts Lieutenans, Auditeurs, Examinateurs de nostredit Chastelet, & à tous autres qu'il appartiendra, sur les peines indictes & declarées esdicts priuileges, octrois, sentences & arrests, de ne contreuenir en aucune maniere, au contraire d'iceux, en procedant en outre à l'encontre de ceux qui y contreuiendront cy apres selon la forme & maniere contenuës esdicts priuileges, sentences & arrests, & par toutes autres voyes deuës & raisonnables, & ce nonobstant oppositions ou appellations quelconques, faictes ou à faire, & sãs preiudice d'icelles, pour lesquelles ne voulons estre aucunement differé, quant à l'entretenement desdicts arrests ainsi donnez par forme de reglement, comme dit est, que nous voulons estre inuiolablemẽt entretenus, & quelques mandemens, ordonnances, restrinction & lettres à ce contraires. Donné à sainct Germain en Laye, l'an de grace mil cinq cens quarante huict, le vingt-deuxiesme iour de Decembre, & de nostre Regne le second. Et plus bas est escrit, Par le Conseil, Le Picart.

Confirmation des pouuoirs & facultez des Notaires.

HENRY par la grace de Dieu Roy de France, sçauoir faisons à tous presens & aduenir. Nous auons receu l'humble supplication de nos chers & bien amez nos clercs Notaires instituez en nostre Chastelet de Paris, contenant que pour subuenir au bien & vtilité de la Republique, à quoy ils sont continuellement & iournellement occupez en leurs personnes, & sedentaires plus que nuls autres officiers de nostre Royaume : Nos predecesseurs Roys de France leur ont concedé plusieurs priuileges, mesmes feu de bonne memoire le Roy Philippes le Bel en l'an trois cens dixsept le cinquiesme iour de Iuin, auroit statué & ordonné par Edict & ordõnance perpetuel, que nul ne puisse faire passer ne receuoir en nostre ville & fauxbourgs de Paris aucuns contracts, lettres, instrumẽs, testamẽs, faire inuentaires, partages & diuisions de biens, cõmissions, obligations, transactions, ne autres quelconques actes, concernant ledit estat & office de Notaire, s'il n'estoit Notaire Iuré audit Chastelet, & par proclamation publique par expres inhibé & deffendu au Preuost de Paris, ses Lieutenans, Auditeurs & Examinateurs dudit Chastelet, presens & aduenir, sur peine de priuation de leurs offices, ne faire ne receuoir aucuns inuentaires, testaments, obligations, contracts, partage & diuisions de biens, commissions, quittances ne autres actes concernant ledit estat & office de Notaire: & au Seelleur dudit Chastelet sur mesme peine, ne seeller aucuns contracts, actes, inuentaires, partages & diuisions de biens, ne autres choses concernant ledit Estat, s'ils n'estoient faicts, receus, passez & signez desdicts Notaires : & où aucuns seroient faicts, signez & passez par autres que lesdicts Notaires, le tout estre cassé & adnullé, & les infracteurs en plaine audience estre priuez de leurs offices. Pareillement le Roy Philippes le Long au mois de Feurier mil trois cens & vingt, auroit entre autres choses statué, qu'aucun de nos Examinateurs de nostredit Chastelet, presens & aduenir, ne pourront proceder au fait d'enquestes, informations, examen de tesmoings, sans appeller pour adioinct auec luy l'vn de nos Notaires en nostredit Chastelet. & aussi auroit confirmé la Confrairie desdits Notaires establie par iceux Notaires audit Chastelet en l'honneur de Dieu & de Madame saincte Marie. Aussi le Roy Charles au mois d'Auril l'an 1363. auroit statué & ordonné que nosdits Notaires és iours de Dimanches & Festes solemnelles, cesseront l'exercice de leurs offices, & s'abstiendront esdits iours en reuerence: & pour les causes declarées és lettres de chartres à ceste fin par lesdicts Notaires obtenues: semblablement le feu Roy Charles huictiesme par ses lettres Patentes du dix-huictiesme Decembre l'an mil quatre cens quatre vingts & cinq, statua & ordonna, que nul de nosdicts Examinateurs en nostredit Chastelet ne pourra & ne luy sera loisible ne permis aucunement pour le temps aduenir, faire aucunes enquestes ou examen de tesmoings, ne rediger leur depositiō par escrit, sans sur ce appeller pour son adjoinct l'vn de nosdicts Notaires par nous ordonnez audit Chastelet, & que lesdictes enquestes & examen de tesmoings seroient signez d'iceluy desdicts Examinateurs & d'iceluy Notaire joinct qui à ce seront cōmis & appellez, pour si aucuns estoient trouuez de là en auant, faisans le contraire, les delinquans estre punis comme transgresseurs de ladicte Ordonnance & Edict, & lesdites enquestes, examen & depositiō de tesmoings faicts autrement que selon ladicte Ordonnance, estre nuls & de nul effect & valeur. Et le feu Roy Loys douziesme par ses lettres patentes en forme de chartre du mois d'Auril mil cinq cens & dix, permit & octroya ausdicts Notaires qu'ils puissent besongner, faire passer & receuoir tous contracts par tous les fins & mettes de nostre Royaume, païs, terres & seigneuries de nostre obeissance entre toutes personnes d'iceluy: & neantmoins voulut & ordonna qu'ils auroient leurs causes commises pardeuant nostre Preuost de Paris & ses Lieutenans, tant en demandant qu'en deffendant, à la charge qu'ils feront leurs residences en nostredicte ville & fauxbourgs de Paris. Tous lesquels priuileges leur ont esté confirmez par nosdicts predecesseurs Roys, & mesme par feu nostre tres-honnoré Seigneur & Pere le Roy François dernier decedé que Dieu absolue;

desquels lesdicts supplians & leurs predecesseurs ont par cy deuant bien & deuëment iouy & vsé: Mais ils doubtent que cy-apres on les voulsist en la ioüissance d'iceux troubler & empescher, si par nous ne leur estoient confirmez, nous humblement requerant sur ce leur impartir nostre grace & liberalité. Pource est-il que nous inclinant liberallement à la supplication & requeste desdicts supplians, à iceux de nostre grace special, plaine puissance & auctorité Royal, Auons confirmé, continué, ratiffié, loüé & approuué: confirmons, continuons, ratiffions, loüons & approuuons tous & chacuns les priuileges, exemptions, franchises & libertez à eux concedez par nosdicts predecesseurs: Pour en ioüir & vser par lesdicts supplians & leurs successeurs tant & si auant qu'ils & leurs predecesseurs en ont par cy-deuant deuëment & iustement iouy & vsé, iouïssent & vsent encore de present. Si donnons en mandement par ces presentes à nos amez & feaux Conseillers les Gens tenans nostre Cour de Parlement de Paris, au Preuost de Paris & ses Lieutenans & à chacun d'eux sur ce requis, que de nos presentes graces, confirmation, ratiffication & approbation; ils facent, souffrent & laissent lesdicts supplians & leurs successeurs iouïr & vser pleinemẽt, paisiblement, & perpetuellement, cessans & faisans cesser tous troubles & empeschemens au contraire, nonobstant qu'ils ne soient tous si par le menu specifiez & declarez, desquels nous les auons releuez & releuons, & tenons tous cy pour speciffiez & declarez. Et pour ce que de cesdictes presentes l'on pourra auoir affaire en plusieurs & diuers lieux: Nous voulons qu'au vidimus d'icelles, fait soubs le seel Royal, foy soit adjoustée comme à ce present original: Car tel est nostre plaisir: & afin que ce soit chose ferme & stable à tousiours, nous auons fait mettre le seel à cesdictes presentes, sauf en autres choses nostre droict & l'autruy en toutes. Donné à Fontainebleau au mois de Nouembre l'an de grace mil cinq cens quarante sept, & de nostre regne le premier. Ainsi signé sur le reply, Par le Roy, Mahieu. Et seellée du grand sceau de cire verte sur laqs de soye. Plus sur ledit reply est escript. *Registrata audito & consentiente Procuratore generali Regis, pro vtendo per impetrantes priuilegijs per has literas confirmatis, prout rite & rectè antea vsi sunt vt & præsenti vtun-*

tur, Parisiis in Parlamento, tertia die Octobris, anno Domini millesimo quingentesimo quinquagesimo primo. Ainsi signé, Camus. Et au dos est escript ce qui ensuit. Ces presentes ont esté leuës & publiées en iugement en l'Auditoire du Chastelet de Paris en la presence & du consentement du Procureur du Roy nostre Sire audit Chastelet, & ordonné estre enregistrées és Registres ordinaires dudit Chastelet, pour en ioüir par les impetrans selon l'Arrest & modification de la Cour de Parlement contenu & escrit sur le reply desdictes presentes, le Samedy dix-neufiesme iour de Decembre l'an mil cinq cens cinquante & vn. Ainsi signé, Trouvé.

HENRY par la grace de Dieu Roy de France, A nos amez & feaux Conseillers les Gens tenans nostre Cour de Parlement à Paris, Preuost de Paris, ou son Lieutenãt & à chacun d'eux, Salut & dilection. Receuë auons l'humble supplication de nos bien-amez nos Clercs & Notaires instituez au Chastelet de Paris, contenant qu'ils ont obtenu certaines nos lettres de confirmation, continuation, ratification & approbation de leurs priuileges & exemptions, franchises & libertez à eux concedez par nos predecesseurs pour en ioüir par eux & leurs successeurs, cõme plus au long le contiennent nosdictes lettres: Desquelles lettres qui sont dattées du mois de Nouẽbre mil cinq cens quarante sept, iceux supplians ont demandé l'enterinement en nostredicte Cour, laquelle a fait quelque difficulté de les enteriner, parce qu'elles sont surannées de plus d'an & iour, sans obtenir nos lettres de prouision, humblement requerant icelles. Pourquoy tout consideré, desirans subuenir à nos subjects selon l'exigence des cas: Vous mandõs & à chacun de vous sur ce premier requis, & pource que nosdictes lettres qui sont cy attachées soubs nostre contreseel, sont à vous addressantes, expressément enjoignons, que s'il vous appert d'icelles nosdites lettres ou des autres choses dessusdictes tant que suffire doiue tout en ce cas: Receuez lesdicts supplians, & lesquels voulons par vous estre receus à requerir & demãder l'enterinement d'icelles nos Lettres de prouision selon leur forme & teneur, & tout ainsi qu'ils eussent fait ou peu faire dedans l'an & iour d'iceluy. Car ainsi nous plaist-il estre il estre faict, nonobstant qu'elles soient surannées de plus que d'an & iour, que ne voulons à iceux supplians nuire ne preiudicier en aucune maniere, ains entant que mestier est ou seroit, les en auons releuez & releuons de grace special par cesdites presentes. Donné à Paris le second iour d'Octobre l'an de grace mil cinq cens cinquante & vn, & de nostre Regne le cinquiesme. Signé, Par le Conseil, de & sur le reply est escrit. *Registrata Parisiis in Parlamento tertia die Octobris, anno Domini millesimo quingentesimo quinquagesimo primo.* Ainsi signé, Camus.

Extraict des Registres de Parlement.

VEV par la Cour, les Lettres patentes du Roy données à Fontaine-bleau au mois de Nouembre mil cinq cens quarante sept, & signées sur le reply, Par le Roy, Mahieu, par lesquelles ledit Seigneur confirme, continuë, ratiffie, loüe & approuue tous & chacuns les priuileges, exemptions, franchises & libertez, donnez, concedez & octroyez aux Clercs, Notaires, instituez au Chastelet de Paris, par ses predecesseurs Roys de France, pour en ioüir & vser par iceux Clercs, Notaires & leurs successeurs, tant & si auant qu'ils & leurs predecesseurs en ont par cy-deuant deuëment & iustement ioüy & vsé, ioüissent & vsent encore de present: auec certaines lettres Royaux, par lesquelles est mandé à ladicte Cour receuoir lesdits impetrans à requerir & demãder l'entherinement desdites lettres patentes, nonobstant qu'elles soient surannées de plus que d'an & iour. Oy sur ce le Procureur general du Roy, & tout consideré, ladicte Cour a ordonné & ordonne que lesdictes lettres patentes seront enregistrées és Registres d'icelle, & que sur le reply d'icelle sera mis. *Registrata audito & consentiẽte Procuratore generali Regis pro vtendo per impetrantes priuilegiis per dictas litteras confirmatis, prout rite & recte antea vsi sunt, & de praesenti vtuntur.* Fait en Parlement le troisiesme iour d'Octobre mil cinq cens cinquante & vn, Ainsi signé, Camus.

CHARLES par la grace de Dieu Roy de France, à tous presens & à venir, salut. Comme il soit chose fauorable & recommandable pour la conferuation & entretenemens de tous estats, & pour faire viure le peuple en paix, seureté & repos, que de reduire les choses à leur premier train & origine, & soit ainsi que pour tenir la foy publique pour le commerce des hommes, & rediger les contracts, promesses & obligations, qui se font entre les gens de chacun estat, nos predecesseurs Roys de France eussent d'ancienneté pour bonnes iustes causes & consideratiōs, creé, ordonné & estably en nostre bonne ville de Paris, le nōbre de soixante Clercs, ausquels ils auroiēt donné, octroyé & confirmé plusieurs priuileges & droicts, desquels ils auroient tousiours ioüy, & en iceux esté maintenus & gardez par plusieurs arrests de nos Cours souueraines, sans qu'il fut loisible ne permis à aucuns de nos Officiers, ou d'autres Iurisdictions subalternes, autres que nosdicts Clercs & Notaires, faire passer & receuoir en nostredite ville de Paris, fauxbourgs & banlieuë d'icelle, aucunes lettres de ventes, quittances, breuets, obligations, eschanges, transactions, commissions, testamens, codicilles, terriers, inuentaires, partages & diuisions, & semblables contracts, actes & instrumens qui sont & dependent de leurdit office de Notaire: & à ce qu'aucune personne n'en pretendit cause d'ignorance, auroit esté ordonné par proclamation publique, le tout estre notifié où il appartiendra: ausquels Notaires nosdits predecesseurs auroient aussi dōné & octroyé le pouuoir, faculté & priuilege de faire & executer tout ce que dessus par tout nostre Royaume, pays, terres & seigneuries de nostre obeissance, quād par les parties en seroiēt requis: ensemble qu'ils eussent leurs causes commises, tant en demandant que deffendant, pardeuant nostre Preuost de Paris ou son Lieutenant gardien, & aussi en iours de Dimanches & festes solemnelles, ils cesseroient l'exercice de leurs offices, & s'abstiendroient de besongner esdicts iours, le tout pour les causes contenuës és lettres de chartres à ces fins par nosdicts Notaires obtenuës. Tous lesquels priuileges leur ont esté confirmez par nosdicts predecesseurs Roys, & mesmes par feu nostre tres-honnoré Seigneur & Pere le Roy Henry dernier decedé: desquels & autres qui ne sont cy-dessus specifiez nosdicts Notaires & leurs predecesseurs ont par cy-deuant bien & deuēment iouy & vsé: mais ils doutent que cy apres on les voulsist en la iouyssance d'iceux troubler & empescher, si par nous ne leur estoient confirmez : ce que nosdicts Notaires nous ont tres-humblement supplié & requis faire, & sur ce declarer nos vouloir & intention. Sçauoir faisons que nous voulans lesdicts priuileges & droicts, & les Ordonnances desdicts Arrests & Reiglement qui pour bonnes causes ont esté sur ce faicts & donnez, estre gardez & obseruez, & apres qu'auons fait veoir en nostre priué Conseil, & auec meure deliberation, lesdicts priuileges & droicts, & les confirmations d'iceux, ensemble lesdicts arrests : auons iceux confirmez, continuez, ratifiez, loüez & approuuez, & de nostre certaine science, grace, special, plaine puissance & auctorité Royal, confirmons, continuons, ratifions, loüons & approuuons tous & chacuns les priuileges, exemptions, franchises & libertez à eux concedez par nosdicts predecesseurs Rois, pour en ioüyr & vser par lesdits supplians & leurs successeurs, tant & si auant qu'ils & leurs predecesseurs en ont par-cy deuant deuëment & iustement ioüy & vsé, ioüissent & vsent encores de present. Si donnons en mandement par ces mesmes presentes, A nos amez & feaux Conseillers les gens tenans nostre Cour de Parlement & Preuost de Paris, & à tous nos autres Iusticiers & chacun d'eux, que de nos presens confirmations, concession & octroy, & de tout le contenu esdicts priuileges; il facent, souffrent & laissent lesdits supplians & leurs successeurs ioüir & vser plainement, paisiblement & perpetuellement, sans contredicts ou empeschemens quelcõques : lesquels si faits, mis ou donnez leur estoient, mettent & facent mettre incontinent & sans delay au premier estat & deu. Et pource que de ces presentes & contenu esdicts priuileges on pourra auoir affaire en plusieurs & diuers lieux, Nous voulons qu'au vidimus d'iceux, fait sous seel Royal, ou par l'vn de nos amez & feaux Notaires & Secretaires, foy soit adjoustée comme aux originaux : Car tel est nostre plaisir. Et afin que ce soit chose ferme & stable à tousjours, nous auons fait mettre le seel à cesdictes presentes, sauf en autres choses nostre droict, & l'autruy en toutes. Donné à sainct Germain en Laye, au mois d'Octobre, l'an de grace mil cinq cens soixante vn, & de nostre regne le premier. Ainsi signé, Du Mesnil : & sur le reply est escrit, Par le Roy, De Vabres, & seellées en las de soye rouge & verte ; & aussi sur le reply est escrit. *Registrata audito & consentiente Procuratore generali Regis pro vtẽdo per impetrantes priuilegiis per præsentes cõfirmatis, prout antea rite, & rectè vsi sunt & nunc vtuntur, Parisiis, & in Parlamẽto xxiiij. Nouembris anno Domini, quingentesimo sexagesimo primo.* Ainsi signé, Du Tillet : & au dos est escrit. Leuës & publiées en iugement en l'auditoire ciuil du Chastelet de Paris, en la presence & du consentement du Procureur du Roy nostre sire audit Chastelet, a ordonné estre enregistrées és registres ordinaires d'iceluy Chastelet, pour en ioüir par les impetrans selon le contenu d'icelles, & ainsi qu'ils en ont par cy-deuant deuëment & iustement iouy & vsé, & vsent & iouïssent encores de present. Fait le Lundy quinziesme iour de Decembre, l'an mil cinq cens soixante vn. Ainsi signé, Boyer.

I'ay receu des clercs Notaires du Chastelet de Paris la somme de deux cens liures pour la confirmation de leurs priuileges, tels & semblables qu'ils en ont cy-deuant iouy. Fait à sainct Germain en Laye, le douziesme iour d'Octobre, l'an mil cinq cens soixante vn. Signé Deodeau, & plus bas, Collationné à l'original, par moy Notaire & Secretaire du Roy. Ainsi signé, De Vabres.

Extraict des Registres de Parlement.

VEv par la Cour les lettres patentes du Roy en forme de chartres, dõnées à S. Germain en Laye au mois d'Octobre dernier, signées par le Roy, de Vabres ; par lesquelles, & pour les causes y contenuës ledit seigneur confirme, continue, ratifie, louë, & approuue les priuileges & exemptions octroyez par ses predecesseurs Rois de France, aux clers & cõmunauté des Notaires au Chastelet de Paris, mesmes selon la confirmation du feu Roy Henry, attachée sous le contreseel de la Chancelerie, auec lesdites lettres de l'ordonnance de ladite Cour communiquez au Procureur general du Roy, sur ce, auquel lesdits priuileges ont esté communiquez. Tout consideré ladite Cour a ordonné & ordonne que lesdites lettres patentes seront enregistrées és registres d'icelle, & sera mis sur le reply d'icelle. *Registrata audito & consentiente Procuratore generali Re-*

giis pro vtendo per impetrantes priuilegiis per præsentes cōfirmatis, prout antea rite & rectè vsi sunt & nunc vtuntur. Fait en Parlement le vingt-quatriesme iour de Nouembre, l'an mil cinq cens soixante vn. Ainsi signé, Du Tiller.

HENRY par la grace de Dieu Roy de France & de Pologne, à tous presens & aduenir, salut. Comme il soit chose fauorable & recommandable pour la confirmation & entretenement de tous estats, & pour faire viure le peuple en paix, seureté & repos, & reduire les choses à leur premier train & origine, & aussi pour tenir la foy publique pour le commerce des hommes, & rediger par escript, les contracts, promesses, obligations, inuentaires, partages & autres actes qui se font entre les gés de chacun estat, nos predecesseurs Roys de France eussent d'ancienneté pour bonnes & iustes considerations creé, ordonné & estably en nostre bōne ville de Paris, le nombre de soixante Notaires, ausquels il auroit donné & octroyé, & confirmé plusieurs priuileges & droicts, mesme feu de bonne memoire le Roy Philippes le Bel en l'an mil trois cens, le cinquiesme iour de Iuin, auroit statué & ordonné par Edict & Ordonnance perpetuel, que nul ne pourroit faire, passer & receuoir en nostre ville, fauxbourgs & banlieuë de Paris, aucuns contracts, lettres, testaments, faire inuentaires, partages & diuisions de biens, commissions, obligations, transactions ne autres actes & instrumens quelconques, concernans ledit estat & office de Notaire, s'il n'estoit Notaire iuré en nostredit Chastelet, & par proclamations publiques, par expres inhibé & deffendu au Preuost de Paris, ses Lieutenans, Auditeurs & Examinateurs dudit Chastelet de Paris, presens & aduenir, ne faire ne souffrir estre fait, ne receuoir aucuns inuentaires, partages & diuisions de biens, testaments, contracts, obligations, commissions, & autres actes & instrumens, concernans ledit estat & office de Notaire, & au seelleur dudit Chastelet, ne seeller aucuns desdits contracts, partages ne autres actes concernans ledit estat, s'ils n'estoient faicts, receus & signez desdits Notaires : & si aucuns seroient faits, receus & signez par autres que lesdits Notaires, le tout estre cassé & adnullé, & les infracteurs estre priuez de leurs offices : ausquels priuileges, ils auroient esté maintenus & gardez par plusieurs Arrests de nos Cours souueraines, sur les differens qui estoient interuenus entre eux : les Examinateurs dudit Chastelet & Greffiers de nos Iustices & autres Iurisdictions de ladicte ville, fauxbourgs & banlieuë de Paris. Et à ce qu'aucune personne n'en pretendist cause d'ignorance, auroit esté encores ordonné par lesdicts Arrests, le tout estre notiffié & publié où il apartiendroit : ausquels Notaires nosdits predecesseurs auroient aussi donné & octroyé le pouuoir, faculté & priuilege de faire & executer tout ce que dessus par tout nostre Royaume, païs, terres & Seigneuries de nostre obeissance quand par les parties en seroiēt requis. Ensemble qu'ils eusset leurs causes commises, tant en demandant que deffendant, pardeuant nostre Preuost de Paris ou son Lieutenant, leur gardien conseruateur : tous lesquels priuileges leur ont esté confirmez par nosdits predecesseurs Roys, & mesme par feu nostre tres-honoré Seigneur & pere le Roy Henry, & feu nostre tres-honoré Seigneur & frere le Roy Charles derniers decedez que Dieu absolue. Desquels priuileges & autres qui ne sont cy-dessus specifiez, nosdits Notaires & leurs predecesseurs, ont cy-deuant bien deuëment & paisiblement iouy & vsé : mais ils doubtent que cy-apres on les voulsist en sa ioüissance d'iceux troubler & empescher, si par nous ne leur estoient confirmez : ce qu'ils nous ont tres-humblemēt supplié & requis. Sçauoir faisons que nous voulans lesdits priuileges & droicts, & les Ordonnances, Arrests, Edicts & Reglements qui pour bonnes causes ont esté sur ce faicts & donnez : estre gardez & obseruez de l'aduis de nostre Conseil, auquel tous lesdicts priuileges & Edicts & les confirmations d'iceux, ensemble lesdicts Arrests contenus cy-dessus, & cy attachez soubs nostre contre-seel, auons confirmez, continuez, louez & approuuez, & de nostre certaine science, grace specialle, plaine puissance & auctorité Royale : confirmons, continuons, ratiffions, loüons & approuuons lesdicts priuileges, exemptions, franchises & libertez à eux concedez par nosdicts predecesseurs Roys pour en ioüir & vser par lesdicts supplians & leurs successeurs, tout ainsi & en la forme que leurs predecesseurs en ont cy-deuant deuëmēt iouy & vsé, ioüissent & vsent encores à present. Si donnons en mandement par ces presentes à nos amez & feaux Conseillers les gens tenans nos Cours de Parlement & Preuost de Paris, & à tous nos autres Iusticiers & Officiers & chacun d'eux, que de nos present Edict, vouloir & intention ordonnée, confirmation, concession & octroy, & de tout le contenu cy-dessus, ils facent inuiolablement, diligemment & entierement garder, entretenir & obseruer selon leur forme & teneur, ainsi que dessus est dit, sans y contreuenir en aucune maniere: facent, souffrent & laissent lesdicts supplians, & leur successeurs, ioüir & vser plainement, paisiblement & perpetuellement sans contredit ou empeschement quelcõque: lequel si fait mis ou donné leur estoit, mettent & facent mettre incontinent & sans delay au premier estat & deu. Et par ce que de ces presentes & contenu esdicts priuileges, l'on pourra auoir affaire en plusieurs, & diuers lieux: Nous voulons qu'au vidimus d'iceux fait soubs seel Royal, ou par l'vn de nos amez & feaux Notaires & Secretaires, foy soit adioustée comme aux originaux: Car tel est nostre plaisir. Et afin que ce soit chose ferme & stable à tousiours, Nous auons fait mettre nostre seel à cesdites presentes, sauf en autres choses nostre droict, & celuy de l'autruy en toutes. Donné à sainct Germain en Laye le vingt-septiesme iour de Nouembre l'an de grace mil cinq cents quatre vingts quatre, & de nostre Regne le vnziesme: Et sur le reply est escrit, Par le Roy, de Villoutreys. Et aussi sur le reply: Registrées, ouy le Procureur general du Roy, pour ioüir par les impetrans, & leurs successeurs de l'effect & contenu en icelles, ainsi que bien & deuëment ils & leurs predecesseurs en ont iouy & vsé, & encores vsent de present. A Paris, en Parlement le dernier iour de Ianuier l'an mil cinq cens quatre vingts cinq. Ainsi signé, du Tillet: & au dos est escrit, *Registrata*.

HENRY par la grace de Dieu Roy de Frãce & de Nauarre, à tous presens & aduenir, salut. Comme il soit chose fauorable & recommandable pour la conseruation & entretenement de tous estats, & pour faire viure le peuple en paix, seureté & repos, que de reduire les choses à leur premier train & origine: & aussi pour tenir la foy publique pour le commerce des hommes, & rediger par escrit les contracts, promesses, obligations, inuentaires, partages & autres actes qui se font entre les gens de chacun estat, nos predecesseurs Roys de Frāce eussent d'ancienneté pour bōnes & iustes causes & consideratiōs creés, ordonné & estably en nostre bonne ville de Paris, le nombre de soixante Notaires, ausquels ils auroient donné, octroyé & confirmé plusieurs priuileges & droicts, mesmes feu de bonne memoire le Roy Philippes le Bel en l'an mil trois cēs le cinquiesme iour de Iuin auroit statué & ordonné par Edict & Ordonnance perpetuel : Que nul ne pouroit faire passer & receuoir en nostre ville, fauxbourgs & banlieuë de Paris, aucuns contracts, lettres, testaments, faire inuentaires, partages & diuisions de biens, commissions, obligations, transactions, papiers terriers, contracts de vente, eschanges, cessions & transports ne autres actes & instrumēts quelconques, concernans ledit estat & office de Notaire, s'il n'estoit Notaire iuré en nostredit Chastelet, & par proclamation publique, & par expres inhibé & deffendu au Preuost de Paris, ses Lieutenans, Auditeurs & Examinateurs dudit Chastelet de Paris, presens & aduenir, ne faire ne souffrir estre fait ne receuoir aucuns inuentaires, partages, diuisions de biens, testaments, contracts, obligations, commissions, ne autres actes & instrumens, concernant ledit estat & office de Notaire, & au seelleur dudit Chastelet, ne seeller aucuns desdicts contracts, partages, ne autre acte concernant ledit estat, s'ils n'estoient faicts, receus & signez par lesdicts Notaires : & où aucuns seroient faicts, receus & signez par autres que lesdicts Notaires, le tout estre cassé & adnullé, & les infracteurs estre priuez de leurs offices. Ausquels priuileges ils auroient esté maintenus & gardez par plusieurs Arrests de nos Cours souueraines sur les differends qui estoient interuenus entre eux, les Examinateurs dudit Chastelet & Greffiers de nos Iustices & autres iurisdictions de ladite ville, fauxbourgs & banlieuë de Paris. Et à ce qu'aucune personne n'en pretendist cause d'ignorance, auroit esté encores ordonné par lesdicts Arrests, le tout estre notiffié & publié où il appartiendroit. Ausquels Notaires nosdits predecesseurs auroient aussi ordōné & octroyé le pouuoir, faculté & priuilege, de faire & executer tout ce que dessus par tout nostre Royaume, païs, terres & Seigneuries de nostre obeissance,

quand

quand par les parties en seroient requis. Ensemble qu'ils eussent leurs causes commises tant en demandant que deffendant par deuant nostre Preuost de Paris ou son Lieutenāt, leur gardien & conseruateur, & aussi que les iours de Dimanches & festes solemnelles, ils cesseroient l'exercice de leurs offices, & s'abstiendroient de trauailler esdits iours, le tout ainsi qu'il est contenu és lettres de chartres par nosdits Notaires obtenues. Tous lesquels priuileges leur ont esté confirmez par nosdicts predecesseurs Roys, & mesmes par feuz de bonne memoire nos tres-honorez seigneurs beau-pere & beaux-freres les Roys Henry deuxiesme, Charles neufiesme, & Henry troisiesme, derniers decedez, que Dieu absolue : & encores nostredit feu sieur & frere Henry troisiesme ayant par son Edict du mois de May, mil cinq cens soixante & quinze, creé des Notaires, Gardenotes, auroit depuis & le vingt-quatriesme Octobre, mil cinq cens soixante & seize, vny ledit titre de Gardenote, auec lesdits offices de Notaire, pour le regard de nosdicts Notaires du Chastelet de Paris, moyennant la finance qu'il leur auroit esté ordonné de payer : desquels priuileges & autres, qui ne sont cy dessus specifiez, nosdicts Notaires, leurs predecesseurs ont cy deuant, bien & deüement, & paisiblement iouy & vsé : mais ils doubtent que cy apres, on les voudroit en la iouyssance d'iceux, troubler & empescher si par nous ne leur estoient confirmez : ce qu'ils nous ont tres-humblement supplié & requis faire. Sçauoir faisons, que nous voulans lesdicts priuileges & droicts & les ordonnances, Edicts, Arrests, & reiglement qui pour bonnes causes ont esté sur ce faicts & donnez, estre gardez & obseruez, de l'aduis de nostredit Conseil, qui a veu & eu communication desdits priuileges, & droicts, & des confirmations d'iceux, ensemble desdits Arrests, contenus cy dessus, & cy attachez soubs nostre contreseel : Auons confirmez, continuez, ratifiez, loüez & approuuez, & de nostre certaine science, grace speciale, pleine puissance & auctorité royalle, confirmons, continuons, ratiffions, loüons, & approuuons lesdicts priuileges, exemptions, franchises & libertez, à eux concedées par nosdits predecesseurs Roys, pour en iouyr & vser par lesdits supplians, & leurs successeurs, tout ainsi & en la forme que leurs predecesseurs en ont cy deuant deuëment iouy & vsé, iouyssent & vsent encores à present. Si donnons en mandement par ces presentes, à nos amez & feaux Conseillers, les gens tenans nos Cours de Parlement, & Preuost de Paris, & à tous nos autres iusticiers & officiers, & à chacun d'eux, que ce nostre present Edict, vouloir & intention, ordonnance, confirmation, cession & octroy, & de tout le contenu cy dessus, ils facent inuiolablement, & diligemment, & entierement garder, entretenir, & obseruer selon leur forme & teneur, ainsi que cy dessus est dit, sans y contreuenir en aucune maniere, facent, souffrent & laissent lesdits supplians & leurs successeurs iouïr & vser plainement & paisiblement sans contredict ou empeschement quelconque, lequel si fait ou mis leur estoit, mettent & facent mettre incontinent & sans delay au premier estat & deu. Et pour ce que de ces presentes & du contenu esdits priuileges, l'on pourra auoir affaire en plusieurs & diuers lieux: nous voulons qu'au vidimus d'iceux fait soubs seel Royal ou par l'vn de nos amez & feaux Notaires & Secretaires, foy soit adioustée cõme aux originaux: Car tel est nostre plaisir. Et afin que ce soit chose ferme & stable à tousiours, nous auons fait mettre nostre seel à cesdictes presentes, sauf en autre chose nostre droict & celuy de l'autruy en toutes. Donné à Paris le vingt-troisiesme iour d'Aoust l'an de grace mil six cẽs & deux, & de nostre regne le quatorziesme. Et sur le reply est escrit, Par le Roy, Combaud, & seellé auec lacs de soye rouge & verte. Et aussi sur le reply est escrit: Registrées, ouy le Procureur general du Roy pour iouïr par les impetrans de l'effect & contenu en icelles, comme ils en ont cy-deuant bien & deuëment iouÿ & vsé, iouïssent & vsent encores de present. A Paris en Parlement le sixiesme Septembre l'an mil six cens deux. Ainsi signé, du Tillet.

Extraict des Registres de Parlement.

VEu par la Cour, les Patentes du Roy données à Paris le vingt-troisiesme iour d'Aoust dernier, signées Henry: Et sur le reply, Par le Roy, Combaud, & seellées du grand seel de cire iaune, par lesquelles pour les causes y contenuës, ledit

Seigneur confirme, continuë, ratiffie, louë & approuue les priuileges, exemptions, franchises & libertez concedez par les Roys ses predecesseurs aux Notaires du Chastelet de Paris, contenuës és Ordonnances, Edicts, Arrests & reiglemens y attachez soubs le contreseel de la Chancellerie pour en ioüir & vser par eux & leurs successeurs, comme leurs predecesseurs en ont bien & deuëment ioüy & vsé, & ainsi que plus amplement lesdites lettres le contiennent. Requeste presentée à ladite Cour par la communauté desdicts Notaires du Roy audit Chastelet de Paris, tendant afin de verification desdictes lettres, les pieces attachées soubs ledit contreseel: Conclusions du Procureur general du Roy, & tout consideré. Ladite Cour a ordonné & ordonne que lesdictes Lettres seront registrées és Registres d'icelle, ouy le Procureur general du Roy, pour ioüir par les impetrans de l'effect & contenu en icelles, comme ils en ont cy-deuant bien & deuëment ioüy & vsé, ioüissent & vsent encores à present. Fait en Parlement le sixiesme Septembre l'an mil six cens deux. Ainsi signé, du Tillet.

Sentence par laquelle il est deffendu à tous Sergens & Priseurs de faire aucun inuentaire, & les inuentaires qu'ils auroient faicts sont declarez nuls, & ont esté lacerez en Iustice.

A TOVS ceux qui ces presentes lettres verront, Anthoine du Prat, Baron de Thiers & de Toury, Seigneur de Nantoillet & de Rozoy, Conseiller du Roy nostre Sire & garde de la Preuosté de Paris, salut. Sçauoir faisons qu'auiourd'huy datte de ces presentes Maistre Claude Hardy Procureur de la Communauté des Notaires du Roy nostredit Seigneur au Chastelet de Paris, & le Procureur du Roy en la Court de ceans, pour & au nom dudit Seigneur, ioinct auec ladicte Communauté des Notaires, chacun entant que ce leur touche & peut toucher, a fait appeller en iugement deuant nous Iacques Crosnier priseur de biens à Paris, contre lequel fut le iour d'hier decretté adiournement personnel à faute d'estre comparu à l'assignation qui luy auoit esté donnée de nostre Ordonnance, & dit que par la creation & erection des offices desdicts Notaires leur apartient & non à autres, faire tous inuentaires & descriptions de biens en la ville & fauxbourgs de Paris: neantmoins ledit Crosnier soubs ombre qu'il est pourueu de l'vn des offices de priseur de biens, s'est efforcé entreprenant sur les offices & estats desdicts Notaires, faire inuentaire & prisée des biens de feu Maistre Guerin, & iceluy deliuré & signé. Ce qu'il ne luy est loisible faire. A ceste cause, requeroit ledit Hardy ledit inuentaire estre laceré en la presence dudit Crosnier, deffences à luy faictes & autres priseurs vendeurs à Paris, ses compagnons, de d'oresnauant faire tels inuentaires ou description, ou autrement entreprendre sur les offices desdits Notaires sur peine de prison & d'amende arbitraire. Neantmoins pour l'abus par luy cõmis qu'il feut condemné en vingt liures parisis, pour reparation enuers ladite Communauté, & autres vingt liures d'amende enuers le Roy, & aux despens d'vne part. Et ledit Crosnier garny de Maistre Iacques du Moulin son conseil, qui a dit que soubs correction il n'y a iamais eu decret d'adiournement personnel, & au surplus qu'il n'a fait aucun inuentaire, ains seulement vne prisée, & n'entend auoir entreprins sur l'office desdicts Notaires, d'autre part. Nous parties ouyes & lecture faite dudit inuentaire, Auons iceluy declaré & declarons nul & abusif, comme fait par personne n'ayant pouuoir, & comme tel sera presentement laceré en la presence dudit Crosnier: Et faisons deffences audit Crosnier & autres priseurs vendeurs à Paris ses compagnons, de d'oresnauant faire tels inuentaires ou autrement entreprẽdre sur l'estat desdits Notaires à peine d'amẽde arbitraire & de prison: Et neaumoins pour l'abus par luy commis, auons iceluy condemné & condemnons en six liures parisis d'amende, à sçauoir soixante sols parisis enuers ladite Communauté, & soixante sols parisis enuers le Roy, & és despens de ceste poursuitte, qui seront taxez en la maniere accoustumée. Et lequel inuentaire comme nul a esté presentement laceré en la presence desdits gens du Roy & dudit Crosnier. Et sur ce que ledit Procureur du Roy a requis que lesdits priseurs vendeurs eussent à apporter & bailler par escript au Greffe du Chastelet de Paris, leurs noms, surnoms & demourances, ordonnons que dedans le premier iour de police lesdits priseurs vendeurs bailleront au Greffe dudit Chastelet, leursdits noms, surnoms & demourance. En tesmoing de ce nous auons fait mettre à ces presentes le seel de ladite Preuosté de Paris. Ce fut fait audit Chastelet par noble homme & sage Messire Michel Vialard Conseiller du Roy nostre Sire, Lieutenãt Ciuil de la Preuosté de Paris, le Vendredy troisiesme iour de Mars l'an mil cinq cẽs cinquante huict. Ainsi signé, Deneuf bourgs.

A TOVS ceux qui ces presentes lettres verront, Anthoine du Prat, Cheuallier de l'Ordre du Roy, Seigneur de Nanthoillet, Precy, Rozay & Fourmery, Baron de Tiers, Thoury & de Viteaux, Conseiller de sa Majesté, son Chambellan ordinaire & garde de la Preuosté de Paris, salut. Sçauoir faisons que veu certain acte iudiciaire donné de nous au Chastelet de Paris le Vendredy dix-septiesme iour de Septembre, l'an mil cinq cens soixante huict, entre la Communauté des Notaires du Chastelet de Paris, demandeurs & requerans à l'encontre de Oudart Mahiet priseur Iuré, vendeur de biens à Paris, l'entherinement de certaine requeste par iceux à nous presentée le vingt-sixiesme iour d'Aoust dernier passé, & en ce faisant que suiuant la sentence de nous donnée conforme aux chartres & erection des offices desdits Notaires, defences feussent faictes & reïterées audit Mahiet & à tous autres priseurs vendeurs de biens de ne faire aucuns inuentaires ou descriptions de biens, ne entreprendre en quelque sorte & maniere que ce feust sur l'office desdits Notaires: & neaumoins que pour l'abus par luy commis il feut condemné en quarante liures parisis d'amende enuers ladite Communauté, & que les deux inuentaires par luy faits le dix-huictiesme iour de Iuillet l'an mil cinq cens soixante deux, en deux maisons assises en la ruë de la Cerizaye, feussent lacerez en iugement en la presence desdits Notaires, & ledit Mahiet condemné en tous leurs despens, dommages & interests, d'vne part: Et ledit Oudart Mahiet deffendeur, & ce empeschant, concluant par luy en fin d'absolution desdites demandes, requeste & conclusions desdits demandeurs: & en ce faisant luy feust permis suiuant l'Edit de la creation & institution de leurs offices de priseurs vendeurs de biens, faire toutes prisées & estimations de biens meubles de toutes personnes, soit par nostre permission ou sans auctorité de Iustice, & lesdits demandeurs condemnez és despens d'autre part. Par lequel acte eussions fait deffences audit Mahiet & tous autres priseurs vendeurs, de ne faire aucunes inuentaires ny descriptions de biens des personnes decedez, ne tutelles, & d'entreprendre aucune chose sur lesdits Notaires. Et au surplus ordonné que pour faire droict sur la requeste desdits Notaires, deffences & plaidoyé d'icelle, les inuentaires, description de biens auec les pieces, dont lesdictes parties se voudroient ayder, seroient communiquez au Procureur du Roy audit Chastelet, pour luy ouy & le tout veu en estre par nous ordonné comme de raison, & afin de despens, dommages & interests: Veus aussi les lettres, sentences, inuentaires, exploicts & enseignemens desdites parties, & tout ce que par elles a esté mis par deuers nous: Ensemble les conclusions baillées par ledit Procureur du Roy, auquel pour & au nom dudit Seigneur, le tout a esté communiqué : par lesquelles auoit requis, que lesdits deux inuentaires fussent declarez nuls & abusifs, comme faits par personnes incapables & comme tels lacerez en la châbre en la presence dudit Oudart Mahiet, & que deffences luy feussent faites & à tous autres priseurs vendeurs, de d'oresnauant faire tels inuentaires ou autrement entreprendre sur l'estat & office desdits Notaires, sur peine d'amende arbitraire & de prison : & neaumoins pour l'abus par luy commis, fut condemné à soixante sols parisis d'amende enuers le Roy : & tout veu & consideré, ce qui faisoit à veoir & considerer en ceste partie. Nous disons, oy ledit Procureur du Roy, que lesdicts deux inuentaires à plain mentionnez audit procez sont declarez, & les declarons nuls & abusifs, comme faits par personnes incapables : Et sont audit Oudart Mahiet, & à tous autres priseurs vendeurs, faictes & faisons inhibitions & defences de d'oresnauant faire inuentaires, ne autrement entreprendre sur l'estat & office desdicts Notaires sur peine d'amẽde arbitraire & de prison s'il y eschet : Et outre auons iceluy Mahiet condemné & le condemnons en vingt sols parisis d'amende enuers le Roy & en pareille somme enuers la Communauté desdits Notaires : nonobstãt chose proposée au contraire par ledit Mahiet, dont nous le deboutons : & si le condemnons ès despens, lesquels seront taxez à la maniere accoustumée par nostre sentence, iugement & par droict. En tesmoing de ce nous auons fait mettre à ces presentes le seel de ladicte Preuosté de Paris. Ce fut fait prononcé en iugement deuant nous audit Chastelet en la presence dudit Procureur du Roy, & les Procureurs desdites parties le Mecredy dix-septiesme iour de Nouembre l'an mil cinq cens soixante huict. Ainsi signé, Parbedrot.

Arrest donné tant contre les Commissaires du Chastelet que tous les seigneurs subalternes & leurs officiers, de proceder par seellé sur les biens des deffuncts, s'il n'y a partie requerante, ou que ce soit à faute d'hoirs apparans : Et plusieurs autres chefs en faueur des Notaires.

CHARLES par la grace de Dieu Roy de France, à tous ceux qui ces presentes lettres verront, salut. Sçauoir faisons que comme le cinquiesme iour de Ianuier mil cinq cens cinquante deux, comparans iudiciairement en nostre Cour de Parlement la Communauté des Clercs, Notaires du Chastelet de Paris, demandeurs d'vne part. Et nostre amé & feal Conseiller l'Euesque de Paris : les Religieux, Abbé & Conuent de saincte Geneuiefue au mont de Paris : les Doyen, Chanoines & Chapitre sainct Marcel lez Paris : les Religieux, Abbé & Conuent sainct Germain desprez aussi lez Paris : les Religieux, Abbé & Conuent de sainct Magloire à Paris : les Religieux, Prieur & Conuent de sainct Martin des Champs : le grand Prieur & Conuent du Temple à Paris : le Greffier du Tresor & la Communauté des Examinateurs dudit Chastelet, deffendeurs d'autre part, ou les Procureurs desdictes parties pour elles. Eussent les demandeurs fait dire qu'à l'aduenemẽt de feu nostre tres-honoré Seigneur & Pere à la Couronne, ils s'estoient addressez à luy & son Conseil priué, pour auoir confirmation de leurs priuileges, auec lesquels estoient attachez la Philippine & plusieurs Arrests de nostredicte Cour donnez en grande & meure deliberation, concernans le reiglement de leurs estats & offices, leur estre leursdits priuileges confirmez. Ordonné que les Arrests seroiẽt entretenus : Et à ceste fin leur estre baillées lettres & soubs le contre-seel d'icelles lesdits Arrests attachez : afin que par apres n'y eust aucune contrauention ausdits Arrests. Sur ceste requeste, leur auoit nostre amé & feal Chancelier remonstré qu'il estoit question de l'entretenement & conseruation des

Arrests de nostredite Cour. Partant falloit renuoyer ladite requeste à icelle nostre Cour pour y estre par elle ordonné, que lesdits Arrests, Iugemens & condamnations seroient entretenus. Auoit audit effect nostredit feu Seigneur & Pere ordonné en sondit Conseil priué Lettres patentes estre decernées aux demandeurs, adressans à nostredite Cour pour proceder à l'enterinement d'icelle requeste, & ce faisant dire que lesdits Arrests interpretatifs de la Philippine, ensemble ladicte Philippine seroient entretenus & executez selon leur forme & teneur. Et deffences faites aux Examinateurs du Chastelet de Paris, & hauts Iusticiers de nostredite ville d'y contreuenir directement ou indirectement, sur peine de nullité de tout ce qui seroit par eux fait, amende arbitraire à la discretion d'icelle nostre Cour & autres peines qu'il luy plairoit arbitrer. Auoiét les demandeurs presenté lesdictes Lettres patentes & leur Requeste y attachée à nostredicte Cour, laquelle auoit ordonné icelles estre communiquées ausdits Examinateurs & hauts Iusticiers, & enioint ausdictes parties d'y venir dire ce que bon leur sembleroit. Disoient donc les demandeurs qu'en l'an mil trois cens dix-sept le cinquiesme iour de Iuin, le Roy Philipes lors regnant, statua & ordonna par Edit perpetuel que nul ne pourroit faire passer ne receuoir en nostre ville de Paris & fauxbourgs d'icelle aucuns contracts, lettres obligatoire, testamens, transactions, ou instrumẽs, faire inuentaires, partages, diuisions de biens, ne autres actes concernans l'office de Notaire, s'il n'estoit nostre Notaire Iuré au Chastelet de Paris: Et par proclamation publique, inhiba & defendit expressément à nostre Preuost de Paris, ses Lieutenant, Auditeurs & Examinateurs dudit Chastelet & tous autres sur peine de priuation de leurs offices, de receuoir contracts, testamens, faire inuentaires, partages & diuisions de biens, obligations, quitances, instrumens ny autres actes concernans ledit office, & au Seelleur dudit Chastelet, sur pareille peine, de seeller aucunes lettres, actes, instrumens, contracts, testamens, inuentaires, partages & diuisions de biens, s'ils n'estoient faits, passez, receus & signez desdits Notaires: & où aucuns seroient faicts, signez & passez par autres que lesdits Notaires, le tout estre en plaine audience, cassé & adnullé, & les infracteurs priuez de leurs offices. Sur l'interpretatiõ de laquelle Philippine se seroit meu procez entre lesdicts Notaires & Examinateurs dudit Chastelet l'an mil trois cens quatre vingts deux, pour le regard des inuentaires, partages & diuisions de biẽs. En ce procez s'estoit ensuiuy Arrest donné auec grande cognoissance de cause le vingt-neufiesme Nouembre audit an mil trois cens quatre vingts deux, au profit desdits Notaires : & par iceluy auoit nostredite Cour dit qu'ausdits Notaires à cause de leurs offices appartenoit & appartiendroit faire inuentaires, partages & diuisions de biens, en executant les sentences de nostre Preuost de Paris & non ausdits Examinateurs ny à autres, faisant defences à iceux de s'ingerer à faire lesdits inuentaires & partages, & ordonnant que lesdicts Notaires & leurs successeurs ioüiroient de ce droit comme ils auoiẽt accoustumé d'en ioüir, le tout selon la forme & teneur de ladite Philippine: & cõdemnant lesdits Examinateurs és despens, auoit cest Arrest esté leu & publié en plein iugement, & l'audience tenant audit Chastelet par l'vn des Huissiers de nostredite Cour, à ce que lesdits Examinateurs & leurs successeurs n'en pretendissent cause d'ignorance, & leur auoient esté faites deffences d'attenter aucunement contre ny au preiudice d'iceluy. Toutesfois nonobstant lesdits Arrests & defences, n'auoient iceux Examinateurs delaissé d'y contreuenir quelque temps apres ledit Arrest donné : au moyen dequoy ils auoient encores esté mis en procez par lesdits Notaires, auquel procez nostre Preuost de Paris & le Substitud de nostre Procureur general audit Chastelet s'estoient ioincts auec lesdits Examinateurs, & auoient ensemblement & respectiuement requis l'interpretation de ladicte Philippine & des Arrests susdits : & en ce faisant que nostredite Cour declarast si elle entendoit qu'il feust permis à nostredit Preuost de Paris pouuoir commettre lesdits Examinateurs pour faire lesdits inuentaires, partages & diuisions de biens ou non : d'autant que par le premier Arrest n'auoit ce esté decidé : & si elle entendoit ou non, quand lesdits Notaires feroient lesdits inuentaires, partages & diuisions de biens, que iceux Notaires n'auroient que la seule escriture & non autre chose, & n'auroient lesdits Notaires la confection sinon des testamens & obligations, où nostredit Preuost de Paris n'auoit accouſtumé de commettre, diſans qu'il n'eſtoit par ladite Philippine expreſſément dit que la cõfection deſdits inuentaires, partages & diuiſions appartiendroit ſeulement auſdits Notaires. Diſoient outre noſtredit Preuoſt de Paris & ledit Subſtitut qu'ils n'eſtoient compris audit Arreſt, & n'auoit oncques eſté decidé ne diſcuté de leur droit. A ces cauſes requeroit noſtredit Preuoſt de Paris eſtre ordonné qu'il iouyroit ainſi qu'il auoit accouſtumé faire : ſçauoir eſt de pouuoir commettre leſdits Examinateurs pour la confection deſdits inuentaires, partages & diuiſions de biens, comme acte dependant de ſa Iuriſdiction : autrement ſeroit ſon pouuoir moindre que celuy des autres Iuges : car n'eſtoit raiſonnable que les Notaires s'entremiſſent de ce qui eſtoit accouſtumé eſtre fait en iugement. Et quand noſtredit Preuoſt de Paris commettoit leſdicts Examinateurs & leur commandoit, ils auoient accouſtumé ce faire & cognoiſtre de toutes choſes qui requeroient connoiſſance de cauſe. Diſoient plus leſdits Examinateurs qu'ils eſtoient cõmis & deputez à faire tous actes iudiciaires, & eſtoient plus experts és choſes douteuſes, que les Notaires: & qu'ils eſtoient creés & eſtablis, au precedent l'office de Notaire, & eſtoient de plus grande authorité que leſdicts Notaires : & ſi noſtredite Cour entendoit ou non qu'auſdits Examinateurs & non auſdits Notaires apartenoit faire inuentaire des biens des eſtrangers, priſonniers, & executions en cas de ſaiſine & nouuelleté: Ou quand aucun decedoit ſans hoirs, ou eſtoit outre-montan, & d'autres cas ſemblables. Allegoient encores leſdits Examinateurs que leſdits Notaires ne pouuoient receuoir que contracts volontaires : que plus ſecretement & à moindres frais leſdits Examinateurs faiſoient les inuentaires, partages & diuiſions de biens que leſdits Notaires, & ſouuent à leurs deſpens : Ne ſe deuoit ladite Philippine entendre ſinon pour les actes qui eſtoient ſeellez du ſeel de noſtre Chaſtelet de Paris: & ſi aucun Arreſt auoit eſté donné contre eux, ce auoit eſté par ce qu'ils auoient fait inuentaires, partages & diuiſions de biens, ſans mandemẽt & cõmiſſion de noſtredit Preuoſt de Paris, & de leur authorité priuée auoient ladite Philippine ſubrepticement obtenuë, eux non ouis & ſans auoir eſté informé ſur la commodité ou incommodité : ce qui eſtoit prealable &

neceſſaire auãt qu'elle euſt effet. N'eſtoit ceſte Philippine claire & liquide, ains obſcure & ſe deuoit interpreter ſuiuant ce que deſſus. Sçauoir eſt que la confection des inuentaires, partages & diuiſions eſtoit deffenduë auſdits Examinateurs & leurs Clercs, pour y proceder de leur propre volonté & authorité ſans mandement & commiſſion de noſtredit Preuoſt de Paris : mais en vertu de commiſſion & mandement d'iceluy noſtre Preuoſt, ils pouuoient faire leſdits partages, diuiſions & inuentaires : & ainſi ſe deuoit entendre, tant ladite Philippine que l'Arreſt ſuſdit. Auoient en ſomme leſdits Examinateurs noſtredit Preuoſt & ledit Subſtitud deduit & allegué, tout ce qu'ils vouloient encores à preſent deduire : Enſemble noſtredit Procureur General. A ceſte fin feuſt veu leur plaidoyé, ne ſe trouueroit qu'ils diſſent ſinon ce qui auoit eſté dit. Neaumoins noſtredite Cour par ſon Arreſt prononcé le vingtieſme Iuillet l'an mil trois cens quatre vingts quatre, ſans auoir eſgard aux faits & moyens ſuſdits alleguez, tant par leſdits Examinateurs, Preuoſt de Paris que Subſtitut audit Chaſtelet, dont ils auroient eſté deboutez, auoit declaré leſdictes Philippine & Arreſts clairs & liquides, & ordonné qu'aucune choſe ne ſeroit innouée du contenu audit Arreſt : ce qui auroit pareillement eſté leu & publié en iugement audit Chaſtelet par l'vn des Huiſſiers d'icelle noſtre Cour, qui feiſt les defenſes requiſes en pleine audience. Toutesfois au contempt deſdits Arreſts, leſdits Examinateurs en vertu d'vne commiſſion decernée par noſtredit Preuoſt de Paris, auoiẽt depuis fait inuentaires, partages & diuiſions de biens : dont aduertis leſdits Notaires, ils les auoient pourſuiuis & finablement contre eux obtenu vn troiſieſme Arreſt prononcé le quatrieſme Mars mil trois cens quatre vingts dix cõfirmatif des precedẽs, par lequel leſdicts Examinateurs furent condamnez en cent liures d'amende enuers nous pour auoir contreuenu, & à rendre & reſtituer auſdits Notaires, tout ce qu'ils auoient receu à cauſe deſdits inuentaires, partages & diuiſions de biens, ainſi par eux faits, & condamnez és deſpens enuers iceux Notaires. Auoit ſemblablement ceſt Arreſt eſté leu & publié audit Chaſtelet & en plaine audience d'iceluy, furent faites defences requiſes par l'vn des Huiſſiers de noſtredite Cour à ceſte fin commis. S'estoient neantmoings lesdits Examinateurs par apres de rechef efforcez faire inuentaires, partages & diuisions de biens: au moyen dequoy lesdits Notaires les auroient encores mis en procez. Auquel tellement auoit esté procedé que par Arrest donné le dix-neufiesme Feurier mil quatre cens six, lesdits Examinateurs auroient esté condemnez chacun d'eux en soixante liures parisis d'amende enuers nous, & és despens enuers iceux Notaires: Par cest Arrest ouy nostre Procureur general qui s'estoit ioinct auec lesdicts Notaires, auoit nostredicte Cour declaré que ausdicts Notaires à cause de leurs offices, & non ausdicts Examinateurs ny à autres appartenoit entre autres choses faire inuentaires, partages & diuisions de biens, & que lesdits Notaires iouyroient de ce priuatiuement ausdits Examinateurs selon ladite Philippine. Ce qui faisoit à noter pour monstrer que non seulement les inuẽtaires & partages volontaires y estoient compris, mais aussi les necessaires qui venoient en consequence des iugemens de nostredit Preuost de Paris, sans que lesdicts Examinateurs s'y puissent immiscer: aussi auroiẽt-ils esté condemnez de rendre & restituer tout ce qu'ils auoient pris & exigé à cause des inuentaires, partages & diuisions ainsi par eux faits. Depuis sur autres contrauentions encores faites par lesdits Examinateurs au fait desdits inuentaires & partages, estoit interuenu autre Arrest le dix-neufiesme d'Auril mil quatre cens vingt-trois, par lequel iceux Examinateurs auroient esté condemnez és despens enuers lesdits Notaires: Obstant que par commission de nostredit Preuost de Paris ou son Lieutenant ils auoient de rechef fait partages & diuisions de biens: ensemble condemnez à rendre & restituer tout ce qu'ils auoient exigé. Et à ce que l'on n'en pretendist cause d'ignorance, auoit esté ordonné que ladite Philippine & ledit Arrest seroient leuz chacun an en l'audience dudit Chastelet de Paris, auec les autres nos Ordonnances. Par ces Arrests interpretatifs de ladite Philipine ainsi donnez contre lesdicts Examinateurs aparoissoit clairement iceux Examinateurs, n'auoit pouuoir de faire inuentaires, partages ne diuisions de biens, ains qu'ausdicts Notaires seuls & non à autres apartenoit ce faire selon droit & raison: consideré & attendu aussi que lesdits Examinateurs mesmes auoiẽt confessé publiquement, qu'ils n'auoient pouuoir de receuoir promesses, conuentions, obligations ne autres actes concernans l'office de Notaire. Or en matiere de partages conuenoit que les parties s'obligeassent l'vne enuers l'autre d'entretenir lesdits partages, transportoiēt l'vne à l'autre les droicts & actions qu'elles auoient és heritages, & s'en dessaisissoiēt au profit l'vne de l'autre, prometoient & s'obligeoient de garentir leurs lots, les vns aux autres soubs obligatiō & hypotheque de tous leurs biens & heritages, & souuent passoient quittances pour les soultes & rapports qu'aucunes d'elles estoient tenues faire & rapporter pour les biens qu'elles auoient receu en aduancement d'hoirie: ce que ne pouuoient receuoir lesdits Examinateurs & ne leur estoit loisible à faire pour le bien public & soulagemēt du peuple. Eu esgard que lesdits Examinateurs auoiēt ceste faculté, les parties par la malice des Procureurs & intelligence qu'ils pouuoiēt auoir auec iceux Examinateurs, seroiēt consommez en frais tels que la plus part des biens des successeurs seroit expillée au detriment & ruine du peuple: car faudroit payer l'assistance desdits Procureurs & accroistre les procez verbaux desdits Examinateurs, en inserant en iceux tous les rapports, sentences & procedures faites entre les parties, esquels procez verbaux partant ils repeteroient trois & quatre fois vne mesme chose, afin de plus exiger desdites parties: dont s'ensuiuroient diuerses comparutions d'icelles parties deuant lesdits Examinateurs, en quoy elles seroient grandement interessées & trauaillées. Ce que les Procureurs ne vouloient reprendre pour le profit qu'ils en esperoient. Ce qui auoit donné lieu, à l'Edict & Ordonnance de suppression des estats des Examinateurs audit Chastelet. Puis doncques que lesdicts Examinateurs ne pouuoiēt passer obligation, si aucun heritier vouloit poursuiure son coheritier à l'entretenement de ce qui auroit esté fait deuant iceux Examinateurs, on en pourroit proposer nullité, au moyen dequoy se feroient plusieurs procez au detriment des parties: Mesmement s'ensuiuroit vn inconuenient: car s'il aduenoit qu'vn coheritier feust en païs estrange, l'autre coheritier seroit contraint le poursuiure au lieu où il seroit, veu que le seel d'vn Examinateur n'attribuoit iurisdiction à nostre Preuost de Paris, mais le seel dudit Chaſtelet qui eſtoit appoſé aux contracts deſdits Notaires, attribuoit iuriſdiction à noſtredit Preuoſt : par le moyē de laquelle attribution noſtre ville de Paris qui eſtoit capitale de noſtre Royaume eſtoit peuplée, & ſa Iuſtice & nos droicts augmentez: & qui pis eſtoit ſi aucune des parties vouloit pourſuiure ſes coheritiers pour raiſon des debtes & hypotheques dont les biens de la ſucceſſion pourroient eſtre chargez, d'autant que tous contracts eſquels n'y auoit promeſſe & obligation n'eſtoient à tenir, meſmes contracts qui auoient eſté faits par perſonnes n'ayans pouuoir de ce faire & qui n'attribuoient iuriſdiction & connoiſſance audit noſtre Preuoſt de Paris : eſtoit certain que la partie pourſuiuante l'entretenement deſdicts inſtrumens ſuccomberoit en tout par la malice deſdits Examinateurs qui donneroient à entendre contre verité aux parties, qu'ils auoient pouuoir de ce faire & non leſdits Notaires: dont ſouuent par tels moyens conuenoit recommencer à faire inuentaires, partages & diuiſions au grand preiudice & dommage des parties. Au moyen dequoy ne pouuoient leſdicts Examinateurs empeſcher qu'il ne feuſt dit pour ce chef qu'ils ne feroient aucuns inuentaires, partages & diuiſions de biens; feuſt en vertu des commiſſions de noſtredit Preuoſt de Paris ou autrement, & tant volontaires que iudiciaires : & ſi aucuns auoient eſté ou eſtoiēt par eux faits, que le tout ne deuſt eſtre, & feuſt declaré nul & de nul effet & valeur: Et en ce faiſant leſdits Examinateurs ne feuſſent condemnez reſpectiuemēt rendre & reſtituer tout ce qu'ils auoient pris & exigé, & le tout faire refaire à leurs propres couſts & deſpens par leſdits Notaires, conformément aux Arreſts donnez entre les parties. Au regard des adionctions auoit eſté obſerué de tout temps & d'ancienneté qu'en toutes Cours quand eſtoit queſtion de faire enqueſte, information & examen de teſmoings en toutes commiſſions, que leſdictes enqueſtes, informations & examen de teſmoings ſe faiſoient auec celuy qui eſtoit commis, & vn Notaire appellé pour adioinct, conformément à l'Edict fait par le Roy Philippes l'an mil trois cēs & vingt au mois de Feurier, par lequel il ſtatua qu'aucuns Examinateurs du Chaſtelet de Paris ne pourroient proceder au fait d'enqueſtes, informatiōs ou examen de teſmoings, ſans appeller auec eux l'vn des Notaires

taires dudict Chastelet. Semblablement le Roy Charles huictiesme par ses lettres patentes du dix-huictiesme Decembre mil quatre cens quatre-vingts cinq, en statua & ordonna autant, & que lesdits enquestes & examens de tesmoins seroient signez de l'vn desdicts Examinateurs, & d'vn Notaire adioinct, qui à ce faire seroit conuenu & accordé, & si aucuns estoient trouuez faisant le cõtraire, les delinquans punis comme transgresseurs dudit Edict, & les enquestes, examens de tesmoings & depositions faicts autrement que selon l'ordonnance susdicte declarez nuls & de nul effect & valeur, pour euiter aux inconueniens qui s'en pourroient ensuiure, en prenant pour adioincts gens incapables, n'ayans serment à nous ny à Iustice, ne craignant honte ne des-honneur, & par lesquels souuent le secret des parties estoit reuelé. Au moyen dequoy deuoit estre dit que lesdits Notaires & non autres seroient pris pour adioincts en toutes enquestes, informations & examens de tesmoins, auec lesdicts Examinateurs, & ce qui se feroit par autres declaré nul & de nul effect & valeur, suiuant les arrests de nostre dicte Cour, confirmatifs de ladicte Philippine. Quant au troisiesme chef concernant les Iustices subalternes de nostre ville de Paris & faulx-bourgs d'icelle, estoit par ladicte Philippine inhibé & deffendu à nostredit Preuost de Paris, ses Lieutenants, Auditeurs & Examinateurs dudit Chastelet & tous autres, faire, passer ne receuoir en nostredicte ville & faulbourgs d'icelle, aucuns contracts, testaments, transactions, promesses & obligations, faire inuentaires, partages & diuisiõs de biens ny quelsconques autres actes concernans l'office de Notaire, s'ils n'estoient Notaires de nous & Iurez audit Chastelet, sur peine de priuation de leurs offices, & au Seelleur dudit Chastelet sur mesme peine de les seeller ; & où aucuns feroient le contraire, vouloit ladite Philippine, le tout estre cassé & adnullé en pleine audience, & les infracteurs en la mesme pleine audience priuez de leurs offices : dont estoit inferé que nul s'il n'estoit Notaire de nous, & Iuré audit Chastelet, ne pourroit faire passer ne receuoir aucuns contracts ne obligations, faire inuentaires, partages & diuisions de biens, ne autres actes concernans ledit office en nostredicte ville de Paris & faulx-bourgs d'icelle. Le Roy Philippes auoit esté meu, ainsi le statuer & ordonner pour plusieurs causes. La premiere, pour la residence que les Notaires du Chastelet d'ancienneté auoient faict en nostredicte ville de Paris, comme encores ils y estoient residens & sedentaires, contraincts & abstraincts par Edict de resider actuellement en icelle nostre ville: qui donnoit à cognoistre que ledit Roy Philippes par ce moyen n'auoit voulu & ne vouloit que autres peussent faire passer, ne receuoir contracts, faire inuentaires, partages & diuisions de biens & autres actes concernans ledit office de Notaire s'ils n'estoient ses Notaires Iurez audit Chastelet. La seconde cause estoit pour tousiours attribuer la iurisdiction à nostredit Preuost de Paris, par le moyen du seel de nostredit Preuost: car s'il estoit ainsi que autres que lesdits Notaires eussent pouuoir de faire passer & receuoir contracts & obligations, faire inuentaires, partages & diuisions de biens en nostre dicte ville & faulx-bourgs de Paris, plusieurs estrangers qui venoiét en icelle nostre ville de Paris, pour tels actes, ne seroient meus d'y venir, & n'y voudroient contracter, sinon pour l'asseurance qu'ils auoient, au moyen de la bonne Iustice, & à l'occasion du seellé dudit Chastelet qui attribuoit Iurisdiction à nostredit Preuost de Paris: Pource aussi que leurs droicts leur seroient trop mieux gardez en nostre-dicte ville qu'en autres villes de nostre Royaume, pour l'experience desdicts Notaires du Chastelet, & facilité du recouurement du bon conseil, pour plus validement faire lesdits contracts: qui estoit cause de l'affluence du peuple en nostre-dicte ville, & augmentation d'icelle, pour les droicts & priuileges qui y estoient, & l'obseruance de la Iustice y administrée. Au moyen dequoy nos predecesseurs Roys auoient tousiours entendu, statué & ordonné que ausdicts Notaires & non à autres, à cause de leurs offices appartenoit faire passer & receuoir tous contracts & obligations, faire inuentaires, partages & diuisions de biens en nostredicte ville & faulx-bourgs de Paris. Au mespris desquelles Ordonnances & declarations du vouloir de nosdicts predecesseurs Roys, aucuns eux disans Greffiers d'icelles Iustices subalternes de nostredicte ville & faulx-bourgs, creez indistinctement s'efforçoient faire & passer contracts, faisoient actes de Notaires, rendoient lesdits Notaires du Chastelet sans exercice, & les Priuileges octroyez en nostredicte ville, illusoires par les entreprises que faisoient lesdits eux disans Greffiers d'icelles Iustices subalternes de nostredicte ville & faulxbourgs, contre plusieurs iugemens & arrests donnez contre les Seigneurs desdictes Iustices subalternes. Pour le monstrer, auoit nostre amé & feal Conseiller l'Euesque de Paris voulu pretendre entre autres choses la terre & Iurisdiction du For-l'Euesque en laquelle il maintenoit auoir droict : a tenu plusieurs Officiers, comme Bailly, Preuost, Greffier, Tabellion, Sergens, & autres Officiers, qu'il estoit en possession de faire faire en sadicte terre & Iurisdiction par ses Officiers, tous inuentaires de biens, tant à la requeste des parties que autremẽt, priuatiuement ausdits Notaires du Chastelet, lesquels ils pouuoient empescher de seeller & faire inuentaires par forme iudiciaire ou autrement en sadicte terre & iurisdiction : pour la conseruation desquels droicts il s'estoit efforcé faire declarer vn exploit faict par Nicaise le Meusnier & Estienne Valleau Notaires audit Chastelet en vne maison scize en la ruë Tire-chappe, en laquelle vne nommée Ieanne femme de Pierre Forcerie estoit decedée, inique & tortionnaire, & comme tel estre par eux reparé, & eux condamnez en amende honorable & profitable enuers luy, à la discretion de nostredicte Cour. Surquoy s'estoit meu procez entre ledit Euesque de Paris & lesdicts Notaires, & en iceluy ensuiuy arrest d'icelle nostre Cour, par lequel elle auroit dit, ayant veu les productiõs desdites parties, que l'exploit fait par iceux Notaires estoit vallable, tiendroit, demeureroit, & seroit parfait par lesdicts Notaires: & à ceste fin que ledit Euesque de Paris feroit oster le seellé & empeschement mis en ladite maison par son Sergent & Huissier Gardien, autrement que nostre Cour les feroit oster, & auoit absoubs lesdicts Notaires des empeschemẽs, fins & conclusions dudit Euesque de Paris, condemnant au surplus iceluy és despens. Duquel arrest s'ensuiuoit, que lesdicts Notaires à cause de leurs offices, creation & institution pouuoient & auoient droict sans commission de passer tous contracts, & faire toutes sortes d'inuentaires, partages & diuisions de biens en nos ville, Preuosté & Vicomté de Paris, voire par tout nostre Royaume, & mesmes en la Iustice dudit Euesque de Paris, sans appeller ses officiers & sans commission:

Consequemment en toutes les Iurisdictions subalternes, & des hauts Iusticiers inferieurs de nous estant en nostredicte ville & faux-bourgs. Car les mesmes cas faisoient vne parité & identité de raison, pour laquelle identité falloit considerer que lesdicts Notaires auoient eu plusieurs iugements dont ils feroient apparoir, donnez, tant audit Chastelet qu'en nostredite Cour contre lesdits haults Iusticiers, sans qu'on leur eust oncques reuoqué en doubte, ce qui auoit esté ordonné par la constitution Philippine, & les arrests donnez en icelle: interpretant à ceste cause, concluoient lesdicts Notaires à ce qu'il leur feust permis suiuant lesdicts arrests d'exercer l'estat de Notaire, faire contracts, testaments, & toutes autres dispositions, feust entre vifs, ou pour cause de mort, inuentaires, feust par vertu de commission & iugemens, ou inuentaires volontaires, ensemble partages & diuisions de biens sur executions de sentences & iugemens, ou entre parties consentantes, le tout au desir desdicts arrests, par lesquels nostre dicte Cour suiuant la constitution Philippine, & autres arrests donnez en icelle, attribuoit ausdits Notaires lesdits partages & inuentaires dont ils auoiẽt iouy, priuatiuement ausdits Examinateurs & à tous autres, comme apparoissoit par possession immemoriale qui equipolloit à tiltre: mesmemẽt par les arrests qui auoient esté dõnez entre grands Seigneurs de nostredit Royaume: ils en auoient faict les inuentaires & partages, à sçauoir entre les enfans du feu Duc de Guise, des heritiers du Tresorier le Gendre, de la succession des Deponcher, des Luilliers, des Huraults, & autres plusieurs grands Princes & sieurs de nostre Royaume, dõt ils feroient apparoir par actes & instruments en bonne forme & authentique pour la conseruation de leur possession, en laquelle auant les Examinateurs de ceste dicte nostre ville de Paris subalternes à nous, les auoient voulu empescher, ils auoiẽt esté mulctez par amendes & condemnations sur peine de nullité, restitution des deniers pris par les Examinateurs & hauts Iusticiers, & ordonné que les arrests donnez en cognoissance de cause sortiroient leur effect. D'auantage la constitution Philippine auoit esté faicte pour entre autres raisons, garder & obseruer par les Notaires dudit Chastelet, nos droicts, mesmes les aubeines de Bastards estrangers de nostre Royaume, & aucres, lesquels droicts au moyen desdits inuentaires faicts par lesdictes Iustices subalternes, ou leurs officiers, estoient perdus & ne venoient à la cognoissance de nous ne de nos Iuges ordinaires ou officiers, par ce que lesdits Iusticiers subalternes retenoient à eux lesdits inuentaires, & s'adiugeoient lesdictes aubeines, les prenoient & appliquoient à leur proffit : ce qui estoit au grand preiudice & dommage de nos droicts : à quoy nostredicte Cour deuoit auoir esgard. Pour lesquelles considerations concluoient iceux Notaires demandeurs, à ce que lesdictes constitutions & arrests feussent entretenus, & ne demandoient entre autres choses pour l'authorité des choses iugées de nous & de nos Courts Souueraines : & d'autant que les deffendeurs l'auoient empesché, demandoient iceux Notaires despens, dommages & interests de l'instance. Eussent au contraire lesdits Examinateurs du Chastelet faict dire que le differend, auquel vouloient entrer les Notaires demandeurs auec eux Examinateurs, estoit vuidé par arrest de nostredicte Cour de l'an mil cinq cens neuf, requeroient estre ordonné qu'il seroit entretenu & gardé. Pour l'entendre, se meust audit an cinq cens neuf, different entre les Notaires & examinateurs qui lors estoient, touchant le fait des partages, disans les Notaires, que par vne Philippine à eux appartenoit faire tous les partages : les Examinateurs au contraire disoient que quand estoit question de faire partages volontaires, les Notaires les pouuoient faire, comme ils pouuoient passer & receuoir contracts volontaires. Mais quand estoit question de faire partages par auctorité de Iustice, lesdicts Notaires ne les deuoient ny pouuoient faire, ains appartenoit cela ausdits Examinateurs. La raison en estoit bonne : car les Notaires ne sçauoient faire vn contract iudiciaire, ne sçauoient exercer vn iugement contradictoire, ny receuoir vn serment. Vn Examinateur pouuoit executer la sentence, iugement & appointement de nostre dit Preuost de Paris, & receuoir le serment qui estoit necessaire à faire en consequence de l'execution du iugement ou sentence s'il estoit question de faire vn partage ordonné par Iustice, pourroit estre requis en l'execution d'iceluy d'exiger & receuoir le serment des parties, requerans & demandans le partage : ce serment pouuoit receuoir & exiger l'Examinateur à cause de son office s'il en estoit requis: ce que ne pouuoit faire le Notaire: tellement que si vn Notaire executoit vn iugement de partage chacune fois qu'il seroit besoin exiger le serment en procedant à la confection du partage, faudroit qu'il renuoyast les parties deuant nostre Preuost de Paris pour exiger ce serment : puis l'exaction faicte faudroit que nostredit Preuost renuoyast lesdictes parties deuant ce Notaire qui auroit encommencé à faire le partage : qui seroit vn grand circuit, & si ce seroient grands frais pour les parties. Alleguerent les Notaires, que de tout temps & ancienneté ils auoient accoustumé faire tous partages: cela leur feust desnié par les Examinateurs, quoy que ce soit qu'ils eussent fait les partages ordonnez estre faicts par authorité de Iustice. Finablement nostre dicte Cour ayant amplement ouy lesdits Notaires & Examinateurs les auoit appointez au Conseil ; Et parce que d'vne part & d'autre furent alleguez des arrests, elle dit qu'elle verroit les arrests dont lesdictes parties s'estoient vantées, & seroit informé sur la maniere d'vser ; & neantmoins cependant ordonna par prouision que les partages qui seroient ordonnez en Iustice seroient faicts par les Examinateurs en consequence dece qu'ils estoient executeurs des iugemens de nostredit Preuost de Paris : requeroient & supplioient partant lesdicts Examinateurs estre par nostredite Cour ordonné que ledit arrest seroit suiuy & entretenu. Eust aussi nostre dit Conseiller l'Euesque de Paris, faict dire qu'à cause de son Euesché il auoit partie du domaine de nostre ville de Paris, & n'estoit ceste partie si petite qu'elle ne feust du tiers: en signe dequoy quand les fermes du domaine de nostre dicte ville estoient baillées, l'on disoit tous-jours, les deux parts pour Nous, & la tierce partie pour l'Euesque de Paris. Auoit cela pour ce esté receu, approuué & emologué par nostre dicte Conr, ne le falloit, & ne le pouuoit-on reuoquer en doute, estant trop certain & notoire. D'auantage en nostredite ville en certains lieux auoit ledit Euesque toute Iustice, haute, moyenne & basse, officiers pour l'exercice d'icelles, prisons publiques pour enfermer ses subiects & iusticiables, & ceux qui estoient trouuez en flagrant delict sur sa terre & iurisdiction, priuatiuement à nostre Preuost de Paris: ne recognoissoit en rien nostredit Preuost de Paris : auoit droict de seellé és maisons de ses subiects, & de faire faire par ses officiers inuentaires & partages des biens d'iceux ses subiects, priuatiuement audit nostre Preuost de Paris: en auoit iugement & arrest contradictoire donné auec le Substitud de nostre Procureur General. Partant si les Notaires entendoient vouloir faire és maisons de ses sujets aucuns seellez, inuentaires & partages, mesmes priuatiuement audit Euesque de Paris, l'empeschoit iceluy Euesque, & concluoit à ce qu'ils feussent deboutez de leur requeste, leur fussent faictes deffenses de s'entremettre d'aller faire aucuns seellez, inuentaires & partages és maisons des subiets dudit Euesque. Et quant à l'arrest de leur part allegué interuenu sur vn exploict de Nicaise le Meusnier & Estienne le Vailleau Notaires, c'estoit vn arrest qui ne pouuoit preiudicier audit Euesque de Paris, d'autant que nostre dite Cour auoit voulu pour ceste fois & sans le tirer à consequence, tolerer que le partage dont lors estoit question fust faict par lesdits Notaires. Eussent semblablement lesdits Religieux, Prieur & Conuent de sainct Martin des Champs fait dire qu'ils auoient en leurs terres toutes Iustices, haute, moyenne & basse: n'auoit oncques esté veu ne sceu que les Notaires du Chastelet eussent faict en leurdicte terre & Iustice, aucun exploit, fust de seellé d'inuentaire ou partage: aussi n'auoient-ils & ne sçauroient monstrer aucun iugement ou arrest par lequel ils eussent eu pouuoir de ce faire. Parquoy concluoient à ce que lesdits Notaires feussent deboutez de leur requeste, & semblables deffẽces leur feussent faictes, que celles requises par ledit Euesque de Paris. Eussent aussi les Religieux, Abbé & Conuent de sainct Magloire à Paris, fait dire qu'ils auoient toute haute Iustice, moyenne & basse en leur terre : n'auoient lesdits Notaires du Chastelet de Paris aucun arrest ne iugement contre eux; n'auoient aussi oncques exploicté en leurdite terre : parquoy estoient lesdits de sainct Magloire mal appellez par lesdits Notaires & demandoient despens. Eust pareillement le Grand Prieur du Temple fait dire qu'il employoit ce que ledit Euesque de Paris auoit dit & allegué, & outre a adiousté qu'il y auoit transaction faicte auec nous, plus de cent ans y auoit, par laquelle le Roy nostre predecesseur lors regnant auoit delaissé audit Grand

Prieur tous les droicts de haute Iustice, moyenne & basse, & ne s'estoit nostredit predecesseur Roy reserué, sinon le ressort en nostredite Cour: deuoit partant nostre Procureur General pour l'entretenement de ceste transaction, prendre la cause pour iceluy grand Prieur, à fin de le mettre hors de Cour & de procez enuers lesdicts Notaires. Eussent semblablement lesdits Religieux, Abbé & Conuent de sainct Germain des Prez faict dire la cause qui s'offroit auoir esté autre fois traictée. Quant à eux ils estoient fondez entre autres choses en transaction faicte auec l'vn de nosdits predecesseurs Roys, & par icelle leur estoit remis par droit d'eschange toutes Iustices & tous autres droicts que nostredit predecesseur Roy pouuoit pretendre en leur terre: depuis ils auoient tousiours iouy de tous droicts de haute Iustice en leur terre, & en estoient en possession immemoriale inuiolablement gardée contre nostre Preuost de Paris & nos officiers en Chastelet, mesmes contre les Notaires d'iceluy. Y auoit cent trente ans qu'vn different interuint entre iceux Notaires & eux, pour raison d'vn seellé fait en la maison d'vn nommé de Vaux demeurant pres le Conuent des Augustins de nostre ville de Paris, en la terre & Iustice desdits de sainct Germain: fust ce seellé fait par iceux de sainct Germain ou leurs officiers. Les Notaires de ce aduertis demanderent permission de leuer ce seellé, apposer celuy de nostre Preuost de Paris, & faire l'inuentaire des biens estans en ladite maison: l'empescherent lesdits de sainct Germain. Sur ce nostredite Cour ayant veu leurs tiltres, dit & ordonna par son arrest que le seellé qu'ils auoient faict faire demeureroit & qu'ils feroient faire l'inuentaire par leurs officiers. Encores en l'an cinq cens trente-six, par autre arrest de nostredite Cour furẽt faites deffenses à nos officiers dudit Chastelet de faire aucun exploict de Iustice en la terre desdits de sainct Germain, sinon en cas de ressort. Y eust en l'an mil cinq cens cinquante vn pareil arrest donné au proffit d'iceux de sainct Germain: n'auoient lesdits Notaires aucun iugement ou arrest qui feust pour eux contre lesdits de sainct Germain. Par ces moyens concluoient iceux de sainct Germain, à ce que lesdits Notaires feussent debouttez de leur requeste, pour le regard desdits de sainct Germain. Eust semblablemẽt nostre Procureur General

faict

faict dire que le differend desdits Notaires du Chastelet de Paris gisoit en deux poincts. Le premier estoit auec les Examinateurs dudit Chastelet pour la confection des partages entre coheritiers, quand le partage estoit ordonné par auctorité de Iustice: car sembloit lesdits Examinateurs estre d'accord, que quand estoit question de faire partages volõtaires, les Notaires les pouuoient faire. Estoient aussi d'accord qu'il appartenoit ausdits Notaires faire les inuentaires. Le second poinct concernoit les Seigneurs inferieurs & Iusticiers subalternes, parce que les Notaires vouloient faire les inuentaires & partages és terres desdicts Inferieurs & subalternes, encores qu'ils feussent hauts Iusticiers: ce qu'iceux hauts Iusticiers subalternes empeschoient. Ces deux differends estoient tels, qu'ils ne pouuoient bonnement estre vuidez par les loix escrites, d'autant que les Notaires n'estoient cogneus du temps des Iurisconsultes. Bien estoit vray qu'il y auoit des Notaires que l'on appelloit Notaires pour receuoir les Notes, qui estoient comme auiourd'huy sont les Huissiers. Encores auoient les Iurisconsultes quelques-fois parlé des Notaires, mais c'estoient Notaires comme sont auiourd'huy les Secretaires des Seigneurs: Mais qu'il y eust Notaires, qui en ce temps-là receussent contracts, comme auiourd'huy faisoient les Notaires du Chastelet de Paris, n'en estoit lors notoire. Ces Notaires qui estoient pour receuoir contracts auoient esté longuemẽt apres le temps des Iurisconsultes instituez pour la malice des hommes, & du commencement que lesdits Notaires furent instituez l'on n'adioustoit la foy aux contracts qu'ils receuoient comme l'on faisoit à present: Car pour autenticquer les contracts qu'ils auoient receus, falloit qu'ils recogneussent leurs seings & escritures: Auiourd'huy suffisoit que les contracts qu'ils receuoient feussent signez de leurs noms & seings, & seellez d'vn seel autẽtique. Cela auoit esté ordonné par les cõstitutiõs principalles, & les arrests de nos Cours Souueraines, conformes ausdites constitutions, se trouuoient par la communication faite à nostredit Procureur General, de la part des Notaires de leurs pieces des arrests par lesquels ils pretendoient auoir pouuoir de faire tous inuentaires & partages, priuatiuement aux Examinateurs dudit Chastelet, & qu'il y auoit eu des nullitez & amẽdes pronõcees contre aucuns Examinateurs pour auoir entreprins faire les inuentaires & partages au preiudice des droicts de leurs offices de Notaires. Quant à l'Euesque de Paris & aux autres Iusticiers subalternes de nostredite ville de Paris, qui n'estoient non plus priuilegiez que ledit Euesque de Paris, se trouuoit arrest pour les Notaires contenant deffences audit Euesque de Paris, & à ses officiers, d'empescher lesdits Notaires au faict des inuentaires & partages en sa haute Iustice auec mulctes & peines indictes contre ceux qui s'efforceroient empescher iceux Notaires de faire lesdits inuentaires & partages. Sur ces arrests y eust l'an mil cinq cens neuf vne plaidoyrie en nostredite Cour, non auec ledit Euesque de Paris, mais auec lesdits Examinateurs dudict Chastelet. Et sur ceste plaidoyrie lesdits Notaires & Examinateurs amplement ouis, ensemble nostredit Procureur General auoit nostredite Cour par son arrest prononcé, que quant aux inuentaires cela estoit iugé, & quant aux partages elle en adiugea la confection ausdits Notaires, exclusiuement aux Examinateurs, pour les partages volontaires: & quant aux partages ordonnez en iugement contradictoire, ils demeuroient par prouision à faire par les Examinateurs. Au surplus appointa icelle nostre Cour les parties au Conseil, & à informer sur la maniere d'vser, s'il plaisoit à nostredite Cour suiure ceste voye faicte, & ordonner que lesdits Notaires & Examinateurs se tiendroient audit appoinctement au Conseil, & aux prouisions adiugées, à faire le pouuoir. Mais à fin que l'intention de l'Edict contenant l'erection, creation & establissement desdits Notaires ne feust defraudée, & pour y obuier, d'autant que les Procureurs dudit Chastelet, ainsi que l'on disoit, estoient coustumiers, bien que les parties feussent d'accord de faire partages volontaires, de faire dire toutes-fois par vn iugement ou appoinctement qu'ils accordoient entre eux, que partages seroient faicts: & puis apres soubs ombre de dire que ce n'estoit vn partage volontaire, mais vn partage ordonné par iugement, ils s'addressoient ausdits Examinateurs dudit Chastelet, ausquels ils vouloient fauoriser pour faire lesdits partages: qui estoit frauder lesdits Notaires, chose non raisonnable. Pourroit nostredite Cour adiouster que les partages seroient declarez volontaires : Quand la sentence qui contiendroit que partage seroit faict, seroit volontairement passée ou donnée, pouuoit icelle nostre Cour, si elle le trouuoit bon, en declarant son arrest prouisionnal, & sans desroger à l'appoinctement au Conseil, ainsi le dire & ordonner, sur quoy eust sonné l'heure. Et le douziesme iour dudit mois de Ianuier audit an mil cinq cens cinquante-deux : Comparans aussi iudiciairement en nostredite Cour toutes lesdictes parties cy-deuant nommées, ou leurs Procureurs pour elles: Eust nostredit Procureur General, en continuant son plaidoyé fait dire, ayant repris & resumé sommairement ce qui auoit par luy esté deduit & allegué, ledit cinquiesme iour dudit mois de Ianuier, que l'execution des iugemens volontaires en partages dont il auoit parlé, deuoit demeurer & appartenir aux Notaires & non aux Examinateurs. Entendoit nostredite Cour la raison de ce : la Loy n'estimoit aucun procez estre formé, sinon par la contention des parties: & ainsi au cas qui s'offroit, s'il n'y auoit procez sans fiction, l'on ne pouuoit dire qu'il y eust aucun iugemẽt contradictoire entre les parties : parquoy falloit que les Notaires fissent les partages ordonnez par ces iugemens volontaires. Estoit vray qu'il y pouuoit auoir des cas esquels sans procez mesmes faudroit iugement pour la qualité des personnes, decret & cognoissance de cause, à sçauoir entre mineurs, qui n'auoient puissance de prouoquer à diuision & partage. Le mesme se pouuoit dire pour le regard des majeurs qui vouloient auoir partage auec mineurs, mais sembloit que tels iugemens ne deuoient empescher que les Notaires ne procedassent au faict des partages. Le dernier poinct qui estoit le principal, estoit pour le regard des Seigneurs subalternes. L'on sçauoit que l'Euesque de Paris auoit sa Iustice & Iurisdiction : aussi auoient la leur les Religieux, Abbé & Conuent de sainct Germain des prez. La question estoit, sçauoir comme les Notaires seroient reiglez auec les Iusticiers subalternes : Le droict de Tabellionnage estoit vn droit extraordinaire, qui de sa nature ne pouuoit appartenir qu'à vn Prince Souuerain. En ce que les sieurs Chastellains de nostre Royaume vsoient de Tabellionnage, c'estoit par grace qu'ils auoiẽt de nous, laquelle ils recognoissoient de nous par terme de fief, mediatement ou immediatement : Or en droit vn Notaire Royal, comme estant fondé en Iurisdiction volontaire, pouuoit exercer tabellionnage hors de son destroit. Estoit doncques le Notaire Royal fondé & capable d'instrumenter dedans la Iustice de l'Euesque de Paris, & ce de droict commun. A ce que l'Euesque de Paris ou autres pourroient dire que cela ne deuoit estre contre leur gré : respondoit nostredit Procureur General, qu'ils n'auoient iuste cause de le contredire, car tenans leurs Iustices par concession de nous ils ne pouuoient ny deuoient dire que nous leur en eussions tant baillé, que n'en n'eussions retenu la concurrence : à tout le moins pour le regard des choses qui estoient de Iurisdiction volontaire, y en auoit vn arrest donné au proffit des Notaires contre ledit Euesque de Paris, par lequel auoit esté dit que les Notaires du Chastelet pourroient seeller & faire inuentaires en la Iurisdiction d'iceluy Euesque à peine de mulctes & amẽdes contre ceux qui empescheroient lesdits Notaires à ce faire : parquoy veu cest arrest adheroit nostredit Procureur General, pour ce regard auec iceux Notaires, concluant à ce qu'il feust dit qu'ils pourroiẽt faire les seellez & inuentaires és terres des hauts Iusticiers subalternes quãd requis en seroient par les parties, & que defẽces feussent faites ausdits hauts Iusticiers de les y empescher. Eussent lesdits Notaires demandeurs fait dire quant aux Examinateurs, qu'ils alleguoient seulement vn Arrest de l'an mil cinq cens neuf, & disoient pour toute couleur que les Notaires ne pouuoient estre executeurs des sentences de nostredit Preuost de Paris, & conuenoit en partages faire prester des sermens aux parties, que les Notaires ne pouuoient receuoir pour satisfaire à cest Arrest : estoit à considerer en premier lieu que lors qu'il feust donné, ceux qui estoient Notaires & qui auoient la principale charge & conduite de leurs afaires, tendoient à estre Examinateurs audit Chastelet, & de fait la plus-part d'eux l'auoient depuis esté : tellement que la cause desdits Notaires feust lors moins que bien defendue : Cela se voyoit assez par la lecture dudit Arrest, lequel ne portoit les tiltres, moyens & defences que lesdicts Notaires pouuoient desduire & remonstrer : quoy qu'il en feust, ce n'estoit qu'vn apprest prouisionnal : au moyen dequoy nostredite Cour pouuoit vuider aisément le principal, sans tenir en longueur de procez, ou controuerse les parties: ce qui estoit tres-iuste & raisonnable, veu que c'estoient deux corps & Colleges qui seruoient grandement à la Republique: dont l'vn auoit la foy publique en sa main, qui estoit la chose la plus grande qui feust en vne Cité & communauté d'hommes, & l'autre auoit l'œil au repos public, pour la perquisition des delits & entretenement de la Police. Mais nostredite Cour sçauoit assez quelle difference y auoit du deuoir qu'ils faisoient chacun en leur endroit: se voyoit à l'œil par chacun iour le grand desordre qui estoit en la Police, & la negligence que faisoient les Examiteurs de s'enquerir & informer des delinquans. Ce qui aduenoit, pour ce que d'ailleurs ils s'occupoient à gagner argent, à oüir tesmoings, faire enquestes, examiner des comptes, & faire partages & autres choses qu'ils vsurpoient, delaissoient le vray train de leurs estats: pourtant estoient-ils moins fauorables en leur cause. Au contraire les Notaires, comme estoit notoire, estoient en grand nombre, contraincts d'instrumenter deux à deux, & auoient peu de moyen de gagner leurs vies si nostredicte Cour ne leur conseruoit les droicts qui leur estoient d'ancienneté baillez par nos predecesseurs Roys, & confirmez par les Arrests d'icelle. Lesquels droicts ne leur estoient baillez sans grandes raisons & considerations, mesmement eu esgard à la qualité de leurs estats, qui estoient tels que la foy de tous contracts, testamens & autres actes estans au commerce des hommes, consistoit en leur legalité & preud'hommie. Pour ceste cause meritoient-ils non seulement que l'on leur conseruast ce qui estoit des-ja octroyé par nos predecesseurs Roys, & confirmé par nostredicte Cour: mais aussi que l'on leur en baillast dauantage pour eux entretenir plus honnestement & commodément. Partant nostredite Cour, s'il luy plaisoit, & elle voyoit qu'elle peust iuger ce qui estoit en different entre les parties, qui sembloit estre tres-aisé, le feroit sans plus entrer en prouision. Les Notaires estoient fondez en chose iugée, tant de fois & si clairement qu'il ne falloit entrer en dispute ny en doute d'interpretation d'Arrests. Par ladite Philippine & autres constitutions de nos predecesseurs Roys, & par les Arrests d'icelle nostre Cour, estoit clair, que sans aucune distinction de quelle qualité feussent les partages, la confection d'iceux estoit attribuée aux Notaires, priuatiuement aux Examinateurs : les defences de nostredicte Cour & condemnations d'amendes multipliées le monstroiét assez. La distinction d'entre partages volontaires, & non volontaires, estoit plus subtile que substantialle, & ce qui en feust fait l'an mil cinq cens neuf, ce fut pour n'auoir bien defendu la cause des Notaires, & en tumulte iudiciaire, où les Arrests ne furent oncques leuz : estoit croyable que s'ils l'eussent esté, nostredite Cour n'y eust oncques contreuenu & ne les eust ainsi modifiez, car ils estoient si expres & generaux qu'ils ne receuoient probable distinction ny autre interpretation ou restriction que ce qu'ils sonnoient : & telle estoit la nature des choses iugées, que des pures paroles du Iuge se colligeoit & estoit cẽsé estre en son intention, ce qui estoit en ses paroles prononcées : mesmes apparoissoit par le second Arrest sur ce que nostre Preuost de Paris, & le Substitud de nostre Procureur general audit Chastelet, ioincts auec lesdicts Examinateurs, auoient requis que nostredicte Cour eust à interpreter le premier Arrest : Sçauoir si elle entendoit que quand nostredit Preuost decerneroit commission pour faire partages, que lesdicts Examinateurs les feroient, nostredicte Cour auoit ordonné qu'il ne seroit rien immué d'iceluy Arrest, & que le premier Arrest estoit clair & liquide. Par lequel Arrest estoit dit qu'aux Notaires appartenoit à cause de leurs offices, faire inuentaires, partages & diuisions de biens : Mesmes pour la contrauention ausdicts Arrests, iceux Examinateurs auoir esté condamnez, tant en general qu'en particulier, en plusieurs amandes, [illegible] tout ce qu'ils auoient fait declaré nul, & qu'il seroit re[illegible]urs despens. Estans doncques les Notaires fondez en [illegible] & tant de fois iugée, ils ne deuoient alleguer autre chose : que dés l'entrée de la cause, auoient deub iceux Examinateurs estre condamnez sans entrer en contestation ny autre debat : toutesfois quand lesdits Arrests cesseroient, & que l'on seroit à iuger de nouueau, si la confection desdits partages appartenoit aux Notaires, encores la deuroit-on adiuger ausdits Notaires, veu qu'ils auoient la volonté du Roy Philippes le Long nostre predecesseur qui estoit aperte pour eux ; laquelle volonté duroit perpetuellement, mesmes n'estãt reuoquée aucunement par ses successeurs Roys, lesquels tant s'en falloit qu'ils eussent reuoqué ladite Philippine, qu'ils auoient au contraire confirmé tous les droicts, priuileges & libertez desdits Notaires. Et quand n'y auroit ne constitution des Rois nos predecesseurs, ny arrests conformes à icelles, toute raison neantmoins combatoit pour lesdits Notaires, qu'ils feissent les partages : Car estoit certain qu'en partages estoit impossible qu'ils se peussent parfaire sans faire mutuelles stipulations par les parties, tant de l'euiction que des autres choses communes entre elles: lesquelles stipulations & promesses ne se pouuoient faire ny receuoir que par lesdits Notaires qui auoient esté & estoient constituez pour ce faire par nosdits predecesseurs Rois, priuatiuement à tous Iuges. Aussi lesdits Examinateurs ne pouuans desnier cela l'accordoient : mais en subtilisant disoient, que si c'estoit par accord des parties, le partage se faisoit par les Notaires, & concedoient cela aux Notaires ; parce qu'en ce cas c'estoit vne forme & espece de contract : Mais ils se disoient executeurs d'vne sentence de partage contradictoirement donnée. Telle distinction n'estoit qu'vne simple peinture : car si l'on regardoit la contestation qui se faisoit sur demande de partage, feust d'heredité, ou pour raison d'vn fõds ou d'autre chose particuliere, les parties n'entroient en la question s'il falloit restituer au demandeur ou au deffendeur certainement & liquidement ce qui procedoit des choses communes dont le partage estoit demandé : mais seulement se prononceroit qu'il falloit faire partage, & le plus souuent l'on ne faisoit que decider, si celuy qui demandoit partage estoit coheritier ou non, ou si la chose estoit commune ou non. Lequel iugement ne tendoit à la restitution des choses certaines: tellement que l'executeur de telles sentences de partage n'auoit que cognoistre au pur fruit de ce dont le partage estoit demandé, comme il pourroit auoir en l'execution des choses certaines adiugées. Mais apres que l'on auoit iugé partage deuoir estre faict, pour le partage en soy n'y auoit difference quelconque entre vn partage volontaire, & ordonné par sentence : car autant falloit faire en l'vn qu'en l'autre. En sorte que si l'on consideroit la verité, le Iuge ayant iugé partage n'auoit plus que voir en l'execution, & n'estoit qu'vne pure diuision, de faict qui estoit vn vray contract entre les parties, par lequel elles s'obligeoient d'entretenir le partage, & payer les soultes promises les vnes aux autres : auec ce faisoient les promesses de garentie des portions qui leur escherroient, & promettoient faire transport les vnes aux autres des droicts qui leur escherroient par les partages, ensemble quittance des soultes payées. Or les Examinateurs n'ayās puissance receuoir les choses susdictes, apparoissoit tels partages n'estre suffisans: mais seullement vn procez verbal qui ne pouuoit attribuer Iurisdiction à nostre Preuost de Paris, ne contraindre les personnes contrahantes, à entretenir lesdicts partages. Aussi nostredite Cour par ses arrests entendant bien que n'estoit l'estat ausdits Examinateurs faire partages & diuisions de biens, les en auoit priué & debouté entierement par plusieurs mulctes & peines: Recours à la lecture d'iceux arrests. A ce que lesdits Examinateurs disoient qu'il falloit quelques-fois affirmer, & que telles affirmations ne pouuoient estre faictes deuant Notaires, cela n'estoit rien, car tout ainsi que és contracts l'on s'obligeoit par serment, lequel les Notaires receuoient: cela mesmes aussi se pouuoit faire par eux au fait desdits partages & diuisions. Aussi lesdits Notaires faisoient faire le serment aux parties quand ils faisoient inuentaires, feust qu'il y eust du iugement ou non, mesmes aux priseurs, tant Frippiers que autres qui prisoient, & auoient à priser les biens qu'il falloit inuentorier. Pareillement faisoient lesdits Notaires faire & prester le serment aux parties. Quand estoit question de faire papiers terriers, estoient deleguez par commissions de nostre Preuost de Paris, executeurs de ses Commissions. Si lesdits Examinateurs disoient qu'il y falloit authorité Iudiciaire, y auoit response que ceux qui auoient le pur ministere d'Executeurs ne le pouuoient non plus receuoir que les Notaires: & en tout euenement, la chose ne seroit de grand preiudice quand il faudroit en faire l'expedition deuant le Iuge, que le renuoy y en feust faict. Car aussi bien les Examinateurs quand la chose gisoit en authorité de Iuge, la renuoyoient deuant le Iuge. Les Notaires pourroient faire le semblable quand le cas s'offriroit : Et puis que les Notaires faisans partages volontaires, pouuoient faire faire serment aux priseurs & aux parties

contrahantes,

contrahantes : ils pouuoient aussi bien faire faire serment quand y auoit sentence donnée de nostredit Preuost de Paris: & ce estoit entierement decidé par lesdits arrests. Consequemment veu qu'il n'y auoit probables differends entre lesdits partages, nostredicte Cour n'y en deuoit faire, attendu ladite Philippine, & les arrests consecutifs donnez conformément à icelle simplement & sans aucune distinction. Ioinct aussi que nostredicte Cour voyoit, par ce qu'auoit recité nostredit Procureur General, que telle distinction auoit donné occasion ausdits Examinateurs de cauiller l'arrest de l'an mil cinq cens neuf, à sçauoir, de faire donner vne sentence de partage du consentement des parties, & apres pretendre que c'estoit vn partage à faire en vertu du iugement. Partant qu'il leur appartenoit comme gisant en execution de sentence, dont ils se disoient executeurs : qui estoit vne vraye fraude de l'intention de nostredite Cour, n'estoit toutes-fois besoing d'entrer en ce que nostredit Procureur General vouloit moyenner entre les parties, cuidant contenter l'vn & l'autre: car en effect ce ne seroit que les tenir en plus grande controuerse que iamais, & ouurir le chemin à plusieurs autres fraudes: d'autant mesmes que les Examinateurs s'entendoient auec les Procureurs dudict Chastelet, auec lesquels leur seroit facile feindre & supposer des procez, pour raison de partages & diuisions de biēs, encores qu'il n'y en eust aucuns, & feroient donner sentence comme ils voudroient. Partant à fin d'oster toute ambiguité, & qu'ils eussent occasion de viure en paix, deuoit nostredicte Cour suiure les arrests d'icelle donnez auec pleine cognoissance de cause diffinitiuement, & sur productions des parties: mesmement pource qu'elle voyoit par la lecture d'iceux la question estre vuidée, si les Commissaires faisoient les partages iugez par sentence : car nostre Preuost de Paris se ioignit auec les Examinateurs, & tous les partages qu'ils auoient faits, pour lesquels ils furent condamnez en plusieurs amendes, estoient faicts par vertu des Commissions de nostredit Preuost, & en effect ils se disoient executeurs d'icelles sentences, & alleguoient tout ce qu'ils disoient à present : neantmoins nostredite Cour donna sur ce lesdits arrests, lesquels ne pouuoient ny deuoient estre rompus, ny par iugemēt contraires infirmez.

Autrement ce seroit vne nullité trop euidente : & si apres tant de iugemens l'on venoit à refriquer les choses iugées, ce ne seroit iamais faict, & vaudroit mieux ne les auoir iugées. Ioinct qu'en toute Republique bien constituée ne se trouuoit rien plus sainct ne plus ancien que l'obseruation des choses iugées: aussi nostredite Cour auoit tousiours accoustumé les conseruer & garder sainctement & inuiolablement. A l'autre chef de la demande desdits Notaires qui estoit pour les adionctiõs n'alleguoient les Examinateurs à ce regard deffences, pour ce qu'ils n'en n'auoient aucunes, & ne sçauroient respondre aux constitutions de nos predecesseurs Rois & arrests d'icelle nostre Cour, qui estoient clairs & fondez en tres-iuste & equitable cause : car l'on sçauoit que l'adioint ne se bailloit à l'Enquesteur, sinon pour auoir l'œil à ce que l'enqueste feust fidellement faicte, & tenuë secrette iusques à ce que les parties en eussent publication és lieux où elle se bailloit. S'il estoit permis aux Examinateurs d'en prendre tels que bon leur sembleroit : nostredicte Cour pouuoit penser quel inconuenient il en pourroit venir, & que par chacun iour, d'autant qu'ils ne gardoient lesdits arrests, l'on voyoit le secret des enquestes estre reuelé. N'estoient lesdictes enquestes faictes legallement, ainsi que requis estoit par nos ordonnances : & pourtant veu que lesdits Notaires estoient constituez & establis par nos predecesseurs Rois, pour faire la foy des contracts des instrumens publiques, qui estoit la preuue muette des procez, y auoit mesme raison qu'ils y feussent appellez à voir faire la preuue qui se faisoit de bouche : qui estoit la deposition des tesmoins, laquelle deuoit estre receuë auec telle & semblable integrité qu'vn contract. Si en la confection des instruments pour la solemnité d'iceux falloit deux Notaires, personnes publiques qui auoient le serment à Iustice : y auoit aussi grande raison, qu'en la reception des depositions de tesmoins y eust deux personnes publiques. Restoit de respondre à l'Euesque de Paris, & à autres pretendans Iustice en nostredite ville, lesquels se fondoient sur la Iustice qu'ils disoient auoir en quelques endroicts d'icelle nostre ville, à cause de laquelle leur pretenduë Iustice ils pretendoient qu'ils pouuoient faire faire par leurs officiers, inuentaires, partages, testaments, contracts & autres actes que Notaires & Tabellions faisoient, & auoient accoustumé faire en nostre Royaume: & alleguoit chacun d'eux particulierement quelques tiltres & concessions de nosdits predecesseurs Rois, entre autres ledit Euesque de Paris, qu'il auoit son droit fondé en partage faict auec les enfans de France. Disoient les Notaires pour responsé à ce, qu'ils ne sçauoient rien desdits pretendus tiltres, & entendoient les debattre ainsi qu'il appartiendroit, quand ils en auroient eu communication: mais quelques tiltres qu'ils eussent de leurs pretenduës Iustices, ne se trouueroit qu'ils eussẽt oncques eu en leurs destroits Tabellions ou Notaires, ains de tout temps auoit esté veu, & n'y auoit memoire, qu'on eust veu ny entendu le contraire, que les Notaires dudit Chastelet & non autres, & par tout nostredite ville faulx-bourgs & Preuosté de Paris, & eux seuls, & pour le tout, priuatiuement à tous, de quelque qualité qu'ils feussent sans aucune distinction, faisoient & receuoient tous instrumẽs publiques. Ce qui n'estoit sans grandes causes, mesmes pour la qualité de nostredicte ville qui estoit la capitalle de nostre Royaume, en laquelle se manioient & traictoient de plus grands & importans affaires que en lieu qui feust, non en nostredit Royaume seulement, mais en toute la Chrestienté. Tellement que pour la seureté & conseruation de la foy publique des instrumens passez pour tels affaires, estoit tres-vtile & expedient que les Notaires Royaux qui estoient gens notables & de qualité les passassent & expediassent, sans que les officiers desdits Iusticiers s'en meslassent, lesquels officiers le plus souuent estans gens peu versez ès affaires, n'entendoient ce qui estoit necessaire pour l'expedition de tels actes & instruments. De ceste longue & immemoriale iouyssance, & du non vsage desdits Iusticiers, s'ensuiuoit que ores qu'ils eussent eu concessions generalles de Iustice, neantmoins le droit d'auoir Notaires n'y seroit compris: car nos predecesseurs Rois s'estoient reseruez ledit droict, & y auoit ordonnance formelle du Roy Philippes le Bel article vingtiesme, qui portoit par expres deffenses à tous Iusticiers de créer Notaires en nostre Royaume, & mesmement par la Philippine desdicts Notaires, qui estoit du Roy Philippes le Long, estoit aussi expreſſément deffendu en general, & à tous ſans aucune exception de receuoir ny paſſer en noſtredicte ville de Paris aucuns inſtruments publicques, ſauf aux Notaires Royaux dudit Chaſtelet : tellement que ces deffences n'exceptans perſonnes, cõprenoient tous leſdits hauts Iuſticiers : & ores qu'il y euſt cõceſſion expreſſe & ſpecialle d'auoir Tabellions ou Notaires, ce que les Notaires ne croyoient, tel droict ſeroit extinct & perdu par vn non vſage de ſi long-temps. Ne ſeruiroit dire que ayans iouy en partie de la Iuriſdiction, elle ſe conſerueroit és autres actes. Car ces droicts d'auoir Iuſtice & faire par Notaires & Tabellions inſtruments publiques, eſtoient ſeparez, & ne ſe pouuoit l'vn inferer par l'autre. D'auantage pour acquerir droict de Iuriſdiction, l'exercice d'icelle en vn acte ne ſe pouuoit extendre aux autres. Ne ſeruoit auſſi ce que leſdits hauts Iuſticiers auoient voulu dire, que les Greffiers de leurs Iuſtices auoient faict leſdits actes : car s'il s'en trouuoit quelque choſe, que non, c'eſtoit vne vſurpation que leſdits Greffiers pour leur proffit particulier auoient voulu faire, & contre la reigle de l'office de Greffier, qui n'eſtoit deſtiné que pour ſeruir à eſcrire ſoubs le Iuge les actes Iudiciaires ſeulement, & non pour faire inſtruments publiques extraiudiciairement, & meſmes par leurs inſtitutions ne ſe trouueroit qu'ils feuſſent inſtituez que pour ceſt effect de receuoir les actes & choſes qui s'expedioient de Greffes ſeulement. Se voyoit par tout y auoir grande diſtinction entre Greffiers & Notaires, & leurs droicts eſtre ſeparez : au moyen dequoy ils ne deuoient eſtre meſlez & confondus : mais ſans entrer en toutes ces queſtions la choſe eſtoit decidée : car y auoit arreſt donné contre l'Eueſque de Paris en cognoiſſance de cauſe ; lequel arreſt faiſoit loy, non ſeulement contre ledit Eueſque, mais auſſi contre les autres Iuſticiers qui ne ſe pouuoient preualoir par vn meilleur droict que luy, & ne pourroient dire d'auantage que ce qui fut allegué par iceluy Eueſque. Et par ceſt arreſt contradictoirement donné eſtoit faicte vne loy auſdits hauts Iuſticiers. Dire que ceſt arreſt n'eſtoit que ſpecial en ceſte cauſe de laquelle eſtoit queſtion, & qu'il ne deuoit eſtre tiré en conſequence, n'y auoit propos : Car ne falloit que lire, l'on verroit auoir eſté pleinement cogneu de la cauſe ; Et que ledit Eueſque de Paris ne dit lors autre chose, sinon ce qu'il disoit auiourd'huy. Tellement que si à present l'on iugeoit autrement, ce seroit vne manifeste & euidente contrarieté d'arrests: ce que nostredite Cour n'auoit accoustumé faire, ains au contraire constamment & sans varier. Au regard de l'arrest que ledit Euesque de Paris disoit auoir esté donné l'an mil cinq cens quarante-neuf, pour vn Inuentaire faict par deux Notaires dudit Chastelet, qui auoit esté ordonné estre recolé par les officiers dudit Euesque; n'auoiét les Notaires veu cest arrest: si aucun estoit, il auoit esté donné sans les ouyr & sans cognoissance de cause. Au moyen dequoy se falloit arrester à celuy qu'ils auoient depuis obtenu qui s'estoit ensuiuy: & auoit esté donné sur les productions des parties. Quant aux arrests que ceux de sainct Germain des Prez alleguoient, par lesquels ils disoient leur estre permis apposer seellé, respondoient lesdits Notaires qu'ils n'auoient veu lesdits arrests, y satisferoient, les ayans veu: Mais si est-ce que quand ainsi seroit qu'ils peussent apposer seellé à la conseruation des biens, ou vacans, ou esquels n'y auoit heritiers apparens, que non, cela ne preiudicieroit aux droicts des Notaires, pour la confection desdits Inuentaires, partages, contracts, testamens & autres instruments publiques, & n'appartenoit à leur Greffier d'y toucher: seulement pouuoit leurdit Greffier faire soubs leurs Iuges les actes où estoit requis ministere du Iuge. Lequel ministere cessant, estoit le Greffier pure personne priuée. S'ensuiuoit des choses susdites que les Notaires estoient bien fondez en ce qu'ils demandoient, ayans pour eux la volonté de nos predecesseurs Roys, & les choses plusieurs fois iugées. Concluoient partant à ce qu'il pleust à nostredicte Cour leur conseruer, ce que tant de fois elle leur auoit adiugé & declaré à ceste fois son intention si apertement, que les parties aduerses n'eussent plus d'occasion de cauiller les arrests & iugemens d'icelle, ny de plaider, ains puissent icelles parties viure en paix. Et pour les contrauentions faictes ausdicts arrests, requeroient que lesdicts deffendeurs feussent condamnez en telle amende & reparation qu'elle verroit estre de raison, ensemble és despens. Eussent aussi lesdits Religieux, Abbé & Conuent de saincte Geneuiefue, fait dire pour dupliques, que nostredicte Cour sçauoit l'antiquité de ladicte Abbaye, comme ayant esté erigée & dottée par le Roy Clouis premier Roy de France Chrestien. Par la dotation d'icelle apparoissoit ledit Roy Clouis auoir donné ausdits Religieux, Abbé & Conuent en leur terre toute Iustice, sans reseruer chose quelconque. Lors de la dotation l'Abbaye n'estoit dedans nostredicte ville de Paris, mais pres & hors les murs d'icelle: & à vray dire, c'estoit lors vn faulx-bourg & ville, distinct & separez de nostredite ville de Paris, comme estoit auiourd'huy le faulx-bourg & ville sainct Marceau, partie de laquelle ville & faulx-bourg sainct Marceau fust donnée à icelle Abbaye. Par la mesme dotation auoient lesdicts Religieux, Abbé & Conuent de saincte Geneuiefue, tiltres & possessions immemorialles de leur Iustice: & non seulement de la Iustice, mais du droict de Tabellionnage. Auoient le Greffier de leurdicte Iustice qui faisoit l'estat & office de Tabellion. Ne fut oncques veu que les Notaires & Examinateurs du Chastelet eussent fait aucun exploict ny acte de Iustice & Iurisdiction en leurdicte Iustice. Quant à la Philippine de laquelle lesdits Notaires s'aidoient, elle fust faicte pour les demeurans en nostredicte ville de Paris, & non pour les demeurans hors les murs & és faulxbourgs & ville de saincte Geneuiefue, qui lors de ladicte Philippine estoient hors d'icelle nostre ville de Paris. Par ces moyens requeroient lesdits de saincte Geneuiefue estre enuoyez absouls des requestes, fins & conclusions desdits Notaires auec despens. Eust semblablement ledit Euesque de Paris faict dire pour duplique à ce que nostredit Procureur General disoit n'estre vray-semblable que nos predecesseurs & Rois eussent donné telle faculté & grace audit Euesque de Paris de s'abdiquer entierement la puissance de faire par leurs Notaires audit Chastelet, inuentaires & partages en la haute Iustice d'iceluy Euesque: Qu'il croyoit bien que les Notaires pouuoient faire & exercer leurs estats de Notaires entre les subiects dudit Euesque volontaires & consentans, quant au passement de tous contracts: mais s'il estoit question de faire aucun acte de Iustice ou Iurisdiction par lesdits Notaires en la haute Iustice & Iurisdiction dudit Euesque, soustenoit iceluy Euesque qu'il ne leur auoit oncques esté permis ne toleré, ains tousiours auoient les officiers d'iceluy Euesque faict tels actes en sadite haute Iustice, comme de faire seellez, inuentaires & partages. Aussi auoit-il en icelle sa haute Iustice, tous officiers necessaires pour l'exercice d'vne haute Iustice. Et parce que quelques-fois nos officiers en Chastelet s'estoient efforcez faire quelque inuentaire en ladite haute Iustice & Iurisdiction dudit Euesque, auoit par arrest de l'an mil cinq cens quarante-neuf esté dit, qu'il seroit recollé par les officiers d'iceluy Euesque: qui estoit pour monstrer que ce n'estoit ausdits nos officiers du Chastelet, entreprendre faire aucun exploit de Iustice & Iurisdiction en la Iustice & Iurisdiction dudit Euesque. La difficulté qui s'offroit gisoit en l'apposition du seellé & faction des inuentaires. Vn seellé se faisoit pour la conseruation du droict de Iustice. Auoit ledit Euesque droict de seellé en sa haute Iustice, non seulement pour le regard, de ses subiects naturels, mais aussi pour le regard des estrangers decedans & mourans en sadite haute Iustice & Iurisdiction. Les confections des inuentaires des biens seellez venoient en consequence de l'apposition des seellez. Pour ces causes persistoit ledit Euesque de Paris en ses susdictes fins & conclusions. Surquoy & plusieurs autres causes & raisons deduictes & alleguées par les parties deuant nommées, nostredicte Cour par son arrest eust ordonné que toutes lesdites parties mettroient deuers elle tous les arrests qu'elles pretendoient auoir d'vne part & d'autre, pour ce faict leur faire droit. Et sur la prouision icelles appoinctées au Conseil sans contredits. Et apres que ledit arrest prononcé, le Greffier de nostre Tresor auroit requis estre compris en la qualité dudit arrest, nostredite Cour eust ordonné qu'il y seroit compris. Depuis lequel arrest ainsi donné, & en consequence d'iceluy eust, Maistre Robert du Fresnoy Greffier de nostredit Tresor baillé son plaidoyé par escrit par forme d'aduertissement, & par iceluy faict dire, que tant par l'erection & institution de la chambre de nostre Thresor, & par Edict de feu nostre tres-honoré Seigneur & ayeul le Roy François premier de ce nom, publié en nostredicte Cour le neufiesme iour de Iuin mil cinq cens quarante-quatre, la cognoissance de tous seellez faicts sur les biens des aubeines, bastards, espaues, ou autres personnes n'ayans aucuns heritiers, les biens desquels apres leur decez nous appartenoiet par droict d'aubeine, illegitimation, deshe-rence, biens vacans, ou autrement, estoit attribuée, & apparte-noit aux Conseillers de nostredit Thresor, priuatiuement à nostredit Preuost de Paris, & autres Preuosts & Baillifs cir-conuoisins: en sorte que combien que les Examinateurs au Chastelet de Paris peussent proceder par voye de seellé sur les biens demeurez apres le decez desdits aubeines, Bastards, & autres personnes, les biens desquels par leur trespas nous appartenoient: toutes-fois lesdicts Examinateurs ne pou-uoient faire lesdits seellez, sinon à la requeste du Substitud de nostre Procureur General en nostredit Thresor, & dudit seellé estoient tenus faire leur procez verbal, & iceluy apporter au Greffe d'iceluy nostre Thresor, sans que nostredit Preuost de Paris en peust prendre aucune Court, Iurisdiction ne cognois-sance, laquelle luy estoit interdite & deffenduë par ledict Edict de l'an mil cinq cens quarente-quatre: incõtinent apres lequel procez verbal faict, auoient lesdits Conseillers de no-stre Thresor accoustumé ordonner inuentaire estre faict par le Greffier d'iceluy nostre Thresor en la presence dudit Substi-tud de nostredit Procureur General en iceluy, des biens sur lesquels on auoit procedé par voye de seellé, appartenans aux personnes decedées des qualitez dessusdites. Lesquels inuen-taires auoient tousiours esté faicts, tant par ledit Dufresnoy que ses predecesseurs Greffiers, qui auoient iouy de la confe-ction desdits inuentaires, par tant & si long temps qu'il n'estoit memoire du contraire, sans qu'il eust oncques esté veu, sceu, ne trouué que les notaires au Chastelet de Paris se feussent im-miscez en la confection d'iceux. Aussi ne pouuoient s'imisc-scer en ladite confection d'inuẽtaires, veu qu'ils ne recognois-soient en rien la Iustice & Iurisdiction de nostredit Thresor, & n'estoit à eux à mettre en execution les ordonnances, mande-mens & sentences des Conseillers d'iceluy nostre Thresor, ains à nos officiers d'icelle Iustice chacun pour son regard, & tout ainsi que quand par arrest de nostredicte Cour estoit que-stion de contention de plusieurs seellez apposez en quelques biens contentieux appartenans ausdites personnes decedées, estoit ordonné par icelle nostre Cour l'inuentaire en estre fait par l'vn de nos amez & feaux Notaires & Secretaires en no-

stredite

ſtredite Cour repreſentant le Greffier d'icelle , auſſi deuoit le Greffier de noſtredit Threſor proceder à la cõfection des inuẽtaires qui ſe faiſoient par ordonnance des Conſeillers d'iceluy noſtre Threſor, des biens delaiſſez par le treſpas deſdites perſonnes: & ainſi s'obſeruoit par tout noſtre Royaume, & en tous nos Bailliages & Preuoſtez d'iceluy. Ioint que la cognoiſſance deſdits ſeellez, & confections d'inuentaires eſtant entierement interdicte à noſtredit Preuoſt de Paris, au Subſtitud de noſtredit Procureur General audit Chaſtelet, & aux autres officiers d'iceluy, & totalement attribuée à nos officiers en noſtredit Threſor: les Notaires dudit Chaſtelet ne pouuoient rien pretendre en la confection deſdicts inuentaires, ny eux aucunemẽt immiſcer en icelle, non plus que leurs predeceſſeurs: & ſi leſdits Notaires eſtoient admis à la confection des inuentaires deſdictes aubeines, Baſtards & autres perſonnes, les biens deſquels nous appartiennẽt par leur treſpas, nous aurons en ce grand intereſt, perte & dommage, parce que le plus ſouuẽt leſdits Notaires faiſoient par intelligence ou autrement à la requeſte des executeurs des teſtamens deſdits eſtrangers, inuentaires deſdits biẽs, encores qu'ils ne peuſſent teſter que de cinq ſols. Et iceluy inuentaire fait s'emparoiẽt leſdits executeurs des biens d'iceux eſtrangers, & les emportoient là où bon leur ſembloit, ſans que noſtredit Procureur General ou ſondit Subſtitud en noſtredit Threſor en feuſt aucunement aduerty: à quoy noſtredit Procureur General deuoit tenir la main pour noſtre intereſt. Ioinct auſſi que le plus ſouuent on ne ſçauroit qui ſeroient les Notaires qui auroient fait leſdits inuentaires: Et à ces moyens ſeroit noſtre droict entierement perdu, ou du moins bien eſgaré. Seroient auſſi leſdits inuentaires de grands frais pour nous: d'autãt qu'il faudroit que leſdits Notaires feuſſent payez de leurs vacations & de leurs groſſes: ſans lequel payement ils ne voudroient faire aucune deliurance deſdits inuẽtaires. Ce qui ceſſoit pour le regard dudit du Freſnoy, deuers lequel eſtans les minuttes deſdits inuentaires, elles pourroient facilemẽt eſtre recouurées, & par icelles recogneuë la valeur des biens deſdits aubeines, les deniers deſquels biens eſtoient mis és mains de noſtre Receueur ordinaire de Paris pour nous en tenir compte: & le plus ſouuent n'eſtoit iceluy du Freſnoy payé de ses vacatiõs: Si ce que vouloient practiquer lesdits Notaires demandeurs auoit lieu, & que ladite confection desdits inuentaires & partages leur feust attribuée, ledit du Fresnoy qui auoit achepté son estat de nous à grands deniers, y auroit grande perte & dommage, & en ce esté deceu, d'autant que luy auiõs vendu ledit estat & office, pour en iouyr à la maniere accoustumée, & comme ses predecesseurs en auoiẽt iouy; ce qu'il ne feroit. Aurions aussi grande perte en ce, d'autant que aduenant vacation dudit estat, non trouuerions si gros deniers cõme estãs les droicts d'iceluy diminuez. En tout cas faudroit que nous recompensissions ledit du Fresnoy de la perte & dõmage qu'il pourroit auoir par faute de iouyr cõme ses predecesseurs de la confection desdits inuẽtaires & partages. Partãt sommoit iceluy du Fresnoy ladicte poursuite à nostredit Procureur General, à ce qu'il eust à se ioindre auec luy, & icelle faire cesser, & où il y succomberoit, requeroit qu'il feust condamné à luy bailler recõpense de tous ses despens, dommages & interests. Soustenant neantmoins ledit du Fresnoy, lesdits Notaires demandeurs ne faire à ouyr ny à receuoir en leurs demandes, requestes & conclusions, & que à tout ils y persistoient cõtre luy, qui nonobstant icelles seroit par arrest de nostredite Cour conserué & gardé au droict & possession de faire, tãt par luy que son commis tous les inuentaires & partages qui seroient ordonnez estre faicts par ordonnance, sentences & iugemens des Cõseillers de nostredit Thresor, tant des biens demeurez apres le decez des aubeines, estrangers, bastards, que d'autres personnes n'ayãs aucuns heritiers, decedez en nos ville, Preuosté & Vicõté de Paris, apres le deceds desquels auroit esté procedé par voye de seellé, à la requeste du Substitud de nostredit Procureur General en nostredit Thresor. Et ce priuatiuemẽt ausdits Notaires demandeurs, concluoit ledit Greffier de nostre Thresor à ce, & demandoit despens, dõmages & interests, en satisfaisant. Auquel susdit Arrest du cinquiesme Ianuier 1552. eussent toutes lesdictes parties deuant nommées, exceptez lesdicts Euesque de Paris, Religieux, Abbé & Conuent de S. Magloire, produit deuers nostredite Cour ce que bon leur auroit semblé. En apres, & le quatriesme May 1560. eust nostredite Cour par sõ arrest interlocutoire, ayãt veu leurs productions, ordõné qu'elles leur seroient respectiuemẽt communiquées, mesmes ausdits de Sainct Germain, de sainct Magloire & Euesque de Paris, pour contre icelles bailler respectiuement cõtredits & saluatiõs, si bon leur sembloit, dedans le temps de l'Ordonnance. Seroit aussi la production dudit du Fresnoy Greffier de nostredit Thresor, cõmuniquée à nostredit Procureur General, pour contre icelle dire ce que bon luy sembleroit: pour ce faict & le tout par nostredite Cour veu estre procedé au iugement dudit appointé au Conseil, ainsi que de raison. Suiuant lequel arrest eussent lesdicts Notaires, Examinateurs, Religieux, Abbé & Conuent sainct Germain des Prez, respectiuement baillé contredits, lesdits Notaires & Examinateurs saluations, & lesdites autres parties deuẽmẽt esté forcloses de bailler contredits & saluations. Et le vingt-troisiesme d'Aoust dernier, sur les remonstrances à nous faictes en nostre Conseil Priué, par la Cõmunauté desdits Clercs Notaires, eussions par nos lettres patentes sur ce expediées, mandé à nostredite Cour pour les causes contenuës en icelles nos lettres, proceder en la plus grande diligence que faire se pourroit par Commissaires, qui pour cest effect seroient par elle commis au iugement & diffinition du procez d'entre eux, & les autres parties deuant nõmées, à iours & heures, tant ordinaires que extraordinaires, en tel nombre & assistance de Iuges, que requis & porté estoit par nos Edits & ordonnances, ou plus grand s'il y escheoit, & ainsi que nostredite Cour verroit estre à faire, validant par nous dés-lors l'arrest qui sur ce interuiẽdroit, comme s'il estoit donné és cas d'iceux nos Edicts & Ordonnances. Lesquelles nos lettres patentes veuës par nostredite Cour, ensemble la requeste à elle presẽtée par lesdits Notaires, auec l'exploict de signification d'icelles faictes à leurs parties aduerses, nostredite Cour eust par son arrest du troisiesme Septembre aussi dernier, enteriné ausdits Notaires lesdites nos lettres, & ordonné qu'il seroit procedé au iugement du procez y mentionné conformément à icelles. Finablement comparans en nostredite Cour ladite communauté des Clercs Notaires dudit Chastelet de Paris demandeurs d'vne part: & nostredit Conseiller, l'Euesque de Paris: les Religieux, Abbé & Conuent de saincte Geneuiefue: les Doyen, Chanoines & Chapitre de l'Eglise S. Marcel: les Religieux,

Abbé & Conuent de sainct Germain des Prez : les Religieux, Abbé & Conuent de sainct Magloire : les Religieux, Prieur & Conuent de sainct Martin des Champs : le grand Prieur du Temple, le Greffier du Thresor, & la Communauté des Examinateurs de nostredit Chastelet de Paris deffendeurs d'autre part, ou les Procureurs desdites parties pour elles. Veuës par nostredite Cour l'arrest d'icelle dudit cinquiesme Ianuier 1552. par lequel lesdites parties sur leurs differents auroient esté appoinctées au Conseil, leurs plaidoyez, productions, lettres & tiltres, fors desdits Euesques de Paris, Religieux, Abbé & Cōuent sainct Magloire qui n'auroient de leur part aucune chose produit, & en auroiēt deüement esté forclos. Cōtredits desdits Notaires, Examinateurs, Religieux, Abbé & Conuent S. Germain des Prez, par eux respectiuement fournis suiuant l'arrest de nostredite Cour du quatriesme iour de May 1560. Employ & saluations desdits Notaires & Examinateurs, forclusions de fournir par les autres parties de contredits & saluatiōs. L'Arrest du troisiesme iour de Septembre dernier passé, interuenu sur l'enterinement des lettres patētes de nous obtenuës par lesdits Notaires, ledit vingt-troisiesme iour d'Aoust aussi dernier passé, aux fins y cōtenuës : les cōclusions de nostre Procureur General, auquel le tout auroit esté cōmuniqué : consideré par nostredite Cour, ce qui faisoit à considerer en ceste part. Nostredite Cour par son Arrest, en faisant droict diffinitiuement sur le differend d'entre lesdites parties, a ordonné & ordonne, que où nos officiers auront preuenu par seellé en nostre ville & faulx-bourgs de Paris, ausdits Notaires du Chastelet demandeurs, appartiēdra priuatiuemēt ausdits Examinateurs, hauts Iusticiers, leurs officiers & Greffiers du Thresor, la confection des inuentaires & descriptions des biens & maisons sur lesquels auroit ledit seellé esté mis & apposé, ensemble des partages, quand volontairement en seront requis par les parties, sans que lesdits Examinateurs, hauts Iusticiers, leurs officiers, ne Greffier du Thresor s'en puissent aucunement entremettre sur peine de faulx & de nullité, de ce que par eux seroit fait au cōtraire. Et ou cas que lesdits hauts Iusticiers ou leurs officiers, en & au dedans des fins & limites de leurdite Iustice, & sur leurs hostes & Iusticiables auroient preuenu par apposition de leur seellé, à eux respectiuemẽt appartiendra la cõfection des inuẽtaires des biens és maisons sur lesquelles leur seellé auroit premierement & auant tous autres esté mis & apposé, priuatiuement ausdits Notaires & Examinateurs sur les peines que dessus. Sinon que les parties voulsissent les inuentaires estre faicts par lesdits Notaires. Et quand par sentence & iugement cõtradictoire de Iuge competant donnée sans fraude & supposition d'instance aura esté ordonné partages estre faicts entre les parties qui auront contesté & poursuiuy par Iustice en iugement lesdits partages, en ce cas en executant lesdictes sentences & iugemens, seront lesdits partages faicts par lesdits Examinateurs du Chastelet, hauts Iusticiers, ou leurs officiers, chacun en leur endroit, & en tant qu'à eux appartiendra, priuatiuemẽt ausdits Notaires: sinon que par commuu accord & consentement des parties, les Notaires du Chastelet de Paris feussent requis faire passer & receuoir lesdits partages: auquel cas pourront iceux Notaires faire, passer & receuoir lesdits partages nõobstant lesdites sentences & iugemens. Aussi pourront lesdicts Notaires passer & receuoir tous contracts, testamens, procurations, attestations, & tous autres actes & instruments volontaires, en & au dedãs de nostredite ville & faulx-bourgs de Paris, priuatiuement ausdits hauts Iusticiers & leurs officiers, ausquels nostredite Cour a inhibé & deffendu passer & receuoir aucuns contracts, testaments, procurations, attestations ny autres actes & instruments volontaires, mesmes aux Greffiers de les receuoir par forme de iugement, encores qu'ils en feussent requis par les parties sur peine de nullité & d'amende arbitraire. Et entant que touche les adionctions à faire enquestes & examẽs de tesmoings auec lesdits Examinateurs, en demeurera l'eslection & accord aux parties, sans qu'iceux Examinateurs soient tenus y prendre ny appeller lesdits Notaires, sinon qu'ils feussent conuenus & accordez par icelles parties, & sans despens, & pour cause. En tesmoing de ce nous auons faict mettre nostre seel à cesdites presentes. Donné à Paris en nostre Parlement, le troisiesme iour de Decembre, l'an de grace mil cinq cens soixante-neuf, & de nostre regne le neufiesme. Signé, Par Arrest de la Cour, Du Tillet. Et seellé sur double queuë de cire iaune.

Le contenu en l'arrest cy-dessus, a esté leu & publié en iugement deuāt nous au Parc Ciuil du Chastelet de Paris, l'audience & siege Presidial tenant, ce requerans, & en la presence des Gens du Roy audit Chastelet, dont Maistres Mathieu Bontemps & Iean Lecamus Sindics de la communauté des Notaires du Chastelet de Paris assistez de Maistre Claude Hardy leur Procureur, nous ont requis & demādé acte à eux octroyé ces presentes, pour leur seruir & valoir, en temps & lieu, ce que de raison. Ce fut fait & donné par François Miron sieur du Tremblay & de Ligneres, Conseiller du Roy en ses Conseils d'Estat & Priué, & Lieutenant Ciuil de la Preuosté & Vicomté de Paris, le Ieudy huictiesme iour de Ianuier mil six cens quatre. Ainsi signé Lebuteux, auec vn paraphe.

Extraict des Registres de Parlement.

ENtre Messire François Bohier Euesque de sainct Malo, frere & heritier de feu Messire Antoine Bohier, en son viuant sieur & Baron de sainct Ciergue demandeur en cōfection d'inuentaire d'vne part : Et Dame Anne de Poncher veufue dudit deffunct Messire Antoine Bohier, Messire Honnorat de Sauoye Conte de Villars, & Messire René Baillet Conseiller du Roy en son priué Conseil, & President en ladite Cour, eux disans executeurs du testament pretendu du feu sieur de sainct Ciergue, & Messire Anne de Montmorency, pair & Connestable de France deffendeurs d'autre. Veu par la Cour l'acte accordé entre lesdites parties qui se sōt rapportez à la Cour, d'ordonner, és mains desquels Notaires demeurera la minutte de l'inuentaire fait des biēs dudit deffunct, pour la garder, & tout consideré : Dit a esté, que la minute dudit inuentaire demeurera en la charge & garde du plus ancien des Notaires du Chastelet de Paris, ayant vacqué à la confection dudit inuentaire, sans despens, & pour cause. Prononcé le neufiesme iour d'Auril mil cinq cens soixante-cinq auant Pasques. Ainsi signé, Tronson, auec vn paraphe.

Extraict des Registres de Parlement.

VEu par la Cour, la requeste à elle presentée par Me Michel Duboisle Aduocat en ladite Cour, contenant que deffunct

Maistre Guillaume Cauenel auoit cõstitué & estably ledit suppliant executeur de son testament,& iceluy mis durant sa maladie és mains dudit suppliant:& pour ce que le Procureur General du Roy,pour la diuersité des Iurisdictions esquelles on pretendoit ledit deffunct estre decedé, auroit obtenu arrest, par lequel auroit esté dit qu'inuentaire seroit faict, nonobstant oppositions ou appellations quelsconques par vn des Huissiers de ladite Cour: lequel Huissier voulãt proceder à la confection dudit inuentaire & seellé, auroit esté empesché par le Maire & officiers de saincte Geneuiefue,pretendans le droict dudit seellé & inuentaire. Toutes-fois parce que le Substitud dudit Procureur General au Thresor, pretendoit ledit deffunct estre decedé en la Iurisdiction du Roy: & aussi que ledit suppliãt n'auoit fait faire ledit seellé ny inuentaire par les officiers de saincte Geueuiefue,ains qu'il l'auoit voulu faire,procedé par seellé par vn Commissaire du Chastelet,en quoy il auoit esté empesché. Et sur ce ledit Huissier executeur dudit Arrest,auroit renuoyé lesdictes parties en ladite Cour,& ce pendãt auroit seellé la maison dudit deffunct, requerant iceluy suppliant luy estre sur ce pourueu. Veuës aussi les cõclusions du Procureur General du Roy,& tout cõsideré. Ladite Cour a ordõné que ledit seellé sera leué & osté, & inuentaire fait par deux Notaires du Chastelet de Paris des biens audit deffunct appartenãs, lesquels seront vendus au plus offrant & dernier encherisseur en la maniere accoustumée,pour les deniers en prouenans estre conuertis en l'execution testamentaire dudit deffunct,sans preiudice des frais du seellé. Fait en Parlement le quatorziesme iour de Decembre l'an mil cinq cens soixante-neuf. Ainsi signé Tronson, auec vn paraphe.

Extraict des Registres de Parlement.

ENtre la Communauté des Clercs Notaires du Roy au Chastelet de Paris demandeurs, & requerans la publication & executiõ d'vn arrest de ladite Cour,en datte du troisiesme Decembre cinq cens soixante-neuf, & deffendeurs à l'entherinement d'vne requeste du dixiesme Ianuier 570. d'vne part:& Maistre Guillaume de Montmorency sieur de Thoré, Bailly du

Palais, Maistre Charles Poncet Lieutenant audit Bailliage, le Substitud du Procureur General en iceluy, & Maistre Robert Charruau Greffier audit Baillage, deffendeurs & empeschans l'execution & publication dudit arrest, en tant qu'à eux peut toucher, demandeurs à l'enterinement de ladite requeste du dixiesme Ianuier d'autre. Et encores entre Maistres Antoine Fortin & Louys Roze Notaires au Chastelet de Paris & la Cõmunauté des Clercs Notaires audit Chastelet ioincts auec eux, appellans d'vn appointement & iugement dõné par ledit Bailly du Palais ou son Lieutenant, le deuxiesme iour de Decembre 570. en ce que par iceluy l'inuentaire faict par lesdits Fortin & Roze est declaré nul, & faict par gens incapables, & le recours reserué aux executeurs du testamẽt de feu Maistre Germain Iohãne, contre lesdits Fortin & Roze, des deniers par eux ausdits Fortin & Roze payez d'vne part, & ledit Poncet Lieutenant, Mes Iean Bouart Substitud du Procureur General du Roy audit lieu, & Charruau pris à partie en leurs propres & priuez noms, intimez d'autre: Et encores lesdits Roze & Fortin ayans pris la cause pour lesdits executeurs demandeurs, selon la requeste par eux presẽtée à ladite Cour le troisiesme iour de Mars 571. pour estre tenus pour bien releuez de deux appellations qu'ils ont interiectées en adherant de deux appoinctemens dudit Bailly ou son Lieutenant, les dixneuf & vingt-quatriesme iours de Iãuier audit an, en cõdemnation de despẽs, dõmages & interests mentionnez en ladite requeste d'vne part, & lesdits Poncet, Bouart & Charruau deffendeurs d'autre part. Veu par la Cour ledit arrest du troisiesme Decembre l'an 1569. appoinctement en droict en ladite instance, & publication & execution d'arrest, & entherinemẽt de requeste, aduertissemẽs & productions desdites parties, cõclusions desdits demãdeurs, forclusiõs d'en fournir par lesdits deffendeurs en ladite instance, plaidoyé fait en ladite Cour le huictiesme iour de May, l'an 1571. sur lesdites appellations & requestes du troisiesme Mars, audit an 1571. & l'arrest donné sur iceluy, par lequel les parties auroient esté appoinctées au Conseil, & ledit appointé au Conseil ioinct à ladite instance appoinctée en droit, lesdits appoinctemens des 2. Decembre 570. dixneuf & vingtiesme Ianuier 571. Ladite requeste du troisiesme iour de Mars, production desdits

desdits appellans audit appointé au Conseil, forclusions de produire par lesdits intimez, les conclusiõs du Procureur General du Roy, auquel le tout auroit esté communiqué suiuãt l'arrest du dixneufiesme Auril 1572. le tout consideré. Dit a esté, quant ausdites appellations & requeste du troisiesme Mars: Que la Cour pour ce regard a mis & met les parties hors de Cour & de procez: ordonne neãtmoins, que la somme de seize liures parisis, mẽtionnée en ladite requeste & appoinctemẽt dont a esté appellé, sera renduë, si payée a esté, & faisant droict sur l'instance principalle, A ladite Cour, ordonné & ordonne que le reiglement donné par ledit arrest du troisiesme Decẽbre 1569. auec les Examinateurs du Chastelet de Paris & Greffier du Thresor, sera gardé & entretenu au Bailliage du Palais auec lesdits deffendeurs. Et en ce faisant que les Notaires dudit Chastelet feront les inuentaires és maisons qui sont dans l'enclos du Palais, fins & limites de la Iurisdiction du Bailliage du Palais. Esquelles par ordonnance dudict Bailly du Palais ou son Lieutenant y auroit eu seellé mis & apposé: receuront aussi les partages que les parties feront entre elles volontairement, & quand ils en seront requis, sans que le Greffier dudit Bailliage s'en puisse aucunemẽt entremettre. Le tout ainsi & en la maniere que és autres lieux & endroicts qui sont de la Iurisdiction du Preuost de Paris: la closture desquels inuentaires toutesfois qui se feront dans les fins & limites dudit Bailliage du Palais se fera pardeuant ledit Bailly ou son Lieutenant, auquel aussi appartiendra la cognoissance de tous les differends qui en dependrõt. Fait neantmoins ladite Cour inhibitions & deffences audit Bailly du Palais ou son Lieutenant, de faire mettre & apposer le seellé és maisons des personnes decedées au dedans de sa Iurisdictiõ s'il n'y a partie requerante, ou que ce soit à faute d'hoirs apparens, ou pour autres interests apparens des droicts du Roy, à peine de tous despens dommages & interests des parties. Fait aussi ladite Cour pareilles inhibitions & deffences à tous Iuges, tant Royaux que des hauts Iusticiers & subalternes de proceder par seellé aux maisons des decedez, sinon en cas susdit, & ce sur mesmes peines, & ordonne que lesdites deffenses seront registrées és Greffes de leurs sieges, les despens, tant desdites causes d'appel que de ladite instance compensez, & pour cause. Prononcé le quatriesme iour d'Auril, l'an 1573. Ainsi signé Tronson, auec vn paraphe.

Le contenu au present Arrest a esté leu & publié en iugement deuant nous au Parc Ciuil du Chastelet de Paris, l'audience & siege Presidial tenant, ce requerans, & en la presence des gens du Roy audit Chastelet, dont Maistres Mathieu Bontemps & Iean le Camus, Sindics de la Communauté des Notaires du Chastelet de Paris, assistez de Me Claude Hardy leur Procureur, nous ont requis & demãdé acte à eux octroyé aux presentes pour leur seruir & valoir, en temps & lieu, ce que de raison. Ce fut faict & donné par François Miron Seigneur du Tremblay & de Ligneres, Conseiller du Roy en ses Conseils d'Estat & priué, & Lieutenant Ciuil de la Preuosté & Vicomté de Paris, le Ieudy huictiesme iour de Ianuier 1604. Ainsi signé, Lebuteux, auec vn paraphe.

L'an mil cinq cens soixante-treize, le dixseptiesme iour d'Auril, à moy Nicolas Cordelle Huissier du Roy nostre sire en sa Cour de Parlement, de la part de la communauté des Clercs Notaires du Roy au Chastelet de Paris: m'a esté presenté certain arrest de ladite Cour cy attaché en datte du quatriesme iour desdits mois & an, signé Deheuez, me requerant iceluy signifier & deuëment faire les deffences y contenuës à toutes & chacunes les personnes y desnommées: ce que leur ay octroyé, & ay ledit arrest cy-dessus datté, monstré & deuëmẽt signiffié, & les deffences y contenuës faictes aux personnes cy-apres nommées, & à eux enioinct obeyr à iceluy, & l'entretenir de poinct en poinct selon sa forme & teneur, sur les peines susdites & portées par iceluy. Le tout ainsi que plus amplement apperra cy-apres.

Et premierement ledit iour que dessus me suis transporté pardeuers, & en la personne de Maistre Charles Poncet Lieutenant du Bailly du Palais, trouué en siege, faisant, tenant la Iustice dudit Bailliage, Me Bouyer Substitud du Procureur du Roy audict Bailliage, & à Me Greffier d'iceluy Bailliage, parlant à leurs personnes, & à eux baillé & laissé chacun vne coppie, lesquels ont fait respõse qu'ils se garderont de mesprẽdre, & que ledit arrest n'a esté donné auec eux. Et le mesme iour i'ay aussi iceluy arrest monstré & signifié, comme dessus est dit, aux Huissiers Sergens des requestes du Palais, en parlant à Me Iacques Iallin premier Huissier desdites Requestes, auquel tant pour luy que pour les autres Huissiers ses compagnons, i'ay baillé & laissé copie: lequel a fait responce qu'il prend ladite copie pour luy seulement, & n'accepte la signification pour les autres Huissiers, & se gardera de mesprendre, & ce parlant à sa personne en la salle du Palais.

Et le 1. iour de Iuin audit an 1573. à Me Amelot le jeune Aduocat en Parlemēt,& Bailly de S.Martin des Chāps, parlant à sa personne,trouué en siege & expediāt les causes de ladite Iustice S.Martin des Champs, & à Me Iean Bellāger Greffier de ladite Iustice,parlāt à sa personne,enregistrāt les causes de ladite Iustice,ausquels & à chacun d'eux i'ay baillé & laissé copie, lesquels ont fait respōse qu'ils se garderont de mesprēdre,& que led. arrest n'a esté donné auec eux.

Et le second iour dudit mois de Iuing audit an 1573. à Me Nicolas Vorse Lieutenant de la Iustice sainct Germain des-Prez, parlant à sa persōne,trouué tenāt le siege de ladite Iustice,à Me Antoine Doutre Procureur Fiscal en ladite Iustice, & à Me Simon Caillot Greffier de ladite Iustice, aussi parlant à leurs persōnes trouuez audit siege,ausquels& à chacun d'eux i'ay baillé & laissé coppie,& ont fait responce qu'ils se garderōt de mesprēdre,&n'a ledit arrest esté dōné auec eux.

Et le quatriesme iour dudit mois de Iuing ensuiuant,à Maistre Louys Galloppe Bailly de la Barre du Chapitre nostre Dame de Paris, à Maistre Iacques le Coigneux & Iean Lōguet Procureurs Fiscaux de ladite Barre de Chapitre, & à Maistre Pierre Regnard Greffier de ladite Barre parlant à leurs personnes, & estans en ladicte Barre de Chapitre, & tenant le siege, expediant les causes, ledit Galloppe,ausquels & à chacun d'eux i'ay baillé & laissé coppie dudit arrest: lesquels ont fait responce qu'ils se garderont de mesprendre, & que ledit arrest n'a esté donné auec eux.

Et le huictiesme iour desdits mois & an Maistre Baudichon Bailly de la Iustice sainct Ladre, faulx-bourgs sainct Denis, à Denis Coulōp Lieutenāt de ladite Iustice,& Me Iean Raoult Greffier parlāt à Me Iean Baudin son Commis audit lieu: lequel Baudin Cōmis prenoit & enregistroit les defaulx & cōgez des parties cōparoissans,nonobstant que personne ne tint le siege: & auquel Baudin pour ledit Iuge & Greffier i'ay baillé & laissé deux coppies dudit arrest: lequel Baudin m'a fait respōse qu'il ne sçauoit que c'estoit: toutes-fois se gardera de mesprendre, & bailleroit lesdites coppies ausdits Iuge & Greffier.

Et le douziesme iour desdits mois & an,à Maistre Loys le Compte Lieutenant de la Iustice saincte Geneuiefue du mont de Paris, parlant à sa personne, tenant le siege, à Me Mathurin Doron Procureur Fiscal de ladite Iustice, & à Me Guillaume Maugin Greffier d'icelle, parlant à leurs personnes audit siege,ausquels & à chacun d'eux i'ay baillé & laissé coppie, & ont fait response qu'ils se garderont de mesprendre, & que ledit arrest n'a esté donné auec eux.

Et le mesme iour 12. iour de Iuin audit an ensuiuant à Me Iean Louys Lieutenant de la Iustice S. Victor lés Paris, parlãt à sa persõne, trouué tenant ledit siege & expediãt les causes: à Me Iean Coulomp Procureur Fiscal de ladite Iustice, & à Me Pierre le Blanc Cõmis au Greffe au lieu de Me Charles Iamel Greffier d'icelle Iustice, parlant à leurs persõnes audit siege, les plaids tenãt, ausquels & à chacun d'eux i'ay baillé & laissé coppie dud. arrest, & lesquels ont fait respõse qu'ils se garderont de mesprẽdre, & que ledit arrest n'a esté dõné auec eux.

Et le 18. iour desdits mois & an, à Me Antoine du Pré Lieutenãt de la Iustice du Fort l'Euesque, parlant à sa personne, tenant le siege audit lieu, & à luy baillé & laissé coppie dudit arrest, lequel a fait respõse qu'il ne sçait que c'est dudit arrest, a esté donné sans l'ouïr, & se gardera de mesprendre.

Et le Mardy premier iour de Iuillet ensuiuant audit an 573. à Maistre Iean Robichon Lieutenãt de la Iustice S. Iean de Latran, parlãt à sa personne, trouué tenant ledit siege, & expediãt les causes d'iceluy; à Me François Duhaussois Procureur Fiscal de ladite Iustice, & à Me Claude Adenis Greffier d'icelle Iustice, parlãt à leurs personnes, trouuez audit siege les plaids tenant, ausquels & à chacun d'eux i'ay baillé & laissé coppie dudit arrest, & ont fait response qu'ils se garderont de mesprendre, & que ledit arrest n'auoit esté donné auec eux.

Et le 3. iour dudit mois de Iuillet audit an ensuiuant, à Me Iean Forest Bailly de S. Marcel lez Paris, parlãt à sa personne, trouué tenãt le siege de ladite Iustice, & expediant les causes y estant, à Me Iean Fardeau Procureur Fiscal audit lieu, & à Maistre Guillaume de la Vigne Greffier de ladite Iustice, parlant à leurs personnes trouuez en icelle les plaids tenant, ausquels & à chacun d'eux i'ay baillé & laissé coppie: lequel Forest m'a fait responce qu'ils ne sont nommez ne compris audit arrest, & se garderont de mesprendre.

Et le 8. iour dudit mois de Iuillet suiuant, ie me suis transporté en la Iustice du Temple à Paris, auquel lieu i'ay trouué en siege expediãt les causes, Me Iean Seguinard que l'on ma dit estre le Lieutenant de ladite Iustice. Auquel tant pour luy que pour Me Iean de Coulomp Procureur Fiscal de ladite Iustice, & pour le Greffier d'icelle qui est le Clerc dudit Coulomp, i'ay mõstré & signifié ledit arrest, & les deffences y cõtenuës faites, & à luy enioinct y obeïr de poinct en poinct, selon sa forme & teneur sur les peines y contenuës, & à luy baillé & laissé coppie: lequel a fait responce qu'il se gardera de mesprendre, & n'a ledit arrest esté donné auec luy.

Et tout ce que dessus i'ay notiffié estre vray, & par moy ainsi auoir esté faict, les an & iour que dessus.

Extraict des Registres de Parlement.

CE iour le Procureur General du Roy ayant remonstré par Maistre Augustin de Thou Aduocat dudit sieur, qu'vn Huissier de la Cour de ceans, auroit sur vne simple requeste voulu leuer vn seellé mis & apposé sur les biens d'vn nommé Mathieu Iupin, marchant de ceste ville, decedé au village de la Cour neufue, par vn Religieux de sainct Denis ou ses officiers sur les biens d'iceluy deffunct. A quoy n'y auoit apparence, car y auoit garnison à la requeste de Marie Iuppin, qui mangeoit tout pendant l'appel: ladicte Cour a arresté & ordonné que le seellé sera leué par le Commissaire du Chastelet qui l'a apposé, & les garnisons sortiront, & sur l'appel par les parties, seront ouys au premier iour. Fait en Parlement le 17. iour de Nouembre l'an 1581. Ainsi signé, Tronson, auec vn paraphe.

A tous ceux qui ces presentes lettres verront, Antoine du Prat Cheuallier de l'ordre du Roy nostre sire, Seigneur de Nanthouillet, Precy, Rozay & de Formerye, Baron de Thiers, Toury, & de Viteaux, Conseiller de sa Majesté, son Chambellan ordinaire, & Garde de la Preuosté de Paris, salut, Sçauoir faisons qu'auiourd'huy datte de ces presentes, comparans pardeuant nous au Chastelet de Paris, Maistre Claude Hureau Procureur de Marguerite du Moustier, veuue de feu Antoine Griotty, viuant Me Mirouettier à Paris, appellāt de l'octroy d'vne requeste decernée par le Bailly de S. Magloire, le quatriesme iour de ce present mois, ensemble du seellé faict en vertu d'icelle à la requeste du Procureur Fiscal dudit S. Magloire: tant pour ce que ledit Procureur n'en a esté requis par les parties, que aussi pour ce qu'il y a des enfans dudit deffunct & de ladicte veufue, requerant à ce moyen main leuée dudit seellé, auec despens, dōmages & interests d'vne part: & Me Henry de Coulomp Procureur en la Cour de ceans, & Procureur Fiscal dudit S. Magloire, qui a dit que lors de la requeste par luy presētée, il n'auoit esté aduerty qu'il y eust des enfās dudit deffunct, & que faisant par le Sergēt le seellé, & ayāt esté aduerty qu'il y auoit des enfans, il ne deuoit seeller: au moyē dequoy, & apres auoir veu le procez verbal dudit seellé, ne vouloit iceluy soustenir, attendu qu'il y a des enfans, d'autre part: apres que Me Claude Hardy Procureur de la Cōmunauté des Notaires est interuenu & ioinct en cause, & remōstré que par arrest de la Cour de Parlement du 4. du mois d'Auril 1573. qu'il a presentement exhibé & cõmuniqué, donné à l'encontre des hauts Iusticiers de ceste ville, il est expressément inhibé & deffendu à tous Iuges, tant Royaux que des hauts Iusticiers & subalternes de proceder par seellé és maisons des decedez s'il n'y a partie requerãte, & que ce soit à faute d'hoirs apparens, à peine de tous despens, dõmages & interests: lequel arrest a esté deuëmẽt signifié à tous lesdits Iusticiers: Toutesfois & cõbien qu'il y eust des enfãs dudit deffunct Griotty. cõme mesmes le contiẽt l'exploit de seellé du Sergent dudit S. Magloire, ledit Procureur Fiscal auoit fait seeller à sa requeste les biens de la successiõ dudit deffunct, & que le Iuge n'auoit peu ne deu ordõner, ne permettre, ne ledit Procureur Fiscal requerir, veu que c'est directement contreuenir audict arrest. C'est pourquoy lesdits Notaires requeroient, par le moyen de leur presente adionction estre receus appellans dudit pretendu seellé, & que tout feust cassé & reuoqué pour l'interest desdits Notaires, ausquels appartient la confection des inuentaires & partages amiables: ce qu'ils ne peuuent faire, quand lesdits seellez se font ainsi que dessus. Requeroit au surplus à l'encõtre dudit Procureur Fiscal & dudit Sergent qui a fait ledit seellé en leurs propres & priuez nõs, que deffẽces leur feussẽt faites de plus faire tels seellez, sinõ és cas portez par ledit arrest. Sur quoy faisant droit ausdites parties, tãt sur ledit appel qu'interuention desdits Notaires, auons à ladite veufue fait & faisons main leuée dudit seellé, comme nul & indeuëment fait, & serõt les biẽs demeurez apres le decez dudit deffunct Griotty inuentoriez par deux Notaires de la Cour de ceans, tout ainsi cõme si ledit seellé n'auoit point esté fait, & sans despẽs. Et au surplus leur auons fait & faisons deffences de cõtreuenir audit arrest, sur les peines portées par iceluy. En tesmoing de ce, nous auons fait mettre à ces presentes le seel de ladite Preuosté de Paris. Ce fut faict & dõné au Chastelet de Paris, le Mardy 19. iour du mois de Feburier l'an 1585. Et au dessoubs est escrit ce qui ensuit, Collationné à l'original des presẽtes, par moy l'vn des quatre Notaires & Secretaires de la Cour de Parlement. Ainsi signé, Tronson, auec vn paraphe.

Extraict des Registres de Parlement.

VEu par la Cour la requeste presentée par Francisque Henriques, Marchant Portugais Bourgeois de Paris, & Girard Veneux aussi Bourgeois de Paris, executeurs du testament de deffunct Ioachin Proin, en son viuant Lapidaire demeurant en la Cour du Palais; par laquelle attẽdu qu'apres le decez dudit deffunct, les supplians pour la cõseruation des biens & succession d'iceluy auoiẽt fait proceder par seellé desdits biẽs, par Me Gregoire Bacot Commissaire au Chastelet de Paris: dequoy les Substituts du Procureur General du Roy en la Iustice du Thresor & du Baillage du Palais aduertis, auoiẽt respectiuement fait seeller: cependant se pourroient les meubles deperir, ils requeroient lesdits seellez estre leuez & ostez par ledit Bacot, qui a preuenu, & inuẽtaire fait à leur requeste par deux Notaires du Chastelet, cõformément aux arrests cy-deuant donnez en cas pareil, les cõclusions dudit Procureur General, apres auoir ouy au Parquet lesdits Substituds, & la cõmunauté des Notaires dudit Chastelet, & tout consideré. Ladite Cour ayant esgard aux cõclusions dudit Procureur General, ordonne que le seellé mis & apposé en la maison dudit deffunct Proin, seize en la Cour du Palais, par ledit Bacot Commissaire, sera leué & osté par le Bailly du Palais ou son Lieutenãt, lesdits Substituds au Thresor & Baillage appellez : & ce fait sera procedé à l'inuentaire des biens qui se trouueront en ladite maison, par deux Notaires dudit Chastelet de Paris. Fait en Parlement le 12. Septembre 1587. Ainsi signé, Tronson, auec vn paraphe.

Extraict des Registres de Parlement.

ENtre les Doyen, Chanoines & Chapitre de l'Eglise de Paris, appellãs vne fois & plusieurs en adherant des iugemens dõnez par le Preuost de Paris ou son Lieutenant, les 11. & 14. Aoust 1584. seellé fait par le Cõmissaire Bazin, leuemẽt du seellé desdits de Chapitre, & de tout ce qui s'en est ensuiuy, cõme de Iuge incõpetant, & d'ẽtreprise de Iurisdictiõ d'vne part: & Catherine Thireul veufue de feu Estienne Robineau, tant en son nõ, que cõme tutrice des enfans mineurs d'ans dudit deffunct & d'elle intimée d'autre. Et encores ladite Thireul, & Me François Herbin Notaire au Chastelet de Paris, appellãt de la sentence dõnée par le Bailly & Chambrier Lay de ladite Eglise de Paris, le 6. Septembre 1584. cõme de Iuge incompetant & deny de renuoy d'vne part: & lesdits Doyen, Chanoines & Chapitre d'autre part: & encores la cõmunauté des Notaires de ceste ville de Paris demãdeurs en requeste du 9. Ianuier 1585. d'vne part, & lesdits de Chapitre deffendeurs d'autre : sans que les qualitez puissent preiudicier. Veu par la Cour le plaidoyé desdites parties & arrest interuenu sur iceluy ; par lequel a esté ordõné que l'appoinctement dont estoit appellé, seroit mis pardeuers la Cour, pour iceluy veu faire droit aux parties au Cõseil, veu les sentẽces dont est respectiuement appellé, productiõs desdites parties respectiuemẽt, causes d'oppositiõ & deffences, cõtredits & saluations, respectiuement, productiõ nouuelle de la communauté desdits Notaires, renonciation à bailler cõtredits par lesdits de Chapitre: & tout ce que par chacune desdictes parties a esté mis & produit pardeuers ladite Cour, conclusions du Procureur General du Roy, qui a dit qu'il employe ce qui a esté mis & produit par la cõmunauté desdits Notaires, & tout consideré. Dit a esté, en tant que touche les appellations interiectées par lesdicts Doyen, Chanoines & Chapitre du Preuost de Paris ou son Lieutenant: Que ladite Cour a mit & met les appellatiõs & sentẽces dont a esté appellé au neãt sans amẽde, & les parties hors de Cour & de procez: & pour le regard des appellatiõs interiectées par ladite Thireul, Herbin & Chãbrier lay de ladite Eglise de Paris, a mis & met lesdites appellatiõs au neant sans amende, ordonne que ce dõt a esté appellé sortira son effect: & faisant droit sur la requeste d'interuention de la cõmunauté desdits Notaires du Chastelet de Paris, a ordonné & ordõne, que où les officiers du Roy auroient preuenu par seellé és maisõs assizes sur le pont aux Meusniers, estãs en la Iustice desdits Doyẽ, Chanoines & Chapitre, appartiendra ausdits Notaires du Chastelet, priuatiuement au Chambrier lay, & autres officiers desdits Doyen Chanoines & Chapitre, la confection des inuentaires & description des biens sur lesquels auroit esté apposé & mis ledit seellé, ensemble des partages: quand lesdits Notaires serõt appellez & requis proceder par les parties, sans que ledit Chãbrier lay ny autres officiers desdits Doyen, Chanoines & chapitre puissent aucunemẽt entreprẽdre sur peine de faux & de nullité, de ce que par eux seroit fait au contraire. Et au cas que ledit Chambrier lay ou autres officiers desdicts Doyen, Chanoines & Chapitre, eust au dedans des fins & limites de leur Iustice, & sur leursdites maisons hautes & Iusticiables dudict Pont auroiẽt preuenu par apposition de leur seellé, à eux respectiuemẽt appartiendra la confection des inuentaires des biens és maisons sur lesquels leur seellé auroit esté premieremẽt, & auant tous autres mis & apposé, priuatiuement ausdits Notaires, sinon que les parties requissent les inuẽtaires estre faictes par lesdits Notaires: auquel cas lesdits Notaires pourront proceder à la confection desdits inuẽtaires & description desdits biẽs & partages d'iceux comme dessus, & sans despens. Pronõcé le dernier iour d'Auril l'an 1588. Ainsi signé, Tronson, auec vn paraphe.

Arrest du Conseil donné sur requeste, par lequel il est deffendu aux quatre Notaires & Secretaires de la Cour de Parlement & tous autres, de troubler & empescher les Notaires du Chastelet de Paris en l'exercice & fonction de leurs offices.

Extraict des Registres du Conseil priué du Roy.

RApport fait au Conseil de la Requeste presentée par la Communauté des Notaires au Chastelet de Paris, à ce qu'il plaise au Roy ordonner que les quatre Notaires & Secretaires de la Cour de Parlement de Paris; le sieur Goussault Conseiller aux Requestes du Palais audit lieu & autres qu'il appartiendra, seront assignez audit Conseil pour veoir maintenir & conseruer les supplians en tous les priuileges, pouuoir & droits attribuez à leurs estats, suiuant & conformément aux Lettres patẽtes de sa Majesté du vingt-troisiesme iour d'Aoust dernier, cõfirmatiues de plusieurs autres des predecesseurs Roys: nonobstant l'Arrest dudit Parlement du vingt-troisiesme May mil six cens vn, qui sera declaré nul, comme obtenu sur simple requeste sans ouïr ny appeller les supplians: & condamner lesdits Notaires & Secretaires de la Cour & Goussault en l'amẽde & autres despens, dommages & interests, pour auoir entreprins sur la functiõ desdits offices de Notaires, & à restituer ce qu'ils aurõt receu à cause de ce, auec deffences de plus s'ingérer à ce qui depend desdits offices, à peine de mil escus d'amende. A esté arresté qu'il sera parlé au Roy du contenu en ladicte requeste, pour sur icelle pourueoir selon son bon plaisir: & cependant que lesdits supplians continueront d'exercer leurs offices, ainsi qu'ils faisoient auparauant ledit Arrest du vingt-deuxiesme May mil six cens vn, auec deffences ausdits Notaires & Secretaires, Goussault & tous autres de les y troubler ny empescher, iusques à ce que par sa Majesté en soit ordõné, à peine de tous despens, dommages & interests. Fait au Conseil Priué du Roy, à Paris le neufiesme iour de Nouembre mil six cens deux. Signé, Le Tenneur.

Collationné à l'original par moy Conseiller, Notaire & Secretaire du Roy, Maison & Couronne de France. Ainsi signé, Binier. Et au dos est escript ce qui ensuit.

Le trentiesme iour de Mars mil six cens seize signifié & baillé coppie autant du present Arrest collationné, à Maistre Nicolas Tallon Conseiller du Roy & l'vn des quatre Secretaires de sa Cour de Parlement, y denommé aux fins y contenuës: & n'ait à y contreuenir au preiudice des deffences y mentionnées sur les peines portées par iceluy Arrest, en parlant à Charles Mauce son Clerc en son domicile à Paris, par moy premier Huissier du Conseil soubs-signé. Signé, Valet.

Ledit iour & an pareille signification a esté faite dudit Arrest à maistre Nicolas de la Vigne Commissaire Examinateur au Chastelet de Paris aux fins y contenuës, à ce qu'il n'en pretende cause d'ignorance, en parlant à Claude Courtois son Clerc en son domicile à Paris ruë aux Ours. Fait par moy Huissier susdit soubs-signé. Signé, Valet.

Arrest par lequel il est defendu à tous Commissaires, Huissiers, Sergens & Greffiers du Tresor, Bailliage du Palais & autres, de ne faire aucun inuentaire, encore qu'ils feussent à ce condamnez par monsieur le Preuost de Paris ou son Lieutenant, Iuges du Tresor & Bailly du Palais. Et aux Commissaires de faire aucun partage qu'apres qu'il aura esté ordonne par sentences & iugement contradictoirement donné par Juges competants, sans fraude ny supposition d'instance: & encores apres telle sentence donnée pourront les Notaires faire les partages, si les parties le requerent.

HENRY par la grace de Dieu Roy de France & de Nauarre, Au premier des Huissiers de nostre Cour de Parlement ou autre nostre Huissier ou Sergent, salut. Sçauoir faisons que le iour datte des presentes, comparans en nostredite Cour la communauté des Notaires du Chastelet de Paris demandeurs en l'entherinement d'vne requeste par eux presentée à ladicte Cour le huictiesme iour de Mars mil six cens deux d'vne part, & Maistre Iean Desmarets Commissaire audit Chastelet, Cesar du Val Huissier en ladite Cour, Nicolas Parigaut, Iean du Moulin Greffier du Thresor, Iacques de Bourges Greffier du Bailliage du Palais, Iean Richard son commis & Charles Meigret Sergēt à verge au Chastelet de Paris deffendeurs d'autre: & entre ledit du Val demandeur en reparation d'iniures selon la requeste par luy presentée à ladite Cour le cinquiesme Iuin audit an mil six cēs deux d'vne part, & lesdits Notaires du Chastelet, Maistre Laurens Monthenault & Mathieu Bontemps leurs Sindics defendeurs d'autre: & entre Ieanne de Bourbon vefue de feu François de Lestre proprietaire du Greffe dudit bailliage du Palais, demanderesse & requerant l'entherinemēt d'vne requeste par elle presentee à ladite Cour le dix-neufiesme Feurier mil six cens trois, tendant afin d'interuētion d'vne part, & ladite communauté desdits Notaires du Chastelet de Paris deffendeurs d'autre : & entre maistre Iean Gilles Greffier dudit Bailliage du Palais demandeur en requeste par luy presentée à ladite Cour le dixneufiesme Decembre audit an mil six cens trois, tendant aussi afin d'interuention d'vne part, & ladicte Communauté desdits Notaires du Chastelet de Paris deffendeurs d'autre: & entre la Communauté des Commissaires Examinateurs dudit Chastelet de Paris demandeurs en requeste d'interuëtion par eux presentée à ladite Cour le vingthuictiesme Iuin mil six cens quatre d'vne part, & ladite Communauté desdicts Notaires dudit Chastelet de Paris deffendeurs d'autres, sans que les qualitez puissent preiudicier. Veu par la Cour ladicte Requeste du huictiesme Mars 1602. tendant à ce que les deffendeurs & tous autres qui se trouueroiët auoir fait & receu des inuentaires & partages contre les priuileges desdits demandeurs, teneur de leurs chartres & Arrests de ladite Cour, feussent condamnez à cinq cens escus d'amende applicable aux pauures, & en tous les despens, dommages & interests d'iceux demandeurs, & que lesdits inuëtaires par eux faits, feussent declarez nuls & de nul effect, & que deffenses leur feussent faites de plus entreprendre d'en faire à l'aduenir sur peine de faux & de cinq cens escus d'amende, en leurs propres & priuez noms, & à rendre au profit de la communauté desdits demandeurs l'emolument & deniers qu'ils ont receu d'iceux inuentaires, deffences desdits deffendeurs & repliques desdits demãdeurs: Requeste dudit du Val du cinquiesme Iuin audit an mil six cens deux, tendant à ce que les mots pretendus iniurieux inserez ausdites repliques desdits demandeurs, feussent rayez & biffez en leurs presences, & deffences à eux faites d'vser de pareille parole diffamatoire, & condamné en reparation honorable & profitable enuers ledit du Val. Appointement en droit à escrire & produire dans huictaine, bailler contredits & saluations dans le temps de l'Ordonnance à la huictaine ensuiuant : à oüir droit, productions desdits demandeurs Desmarets, du Val, de Bourges & Meigret deffendeurs, forclusions de produire & bailler contredicts par lesdits Parigault, du Moulin & Richard: autres forclusions de bailler contredicts par lesdits Parigault, du Moulin & Richard: Autres forclusions de bailler contredicts par lesdits des Marets, du Val, de Bourges & Meigret. Apres que lesdicts demandeurs auroient employé pour contredicts contre les quatre productions desdits des Marets, du Val, de Bourges & Meigret, ce qu'ils auroient escript & produict en ladicte instance par requeste du vingtsixiesme May mil six cens trois, coppie d'Arrest du dix-huictiesme Mars audit an entre Iehãne Bourlon vefue de feu Frãçois de Lestre proprietairesse du Greffe du Bailliage du Palais demanderesse à l'entherinement d'vne requeste du dix-neufiesme Feurier audit an, tendant afin d'interuention d'vne part, & ladite Communauté des Notaires du Chastelet de Paris deffendeur d'autres: par lequel ladite Cour auroit receu ladicte Bourlon partie à interuenir audit procez: ordonné qu'elle bailleroit ses moyens d'interuention qui seroient communiquez pour y respondre par lesdits deffendeurs. Produiroient les parties tout ce que bon leur sembleroit en ladite instance d'interuention ioincte à l'instance principalle; copie des moyens d'interuention de ladicte Bourlon, responce ausdits moyens d'interuention, forclusions de produire par ladite Bourlon, apres que ladite Communauté des Notaires auroit employé pour toutes escritures & productions, ce qu'ils auroient escrit & produit en l'instance contre lesdicts de Bourges & autres par requeste du deuxiesme Aoust audit an, coppie de requeste presentee à ladite Cour par Iean Gilles Greffier hereditaire du Bailliage du Palais le dix-neufiesme Decembre audit an, à ce qu'il fust receu à interuenir en ladite instance: Arrest du neufiesme Feurier mil six cens quatre entre ledit Gilles demandeur en l'entherinement de ladite requeste dudit dix-neufiesme Decembre d'vne part, & la Communauté desdits Notaires deffendeurs d'autre: par lequel ledit Gilles auroit esté receu partie interuenante au procez: ordonné que dans trois iours il bailleroit ses moyens d'interuention pour y respondre par lesdits deffendeurs: trois iours apres produiroiet les parties à la huictaine ensuiuãt, tout ce que bon leur sembleroit, & ladite instance d'interuention ioincte audit procez principal: forclusions de bailler par ledit Gilles moyens d'interuention, production de ladite Communauté des Notaires ; forclusions de produire par ledit Gilles & requeste presentée à ladite Cour par la Cõmunauté des Commissaires & Examinateurs du Chastelet de Paris le vingt-huictiesme Iuin mil six cens quatre, à ce qu'ils feussent receuz parties interuenantes audit procez pour y deduire leurs interests, & bailler leurs moyens d'interuention & reiglement qu'ils entendent demander contre lesdits Notaires tant en general que particulier, qui ont entrepris sur les charges & offices desdicts Commissaires, tant en examens, auditions de comptes qu'autrement. Arrest du vingtiesme Iuillet audit an entre ladicte Communauté des Commissaires & Examinateurs du Chastelet de Paris demandeurs en l'entherinement de ladicte requeste du 28. Iuin d'vne part, & ladite Communauté des Notaires du Chastelet deffendeurs d'autre : par lequel ladicte Cour auroit receu ladicte Communauté desdicts Commissaires & Examinateurs dudit Chastelet, parties interuenantes audit procez : ordonné que dedans trois iours ils bailleroient leurs moyens d'interuention pour y respondre par lesdicts deffendeurs : trois iours apres produiroient lesdictes parties à la huictaine ensuiuant tout ce que bon leur sembleroit, & ladicte instance ioincte audit procez principal, moyens d'interuention baillez par ladite Communauté des Commissaires, responces à iceux, baillees par ladite Cõmunauté desdits Notaires, productions desdites parties, Arrest du deuxiesme Septembre mil six cens six, par lequel auroit esté ordonné, auant que proceder au iugement desdites instances, que les productions faictes en ladicte instance d'entre ladicte Communauté desdicts Commissaires & Examinateurs dudit Chastelet de Paris demandeurs en interuention d'vne part, & la Communauté desdits Notaires deffendeurs d'autre, seroient cõmuniquez pour contre icelles bailler contredits & saluations dans le temps de l'Ordonnance : contredits baillez par ladite communauté des Notaires, forclusions d'en bailler par la Communauté desdits Commissaires, conclusions du Procureur General, auquel le tout auroit esté communiqué. Et tout consideré, nostredicte Cour auroit dit, faisant droit sur le tout, qu'elle a fait & fait inhibitions & deffences tant ausdits des Marets, du Val & Meigret, qu'à tous Commissaires, Examinateurs du Chastelet de Paris, Huissiers ou Sergens & Greffiers de la chambre du Tresor & du Bailliage du Palais, de n'entreprendre à l'aduenir la confection des inuentaires: & seulemẽt pourront lesdits Commissaires, Huissiers, Sergẽs, Greffiers du Tresor & du Bailliage du Palais, lors qu'il procederoient par saisies, & seellez sur quelques meubles & tiltres, faire vne descriptiõ sommaire par forme de procez verbal des meubles par eux saisis, sans qu'il en soit fait prisée & estimation : & pour le regard des tiltres n'en pourront faire descriptiõ par forme d'inuentaire, mais seulemẽt vne simple declaration par leurdit procez verbal de la saisie par eux faite de plusieurs titres & enseignemens, estans en liasse : & s'il est ordõné, ou que les parties consentẽt specifier lesdits tiltres, date d'iceux, qualitez des parties & la substance sommaire, sera telle description faite par lesdits Notaires. Et pareillemẽt s'il faut faire inuentaire des biens des defuncts, sur lesquels ils auroient procedé par voye de seellé, seront lesdits inuentaires faits par lesdicts Notaires, nonobstant que les Commissaires, Huissiers ou Sergens feussent commis pour les faire par le Preuost de Paris ou son Lieutenãt, & lesdits Greffiers par les Iuges du Tresor & Bailly du Palais. Ne pourront lesdits Commissaires faire aucun partaige qu'apres qu'il aura esté ordonné par sentence & jugement contradictoires donnez par Iuge competant sans fraude & supposition d'instance, partages faits entre les parties, qui auroient contesté & poursuiuy en jugement lesdits partages : & en ce faisant executant lesdites sentences, serõt lesdits partages faits par lesdits Cõmissaires & Examinateurs du Chastelet de Paris, sinon que du cõsentement des parties, lesdits Notaires feussent requis faire lesdits partages : auquel cas lesdits Notaires les pourront faire & receuoir du consentemẽt desdites parties, nonobstant lesdites sentences & jugement contradictoires, desquels l'execution pourroit estre pretendu par lesdits Commissaires. Fait inhibitions & deffences ausdits Notaires, ouïr & examiner aucuns tesmoings, proceder à l'audition, examen & closture d'aucun compte, ne faire acte de jurisdiction contentieuse, dependant de l'exercice de fonction des offres desdits Cõmissaires. Pourront neantmoins lesdits Notaires receuoir tous contracts volontaires faits entre les parties, priuatiuement ausdits Commissaires, Greffiers & tous autres, encore que par iceux cõtracts soit fait mention de brief de compte, recepte & mise ou autre affaire, dont les parties seroient demourez d'accord sans aucune contestation ny debats formez entre eux, sur peine de nullité, de quatre cens liures parisis contre les contreuenants, & sans restitution des emolumens du passé d'vne part & d'autre. A cõdemné & condemne lesdits des Marets, du Val, Parigault, du Moulin, de Bourges, Richard & Meigret enuers lesdits Notaires, és despens de ladite instance de requeste du dixhuictiesme Mars mil six cens deux, & lesdits Bourlon & Gilles és despens desdites instances d'interuention, sans despens de l'instance d'interuention & reiglemẽt d'entre les Communautez desdits Commissaires & Notaires. Et sur la requeste dudit du Val, afin de reparation, a mis & met les parties hors de Cour & de procez sans despens pour ce regard. Si te mandons & commettons à la requeste de ladite Communauté desdits Notaires le present Arrest mettre à execution deuë selon sa forme & teneur. De ce faire te donnons pouuoir. Donné à Paris en nostredit Parlement le septiesme iour de Septembre l'an de grace mil six cens sept, & de nostre regne le dixneufiesme. Approuué, Notaires. Signé, Par la Chambre, du Tillet.

Sentence par laquelle les Notaires, Garde-nottes du Chastelet de Paris, sont dispensez de deposer pour le fait de leur charge pardeuant les Commissaires dudit Chastelet.

A TOVS ceux qui ces presentes lettres verront, Iacques d'Aumont Cheualier, Baron de Chappes, sieur de Dun le Palteau, Cõseiller du Roy, Gentil-homme ordinaire de sa Chambre, & garde de la Preuosté de Paris, salut. Sçauoir faisons qu'auiourd'huy Maistre Martin Cochon Procureur de Girard Brice Marchant maistre Vinaigrier à Paris demandeur, a fait appeller en iugement deuãt nous maistre Claude Hardy Procureur de maistre Frãçois le Vasseur & Simon Mousle Notaires audit Chastelet: & requis que lesdits le Vasseur & Mousle qui ont esté cy-deuant adiournez à la requeste dudit Brice par deuant maistre Claude Louuet Commissaire & Examinateur au Chastelet de Paris pour deposer verité en l'enqueste, que ledit Brice entend faire contre Iacques Verrier emancipé à l'authorité de Mathieu Caron son curateur, suiuant la sentence & reiglement donné entre luy ledit Verrier & curateur, ouy ledit Hardy Procureur desdits le Vasseur & Mousle, & de la Communauté des Notaires dudit Chastelet interuenans, & se ioignant auec lesdicts deffendeurs pour l'interest de ladicte Communauté, qui a dit qu'au fait dont est question, le demandeur veut faire preuue des faits concernant la fonction de l'estat des Notaires, qui ne sont tenus porter tesmoignage & deposer de chose concernant le fait & fonction de leursdictes charges & secret des parties contrahantes: ains seulement representer leurs protecolles, minutes & registres, des contracts & actes par eux receus, en le faisant ordonner auec les parties qui ont interest, & par compulsoire lesdictes parties appellées: au moyen dequoy soustenoit ledit Hardy, qu'à bonne & iuste cause lesdits le Vasseur & Mousle auoient refusé porter tesmoignage & deposer en ladite enqueste, & deuoient estre enuoyez absoubs de la requeste dudit Brice auec despẽs. A quoy par ledit Cochon a esté dit qu'ils ne sont appellez pour dispo-ser du fait de leurs charges de Notaires, ains seulement pour deposer, comme seroiẽt tenus tous autres, de ce qu'ils sçauent en leurs consciences du fait dont est question entre ledit de-mandeur & ledit Verrier ; ce qu'ils ne peuuent ny ne doiuent refuser pour ayder à la verité. Par ledit Hardy a esté dit que le-dit Brice ne tend à autre fin que de faire reueler par lesdits No-taires le secret des parties contrahantes, ce qui leur est de-fendu par les ordonnances. Nous parties oüies, auons sur la requeste dudit Brice faite contre lesdits le Vasseur & Mousle, pour deposer en l'enqueste que fait faire ledit Brice, mis & mettons lesdites parties hors de court & de procés sans despẽs de part & d'autre, sauf audit Brice à se pourueoir par les voyes de droict, ainsi qu'il verra bon estre. En tesmoing de ce auons fait mettre à ces presentes le seel de ladite Preuosté. Ce fut fait & donné par Nicolas le Iay Conseiller du Roy & Lieutenant Ciuil d'icelle Preuosté, le Mercredy vingt-vniesme Octobre mil six cens neuf. Ainsi signé, Drouart.

Sentence par laquelle il a esté ordonné que le partage seroit fait pardeuant Notaires, encores que l'on ait pretendu que la sentence de faire ledit partage fut contentieuse, & Arrest confirmatif.

A TOVS ceux qui ces presentes lettres verront, Iacques d'Aumōt Cheualier, Baron de Chappes, sieur de Dun le Palteau, Conseiller du Roy, gentilhomme ordinaire de sa Chambre & garde de la Preuosté de Paris, salut. Sçauoir faisons qu'auiourd'huy datte de ces presentes sur la requeste faite en iugement, à nous & les gens tenans le siege presidial au Chastelet de Paris, par maistre Pierre le Moyne Procureur de Damoiselle Claude Geruois vefue de feu maistre Louis du Crocq sieur de Cheneuiere, & auparauant vefue de feu Pierre de Bomont demanderesse aux fins de sa demande & adiournement du vingt-septiesme Mars mil six cens neuf, à l'encontre de maistre Estiēne Pinguet Procureur de Gilles de Bomōt fils emancipé, vsant & ioüissant de ses droicts, demourant à present au Haure de Grace deffendeur, tendant à ce que ledit Pinguet en vertu de la procuration à luy passée par ledit Gilles de Bomōt: il soit tenu venir accorder & signer le partage iugé estre fait entre les parties des biens demeurez apres le deceds dudit deffunct Pierre de Bomont, & qui communs estoient entre luy & ladite Damoiselle, pour estre la moitié desdits biens baillez à ladicte Damoiselle comme à elle apartenante, & de l'autre moytié qui escherra audit Gilles de Bomōt & à ses freres heritiers d'iceluy deffunct Pierre de Bomont, en ioüir par eux aussi comme à eux apartenant: & à ceste fin qu'il soit tenu comparoir pardeuant Cuuillier & son compagnon Notaires pour signer ledit partage & veoir ietter au lot, protestant à faute de ce faire d'auoir & recouurer contre ledit Pinguet en son nom, tous les despēs, dōmages & interests. Et ouy ledit Pinguet qui a dit qu'à la verité ledit Gilles de Bomōt luy a passé procuratiō pour assister à la confection dudit partage, mais par sadite procuration il ne luy est point donné pouuoir de comparoir pardeuant des Notaires: ce qu'il ne peut faire, attendu mesme que ledit Gilles de Bomont qui est l'aisné de ses freres est mineur, & ne peut prester aucun consentement vallable : & d'ailleurs ledit partage est iugé par sentence contradictoire donnée entre les parties, & non du consentement. Partant soustenoit que ladite Damoiselle n'est receuable en sadite demande. A l'audience de la cause est interuenu maistre Gilles Fortin Aduocat de la Communauté des Notaires au Chastelet de Paris, lequel a soustenu que les Notaires suiuant les Arrests de la Cour pouuoient proceder audit partage, attendu le consentement de ladite vefue. Nous ouy lesdictes parties en leur plaidoyé, attendu le consentement de la plus grande partie des heritiers, ordonnons que le partage sera fait par les Notaires dont les parties conuiendront entre eux. En tesmoing de ce nous auōs fait mettre à ces presentes le seel de ladite Preuosté. Ce fut fait & donné par maistre François Miron sieur du Tremblay, Conseiller du Roy & Lieutenant Ciuil de ladite Preuosté, le Mardy dernier Mars mil six cens neuf. Signé, Droüart.

Extraict des Registres de Parlement.

ENtre la Communauté des Commissaires Examinateurs au Chastelet de Paris, appellans d'vne sentence dōnée par le Preuost de Paris ou son Lieutenant le dernier iour de Mars 1609. entre Damoiselle Claude Geruois vefue de feu Louys du Crocq, sieur de Cheneuieres, & auparauant vefue de Bomont ; & Gilles de Bomont fils emancipé, vsant & ioüissant de ses droicts d'vne part : & la Cōmunauté des Notaires & gardenottes du Roy audit Chastelet de Paris, & ladite Claude Geruois vefue dudit de Bomont inthimé d'autre : apres que Germain pour lesdits appellans, Marescot pour ladite Cōmunauté des Notaires, & Bouteillier pour ladite Geruois, ont suiuant l'ordonnance de la Cour du 4. Mars dernier, esté ouis, & communiqué au Parquet des Gens du Roy & par leur aduis esté d'accord de l'apointemēt qu'ils ont representé : La Cour, ouy Seruin pour le Procureur general du Roy sur l'appel, a mis & met les parties hors de cours & de procez sans despens. Fait en Parlement le premier Auril mil six cens dix. Signé, Voisin.

En ensuiuant laquelle sentence & Arrest a esté procedé audit partage, & ietté au lot pardeuant maistres Iean Muret & Richard Cuuillier Notaires, Garde-nottes du Roy audit Chastelet, le vingt-cinquiesme Ianuier mil six cens vnze.

Deux Arrests par lesquels il est deffendu aux Commissaires de prendre le serment d'aucune personne que ce soit pour le fait des inuentaires, & que c'est aux Notaires à prendre ledit serment.

ENTRE la Communauté des Notaires & Garde-notes au Chastelet de Paris demandeurs en contrauention d'Arrest du quatorziesme May dernier, suiuãt la requeste par eux presentée le vingt-cinquiesme dudit mois de May, & deffendeurs d'vne part: & maistre Claude Boudier Cõmissaire audit Chastelet defendeur, & encores ledit Boudier & la Communauté des Commissaires, Enquesteurs & Examinateurs audit Chastelet, incidemment demandeurs à l'entherinement d'autre requeste par eux presentée le vingt-huictiesme dudit mois de May dernier d'autre part. Veu par la Cour, l'Arrest dõné entre les parties ledit iour quatorziesme May dernier, par lequel entre autres choses auroit esté ordonné que les sermens concernans les seellez seroient receus par les Commissaires, & pour le regard des inuentaires qui seroient faits par les Notaires, receuroiẽt les affirmatiõs. Ladite requeste du vingt-cinquiesme dudit mois de May dernier presentée par ladite Communauté des Notaires, à ce que ledit Boudier Commissaire contreuenant audit Arrest, ayant pris le serment sur l'inuentaire qui auroit esté commencé par les Notaires des biens de defunct maistre Gilles Royer, fust mandé, blasmé & condamné aumosner seize liures parisis pour le pain des prisonniers, que les Scindics desdits Commissaires feussent tenus dedans trois iours, faire publier en leur Communauté ledit Arrest & reiglement, afin d'estre obserué: n'entreprẽdre à l'aduenir par lesdits Commissaires, quand lesdits Notaires feroient les inuentaires, prendre & receuoir aucunes affirmations & sermens pour la representation des biens à inuentorier, ains seulement pour ce qui concernoit les seellez par eux apposez: & pour le regard des inuentaires des biens dudit deffunct Royer encommencé par Cothereau & Desquatreuaulx Notaires, que l'affirmation pour la representation desdits biens, seroit repetée pardeuant lesdits Desquatreuaulx & Cothereau. Autre requeste par ledit Boudier & Communauté desdits Commissaires presentée le vingt-huictiesme dudit mois de May dernier, à ce que les mots inserez en ladite requeste du vingt-cinquiesme dudit mois de May, contenant que ledit Boudier fut mandé, blasmé & condemné à l'amende, feussent rayez, & deffences aux Notaires contreuenir audit Arrest: que les Notaires ne receuroient serment, sinon quand ils feront les inuentaires, & qu'en tous seellez les sermens seroient receus par les Commissaires. Autre requeste par lesdits Notaires presentée le 5. Iuin dernier, à ce que conformément audit Arrest la prestation du serment pour le fait du seellé, seulement appartiendroit ausdits Commissaires pour la rupture ou diuertissement des biens compris soubs le seellé auant iceluy leué: & quant à la confection des inuentaires & representation des biẽs qu'ils doiuẽt inuẽtorier, soit qu'ils ayent esté seellez ou non, que les sermens & affirmations seroient receus par lesdits Notaires tant des parties domestiques, priseurs que autres. L'acte du 5. Iuin dernier, contenant la contestation desdites parties, contenant le reglement du Conseiller commis pour les ouir, productions respectiuement faites par icelles parties, conclusions du Procureur general du Roy, tout consideré: Dit a esté, que ladite Cour a ordonné & ordonne, si lors que les Commissaires leueront le seellé par eux apposé, les parties pretendent effraction d'iceluy auoir esté fait, pourront prendre le serment des domestiques s'ils sçauent d'où elle procede, dont ils deliurerõt acte sans aucun procez verbal de la description desdits biens. L'inuentaire desquels sera fait par les Notaires & sermens par eux pris, tant des domestiques que tous autres chargez de la representation desdits meubles & tiltres qui doiuẽt estre compris audit inuentaire, ensemble des priseurs ordonnez pour l'estimatiõ d'iceux. Fait inhibitions & deffences respectiuement ausdites parties, sur peine d'amende arbitraire, contreuenir au present reiglemẽt, qui sera leu, publié & enregistré és registres desdits Commissaires & Notaires: condamne lesdits Commissaires és despens. Prononcé le 11. Decembre 1610. Ainsi signé, Voysin.

Ce iourd'huy quinziesme Decembre 1610. fut par moy Claude Vuatier Huissier du Roy en sa Court de Parlement l'Arrest de ladite Cour cy-dessus trãscrit, leu & publié, tãt en la chãbre des Cõmissaires qu'en la chãbre des Notaires & gardenotes du Chastelet de Paris, & registré en leur registre suiuant ledit Arrest, ainsi qu'il est plus au long contenu en mon procez verbal fait en execution dudit Arrest cedit iour & an. Ainsi signé, Vuatier.

Extraict des Registres de Parlement.

ENtre la Communauté des Notaires & Garde-notes du Chastelet de Paris demandeurs en contrauention d'Arrest du 11. Decembre 1610. suiuant les requestes presentées les 11. & 14. Ianuier, 21. Nouembre & 10. Decembre mil six cens vnze, afin de condemnation d'amendes & cassation de procez verbaux, & deffendeurs d'vne part: & maistre Iean Baudelot, Frãçois Brice, Chrestien Comperot, Michel le Vacher, Claude Panier, Charles Fizeau, Iean Canto & Iacques Chauffourneau Commissaires Examinateurs au Chastelet deffendeurs, la Communauté des Commissaires Examinateurs dudit Chastelet ioincts, & demandeurs en requestes des vnziesme & quinziesme Decembre mil six cens dix, à ce qu'ayant apposé le scellé, ils ayent le serment des domestiques sur l'effraction d'iceluy, & diuertissement de biens, ensemble ayent le diuertissement, recherches & perquisitions, d'autre: sans que les qualitez puissent preiudicier. Apres que Tillier pour la Communauté des Notaires, a dit que contre l'Arrest les Commissaires ont fait prester le serment aux parties & domestiques sur le recellement & substraction qui auroit esté faite, & interrogatoires de la substraction, auant, pendant & depuis le scellé par eux apposé, conclud en la requeste à ce que les procez verbaux desdits Commissaires soient declarez nuls, & deffences à eux de plus contreuenir audit Arrest: & pour la contrauention par eux faite, ils soient condamnez en cinq cens liures parisis d'amende: & pour le regard de la requeste presentée par iceux Commissaires, ils en soiẽt deboutez auec despens. Et Germain pour les deffendeurs & interuenans, a conclud aussi en sa requeste à ce qu'en interpretant l'Arrest, il soit dit qu'ils receuront le serment des parties & domestiques. Seruin pour le Procureur general du Roy, dit que l'Arrest du 11. Decembre 1610. duquel les Notaires requierent l'execution, & les Cõmissaires demandẽt l'interpretation, & est conceu en termes si clairs que la controuerse nouuellement remuée se peut vuider promptement: car encore que les Commissaires alleguent vne requeste presentée par les Notaires auparauant cest arrest, qui contenoit quelques offres, qui est tout le fondement de leur derniere instance: il est vray de dire que telles offres sont couuertes par l'Arrest, tellement que la questiō se doit vuider par les termes de la *l. euidēter. ff. de exceptionē rei iudicatæ aduersus quam iudicatum est*. Et faut suiure la distinction entre les actes de la iurisdiction contentieuse & la volontaire. Car quant à la premiere, il appartient aux Commissaires de prendre le serment des domestiques des maisons où les parties pretendront l'effraction du seellé par eux apposé, pour tirer la preuue du crime d'heredité expilée & faire tous actes & preparatifs capables pour sçauoir d'où l'effort aura procedé, dequoy ils sont chargez par l'Arrest de liurer acte aux complaignans sans faire aucun procez verbal de la description des biens: qui est le but auquel ils tendoient par la contestation disertement iugée, dont la Cour les a deboutez tres-iustement pour soulager les parties de frais: & aussi que telles descriptions ne se deuoient pas faire par iceux Commissaires, non plus que par les Iuges des offices, desquels la charge des Commissaires fait partie par les Edicts de leur creation & declarations depuis, interuenues. Au regard des actes de iurisdiction volontaire, entre lesquels & l'inuentaire des biens, la Cour a iugé souuentefois qu'ils seroient faits par les Notaires, & serment par eux pris, tant des domestiques que tous autres chargez de la representation des meubles & tiltres qui doiuent estre compris en la description, ensemble des priseurs ordonnez pour l'estimation desdits meubles: ce que la Cour a iugé par ce que les Notaires ont quelque marque & caractere de Iuges, & pour ceste raison estoient iadis appellez *iudices Chartularij*. Et la Cour ayant fait inhibitions & deffences respectiuement aux parties sur peine d'amende arbitraire de contreuenir à ce reglement, lequel a esté leu, publié & registré és registres desdits Cōmissaires & Notaires suiuant les termes expres de l'Arrest, c'est vn mespris de la Iustice de veoir si souuent rebattre vne dispute contre l'authorité des choses iugées: & partant la Cour defendra s'il luy plaist aux Commissaires d'y plus retourner. La Cour sans auoir esgard à la requeste presentée par lesdits Commissaires, tendant afin de prendre le sermēt lors qu'ils leueront le seellé pour detourner des biens & bris de cofres, dont les a deboutez & deboute, a ordonné que l'Arrest du 11. Decembre sera executé selon sa forme & teneur, & ce faisant que lesdits Commissaires prendront le serment en cas de fraction du seellé, & qu'ils en soient requis par les parties, seulemēt: & sur les requestes des Notaires, a mis & met les parties hors de cour & de procez sans despens; Fait en Parlement le 20. Ianuier 1612. Ainsi signé, Voisin.

Arrest donné auec les Religieux, Abbé & Conuent de sainct Germain des Prez, par lequel il est dit, que les Notaires du Chastelet, feront l'inuentaire des biens du deceddé dedans la Iustice de sainct Germain, quand les parties le demandent, encores que les officiers dudit sainct Germain ayent preuenu par scellé.

Extraict des Registres de Parlement.

ENTRE les Religieux, Abbé & Conuent sainct Germain des Prez demandeurs en requeste du vingt-sixiesme Auril dernier d'vne part, & maistre Iean Aroger commissaire du Chastelet, Nicolas du Thier Sergent, tuteur des enfans de Pierre Bouchardeau & René Rousseau, Charles Bouchardeau habiles à estre heritiers, Iullienne Bouchardeau; la Communauté des Notaires du Chastelet, la Communauté des Sergens, priseurs vendeurs, & la Communauté des Huissiers de la Cour interuenans d'autre, sans que les qualitez puissent preiudicier. Apres que Mauguin pour les demandeurs a conclud à ce que le scellé à la requeste des heritiers apposé par leurs officiers en la maison de feu Iullienne Bouchardeau, soit par eux leué, nonobstant l'empeschement des deffendeurs, & garnisons mises par les Commissaires soient ostees: Tillier pour les Notaires, soustient qu'à eux apartient faire les inuentaires, requis y estre maintenus. Pietre pour les heritiers requis à la conseruation de la succession pour la contention, le scellé soit leué, l'inuentaire fait par les Notaires. Doujat pour les Sergens interuenans, afin d'estre conseruez à faire les prisées & ventes. Galland pour la Communauté des Huissiers requis suiuant les Arrests, la confection des inuentaires leur estre conseruée: Aroger Commissaire dit qu'il ne peut estre d'accord, que la maison soit en la Iustice sainct Germain: mais qu'en contention les officiers du Roy doiuent ioüir, mesme en ce particulier, la maison estant dans la ville à la ruë Haute-fueille où demeurent plusieurs Conseillers, & personnes qualifiees, concluãt à ce que chacun leue son seellé. Ouy le Bret pour le Procureur general du Roy, qui a fait recit des tiltres & Arrests, que chacune des parties leur a proposez à la cõmunication, & de ce que par l'Arrest de soixante & neuf, l'inuentaire & partage est atribué à ceux qui ont preuenu, ce que chacun pretend auoir fait: & neantmoins par ce qu'ils ont entendu du Commissaire, semble que le Bailly sainct Germain aye le premier apposé son seellé: toutesfois y a vne clause en l'Arrest, sinon quand les heritiers demandent l'inuentaire estre fait par les Notaires: ce qui est requis en ceste cause par les heritiers, que les Notaires, soient commis pour faire l'inuentaire. La Cour ordonne que le seellé sera leué par le Bailly sainct Germain, le Commissaire Aroger y assistant pour recognoistre son seellé: & apres que les heritiers ont requis que l'inuentaire soit fait par les Notaires, a ordonné & ordonne qu'il sera procedé à l'inuentaire par lesdits Notaires & l'Arrest de soixante & neuf, & autres reiglemens donnez, gardez & obseruez: Et sans auoir esgard à la requeste des Sergens du Chastelet, ordonne que la prisée & vente sera faite par les Sergẽs du Bailliage sainct Germain, sans preiudice des droicts pretendus par les Huissiers par les Arrests pour leuer les seellez par main souueraine, si la Cour trouue que faire se doiue. Fait en Parlement le vingt-sixiesme May mil six cens douze. Ainsi signé, Voisin.

Confirmation de Priuileges octroyez par le Roy Louys treiziesme, aux Notaires du Chastelet de Paris.

LOVYS par la grace de Dieu Roy de France & de Nauarre, à tous presẽs & aduenir, Salut. Cõme ce soit chose fauorable & recõmandable pour la cõseruation & entretenemẽt de tous estats, & pour faire viure le peuple en paix, seureté & repos, que reduire les choses à leur premier train & origine, & aussi pour tenir la foy publique pour le cõmerce des hommes, de rediger par escrit, les contracts, promesses, obligations, inuentaires, partages, & autres actes qui se font entre les gens de chacun estat & qualité : Nos predecesseurs Rois de France eussent d'ancienneté, pour bonnes & iustes causes & considerations à ce ordonné & estably en nostre bonne ville de Paris, le nombre de soixante Notaires, ausquels ils auroiẽt dõné, octroyé & confirmé plusieurs priuileges & droicts, mesmes feu de bonne memoire Philippes le Bel, en l'an mil trois cens, le cinquiesme iour de Iuin auroit statué & ordonné par Edict, & ordonnance perpetuel, que nul ne pourroit faire passer & receuoir en nostredite ville, faulx-bourgs & banlieuë de Paris, aucuns contracts, lettres, testaments, inuentaires, partages & diuisions de biens, commissions, obligations, transactions, papiers terriers, contracts de ventes, eschanges, cessions, transports, ne autres actes, ne instrumens quelconques concernans ledit estat & office de Notaires, s'il n'estoit Notaire Iuré en nostredit Chastelet, & par proclamations publiques par expres inhibé & defendu au Preuost de Paris, son Lieutenant, Auditeurs & Examinateurs dudit Chastelet de Paris presens, & aduenir, ne faire ne souffrir estre faict ne receuoir aucuns inuentaires, partages, diuisions de biens, testaments, contracts, obligations, commissions, ne autres actes & instruments concernans ledict estat & office de Notaire, & au seelleur dudit Chastelet ne seeller aucuns desdits contracts, partages ne autres actes concernans ledit estat, s'ils n'estoient faicts, receus & signez par lesdits Notaires: & où aucuns seroient faicts, receuz & signez par autres que par lesdits Notaires, le tout estre cassé & adnullé, & les infractaires estre priuez de leurs offices: ausquels priuileges ils auroient esté maintenus & gardez par plusieurs arrests de nos Cours souueraines sur les differents qui estoiēt interuenus entre eux, les Examinateurs dudit Chastelet, Greffiers, & nos Iusticiers & autres Iurisdictions de ladite ville, faulx-bourgs & banlieue de Paris, & à ce que aucune personne n'en pretendist cause d'ignorance. Auroit encores esté ordōné par lesdits arrests, le tout estre publié & notiffié où il appartiēdroit: comme aussi nosdits predecesseurs auroient ordonné, & octroyé ausdits Notaires le pouuoir, faculté, & priuilege de faire & executer tout ce que dessus, par tout nostre Royaume, pays, terre, & Seigneurie de nostre obeyssance, quand ils en seroient requis par les parties, ensemble qu'ils eussent leurs causes commises, tant en demandant que deffendant, pardeuant nostre Preuost de Paris ou son Lieutenant leur Gardien & conseruateur: le tout ainsi qu'il est cōtenu és lettres de chartre, & arrests par nosdits Notaires obtenus: Tous lesquels priuileges leur ont esté cōfirmez par nosdits predecesseurs Rois, & mesmes par feu de bonne & loüable memoire le Roy Henry troisiesme: lequel par son Edict du mois de May 1575. auroit creé des Notaires Gardenotes audit Chastelet; Du depuis, & le 24. iour d'Octobre mil cinq cens soixante & seize, auroit vny ledit tiltre de Gardenotes auec ledit office de Notaire, pour le regard de nosdits Notaires du Chastelet de Paris, moyennant la finance qu'il leur auroit esté ordonné de payer: comme au semblable nostre tres-cher & tres-honoré Seigneur & Pere le feu Roy Henry quatriesme, que Dieu absolue, auroit cōfirmé & ratifié lesdits priuileges, desquels & autres qui n'estoiēt cy-dessus specifiez, nosdits Notaires & leurs predecesseurs ont cy-deuant bien & deuēment & paisiblement iouy & vsé: mais ils doubtent que cy-apres on les vueille troubler & empescher en la iouyssance d'iceux, si par nous ils n'estoiēt confirmez: ce qu'ils nous ont tres-humblement supplié, & requis faire. Sçauoir faisons que nous voulans lesdits priuileges & droicts, ordonnances, Edicts, arrests & reiglements, qui pour bonnes causes ont esté sur ce faicts & donnez, mesmes l'arrest par eux obtenu en nostre Parlement le septiesme iour de Septembre 1607. estre gardez & obseruez de l'aduis de nostredit Conseil, qui a veu & eu cõmunication desdits priuileges & droicts, & des cõfirmations d'iceux, ensemble desdits arrests, le tout cy attaché soubs nostre contre-seel de nostre Chancellerie: Auons confirmez, continuez, ratifiez, louez & approuuez, & de nostre certaine science, grace speciale, pleine puissance & authorité Royal, confirmons, continuons, ratifions, loüons & approuuons lesdits priuileges, exemptions, franchises & libertez à eux concedées par nosdits predecesseurs Rois, pour en iouyr & vser par lesdits supplians & leurs successeurs esdits offices, tout ainsi & en la forme que leurs predecesseurs en ont bien & deuëmẽt iouy & vsé, iouissent & vsent encores à presẽt. Voulons en outre, ordonnons, & statuõs par ces presentes, que pour le bien public, & suiuant le reiglement de la Communauté de nosdits Notaires audit Chastelet de Paris, nul ne puisse estre receu audit office de Notaire qu'il n'aye faict charge de Clerc chez lesdits Notaires, du moins par l'espace de cinq ans, à fin que les pourueuz & receuz ausdits offices soient rendus plus idoines & capables de rediger par escrit les contracts & actes de la function d'iceux offices. Si donnons en mandement par cesdictes presentes, à nos amez & feaux Conseillers les Gens tenans nos Cours de Parlement, Preuost de Paris, & à tous nos autres Iusticiers & officiers, & à chacun d'eux, que nostre present Edit, vouloir, intention, ordonnance, confirmation, concession & octroy, & tout le contenu cy-dessus, ils facent inuiolablement, diligemment, & entierement garder, entretenir & obseruer, selon leur forme & teneur, ainsi que dessus est dit, sans y contreuenir en aucune maniere: facent, souffrent & laissent lesdits supplians & leurs successeurs iouyr & vser pleinement & paisiblement, sans contredit ou empeschemẽt quelconque, lequel si faict, mis & donné leur estoit, mettent & facent mettre incontinent & sans delay, au premier estat & deub. Et pour ce que de cesdites presentes, & du contenu esdicts priuileges, l'on pourra auoir affaire en plusieurs & diuers lieux, nous voulons qu'au vidimus d'iceux faict soubs seel Royal, ou par l'vn de nos amez & feaux Conseillers & Secretaires, foy soit adiouſtée comme aux originaux. Car tel eſt noſtre plaiſir. Et afin que ce ſoit choſe ferme & ſtable à touſiours, nous auons fait mettre noſtre ſeel à ceſdites preſentes, ſauf en autres choſes noſtre droict, & l'autruy en toutes. Donné à Paris au mois de Nouembre, l'an de grace mil ſix cens dix, & de noſtre regne le premier. Signé ſur le reply, Par le Roy, Cõbaud, & à coſté Viſa, & ſeellées ſur lacs de ſoye rouge & verte en cire verte du grand ſeel: requerant, ouy le Procureur General du Roy, pour iouyr par les impetrans du contenu, ainſi que cy-deuant en ont bien & deuëmẽt iouy & vſé, iouyſſent & vſent encores à preſent, & de la clauſe pour la reception audit eſtat, ſelon leur forme & teneur. A Paris en Parlement le premier iour de Decembre l'an mil ſix cens dix. Signé, du Tillet: & plus bas, Collation faicte à l'original rendu à Maiſtre Antoine Deſquatreuaulx Sindic deſdits Notaires pourſuiuans. Collation faicte auec vn paraphe. Extraict des Regiſtres des Ordonnances, regiſtrées en Parlement. Signé, Voyſin.

Arrest de la Cour à la descharge des Notaires.

Extraict des Registres du Conseil priué du Roy.

ENTRE Iean Gentil, Marchant bourgeois de Paris, demandeur à l'enterinement d'vne requeste du 20. Iour de Decembre 1591. d'vne part, & Maistre Iean Reperant, Notaire au Chastelet de Paris deffendeur d'autre: & entre la Communauté des Notaires dudit Chastelet, demandeurs à l'enterinement d'vne requeste du septiesme iour de Mars dernier passé d'vne part, & ledit Gentil deffendeur d'autre: & encores Iean Mignot Maistre Paticier bourgeois de Paris demandeur d'vne part, & ledit Iean Gentil & sa femme deffendeurs d'autre: & encores entre Pierre Drouart Sergent à cheual dudit Chastelet demandeur, selon sa demande du treiziesme iour de May dernier passé, & ledit Mignot deffendeur d'autre. Et encores entre ledit Mignot demandeur en sommation de ladicte demande dudict Drouart d'vne part, & ledit Gentil deffendeur d'autre. Veu par la Cour ladite requeste dudit Gentil contre ledit Reperant, tendant à ce que ledit Reperant feust condamné & contraint par toutes voyes, mesme par prison, à descharger la maison où pend pour enseigne la Gallere, size en ceste ville de Paris, ruë d'Auignon acquise par iceluy Gentil, par contract passé par deuant ledit Reperant, & Maistre Eustache de Sainction Maistre des Cõptes à Roüen, des rentes qui ensuiuent, venduës & constituées par ledit de Sainction, par autres contracts passez par deuant ledit Reperant, sur ladite maison auparauant la vente d'icelle faicte audit Gentil: Sçauoir est, vingt-cinq liures de rente à Maistre Louys Quatre-hommes general des mõnoyes le quatriesme iour d'Auril 1581. cinquante liures de rente à Maistre Pierre le Bel Procureur audict Chastelet, le premier iour de Mars 1586. cent cinquante liures de rente; à Maistre Claude Hubert Procureur en ladite Cour, le quatriesme iour de Mars audit an 1586. & cent liures tournois de rẽte à la vefue

Palluau, le dixneufiesme iour d'Auril audit an. Ensemble l'aquiter de tous les arrerages desdites rentes, & faire cesser les poursuittes faictes pour raison d'icelles, & arrests contre e dit Mignot, comme detenteur de ladicte maison de la Gallere, auquel ledit Gentil l'a reuenduë, & des poursuittes dudit Mignot en recours de garentie contre ledit Gentil, & d'icelles en acquiter auec condamnation, de tous despẽs, dommages & interests, & despens desdites poursuittes, tant en demandant qu'en deffendant, & de l'instance: ladite requeste presentée par ladite Communauté desdits Notaires, à fin d'estre receus, parties interuenans, & ioincts auec ledit Reperant à l'encontre dudit Gentil, & à soutenir qu'ils ne sont tenus de declarer aux parties comme heritiers, pardeuãt eux les hypoteques portez par les contracts qu'ils auroient auparauant receus. Arrest du 13. iour de May dernier passé, par lequel lesdites parties auroiẽt esté sur lesdictes requestes appoinctées au Conseil, les plaidoyers & productions d'icelles suiuant ledit arrest: autre Arrest du 4. iour de Iuillet dernier, par lequel auroit esté ordonné que lesdites productions leur seroient communiquées, pour y bailler contredits & saluations, forclusions, tant contre ledict Reperant que ladite communauté des Notaires de bailler contredits. Apres que ledit Gentil auroit renoncé d'en bailler de sa part, Arrest d'euocation de l'instance, pendante pardeuãt le Preuost de Paris ou son Lieutenant, entre ledit Mignot demandeur en restitution des deniers par luy desbourcez à cause de ladite acquisition par luy faicte de ladite maison, & des arrerages par luy payez des dessusdites rentes: ensemble des reparations faictes en icelle, auec condamnation de tous ses dommages & interests, & despens, tant en demandant qu'en deffendant, attendu le deguerpissement actuel par luy fait de ladite maison contre lesdits Gentil & sa femme deffendeurs: Arrest du 8. Iuing dernier, par lequel auroit esté ordõné ladicte instance estre baillée au Rapporteur dudit procez appointé au Conseil: productions desdits Mignot, Gentil & sa femme en ladite instance euoquée, auec leurs contredits & saluations: autre Arrest d'euocation, aussi d'vne autre instance aussi pendante pardeuant le Preuost de Paris, entre ledit Drouart demandeur d'vne part & ledit Mignot deffendeur d'autre, ledit arrest du

septiesme

septiesme Iuillet dernier, par lequel icelle instance auroit esté ioincte à ladite instance, d'entre ledit Mignot & ledit Gentil & sa femme. Autre instance de sommation faicte par ledit Mignot contre ledit Gentil de ladite demande dudit Drouart, productions d'icelles parties sur ladite instance, & tout consideré: Dit a esté que ladite Cour faisant droict sur le tout, a debouté & deboute ledit Gentil de l'effect & enterinement de sadite requeste du 22. Decembre 1591. & des demandes & cõclusions prinses contre ledit Reperant, & d'icelles l'en a absoults & absoult, & neãtmoins sans despens de ladite instance. Et pour le regard de la Communauté desdits Notaires, les a mis & met hors de Cour & de procez: & en tant que touche ladite instance d'entre ledit Mignot & ledit Gentil & sa femme, ladite Cour a declaré & declare le deguerpissement fait par ledit Mignot, les 11. & 20. Nouembre 1591. de ladicte maison de la Gallere bon & vallable, & a condamné lesdits Gentil & sa femme, à rendre & restituer audit Mignot dedans dix-huict mois apres la signification du present arrest à personne ou domicile, la somme de mil escus à eux baillée & payée par ledict Mignot en deniers cõptans lors de la vendition qu'ils luy ont faite de ladite maison: ensemble les deniers par luy debourfez, tant pour les lots, ventes & droicts Seigneuriaux de ladite maison, que pour les arrests des dessusdictes rentes, pour lesquels il auroit esté poursuiuy, & sans la charge desquelles ladite maison luy auroit esté venduë, & dont il n'auroit cy-deuant esté remboursé. Autrement & à faute de ce faire dedans ledit tẽps, & iceluy passé, a condamné & condamne iceux Gentil & sa femme à payer & continuer audit Mignot rente desdites sommes au denier douze, à commencer du iour du delay desdits dixhuict mois passez & expirez, & outre à payer & rembourcer, ou faire payer & rembourcer audit Mignot & ledit Me Eustache de Sainctyon dedans le mesme temps de dixhuict mois, tant le sort principal des quatre-vingts liures tournois de rente, à la charge desquelles outre ladite somme de quatre-vingts liures ladite maison luy auroit esté par eux venduë, & que ledit Mignot a racheptez de Damoiselle Marie de Sainctyon, qui en auoit cessiõ dudit de Sainctyon, pour rapports de partages: que les arrerages d'icelle rente de quatre-vingts liures escheus & à escheoir depuis le deguerpissemẽt actuel fait par ledit Mignot de ladite maison, & sans autres charges, dommages & interests. Et aussi sans preiudice audit Mignot des grosses reparations par luy pretenduës faictes en ladite maison depuis son acquisition, pour le remboursement desquelles il se remboursera sur ladite maison, ainsi qu'il aduisera bon estre à faire: & neãtmoins ordõne ladite Cour, que ledit Mignot prendra cession & transport de ladicte Damoiselle de Sainction, laquelle elle sera tenuë luy faire de ses droicts, noms, raisons & actions qu'elle auoit contre ledit de Sainction son frere, pour raison desdits rapports & ce iusques à la concurrence dudit sort principal, & arrerages par elle receus de ladite rente de quatre-vingts liures, & dont ledit Mignot en sera tenu faire retrocession audit Gentil & sa femme, pour en estre pour ce regard iceux mis en ordre sur les biens dudit de Sainction, du iour & datte de l'obligation qu'auoit ladite Marie de Sainction. Et a condamné & condamne iceux Gentil & sa femme en la moitié des despens de ladite instance, l'autre moitié compensée, sauf à eux leur recours contre ledit Me Eustache de Sainction, & de mettre à execution les sentences, iugemẽts & arrests par eux contre luy obtenus en recours de garentie mentionnez au procez, ou autrement se pourueoir ainsi qu'ils verront estre à faire, & auant que faire droict, tant sur ladite instance d'entre ledit Drouart & Mignot que sommation dudit Mignot contre ledit Gentil, pour raison de ce: Ladite Cour a ordonné & ordonne que ledit Mignot baillera dedans vn mois prochainement venant, par declaration les loyers par luy receus de ladite maison de la Gallere, tãt auparauãt ledit deguerpissement d'icelle que depuis iceluy, si cuns en a receus: ensemble les reparations qu'il pretend auoir fait faire en ladite maison: pour ce fait, & le tout communiqué ausdits Drouart & Gentil estre faict droict ausdites parties sur lesdites instances, ainsi que de raison. Prononcé le vingt-troisiesme iour de Decembre mil cinq cens nonante-deux. Sgné, Du Tillet.

Arrest contre l'Abbé & les Religieux de saincte Geneuiefue, & les Officiers de la Iustice, par lequel il est dit, encores que les Officiers de ladicte Iustice ayent procedé par seellé sur les biens d'vn decedé de leur Iustice : toutes-fois que l'inuentaire sera faicte par les Notaires.

Extraict des Registres de Parlement.

ENTRE les Religieux, Abbé & Conuent de l'Abbaye saincte Geneuiefue au mont de Paris, appellans d'vne sentence donnée par le Preuost de Paris ou son Lieutenant Ciuil, le vingt-neufiesme Octobre mil six cens douze, entre Nicolle Poullin veufue de feu Iean Diacre, viuant tondeur de draps, demeurant aux faulx-bourgs sainct Marcel en ceste ville de Paris, tant en son nom, que comme tutrice & curatrice de Marie Diacre fille dudit deffunct & d'elle : & André Laimier Maistre Tailleur d'habits subrogé tuteur de ladite mineur, & Iean Bruneau aussi en son nom, à cause de Denise Diacre sa femme, aussi fille & habile heritiere dudit deffunct Diacre, & de sa premiere femme demandeurs d'vne part : Et Pierre d'Auuergne Sergent au Bailliage de saincte Geneuiefue au Mont de Paris deffendeurs d'autre. Et la cõmunauté des Notaires & Gardenottes du Roy nostre Sire audict Chastelet, interuenants & ioincts en cause auec lesdits veufue Diacre & Lainier, pour l'interest de ladite communauté à l'encontre dudit d'Auuergne, par laquelle en consequence des reiglements & arrests donnez au proffit de la communauté desdits Notaires, ledict Preuost de Paris ou son Lieutenant auroit ordonné que ledit d'Auuergne seroit tenu comparoir à l'assignation qui luy seroit donnée en la maison dudit deffunct Diacre, pour recognoistre son seellé, & iceluy leuer, & à faute de ce, que ledict seellé sera leué par le premier Commissaire Examinateur dudit Chastelet : ce fait procedé à l'inuentaire des biens meubles demeurez apres le decez dudit deffunct Diacre, par deux desdits Notaires qui seroient accordez par les parties, & appellé auec iceux Notaires, tel sergent que bon leur sembleroit pour faire la prisée & estimation desdits meubles, nonobstant l'Ordonnance du Bailly desdits Religieux, Abbé & Conuent de saincte Geneuiefue. Auquel auroit esté enioinct d'obeïr aux arrests & reiglemens portez par iceux sur peine de tous despés, dommages & interests, & anticipez d'vne part: & ladite Nicole Poullin & Lainier és noms qu'ils procedent, & ladite Communauté des Notaires dudit Chastelet de Paris anticipans d'autre: & encores lesdits Poullin & Lainier esdits noms demandeurs suiuant le contenu de la requeste par eux presentée à ladite Cour, le dixseptiesme Nouembre ensuiuant, tendãte à ce que ledit seellé apposé sur les biens meubles dudit deffunct Diacre par ledit d'Auuergne fust leué & osté par l'vn des susdits Huissiers de ladite Cour, pour ce fait estre procedé par les deux Notaires conuenus par eux à la confection dudit inuentaire pendant la contestation d'entre lesdites parties, & la diffinition du iugement de ladite cause d'appel : & lesdits Religieux, Abbé & Conuent saincte Geneuiefue deffendeurs : Et encores ladite Communauté des Notaires & Gardenotes audit Chastelet demãdeurs, aux fins de deux autres requestes par eux aussi presẽtées à ladite Cour, la premiere du vingt-sixiesme dudit mois de Nouembre audit an, tendant à ce qu'il fust ordonné conformément à leurs anciens statuts, reiglement & arrests qu'ils feroient ledit inuentaire dont est question, & tous autres, lors qu'ils en seroient requis par les parties, priuatiuement à tous autres officiers: & en cas de contrauention, qu'ils fussent condamnez en tous leurs despens, dommages & interests. Et l'autre du neufiesme dudit present mois de Feburier, à ce que pour les causes y contenuës deffences feussent faictes aux officiers dudit Bailliage saincte Geneuiefue, proceder à la cõfection dudit inuẽtaire, à peine d'attentat, cinq cens liures parisis d'amende, & de tous despens, dommages & interests, iusques à ce que par ladite Cour autrement en eust esté ordonné d'vne part, & lesdits Religieux, Abbé & Conuent saincte Geneuiefue, & Maistre Pierre Cadot leur Greffier audit Bailliage deffendeurs d'autre. Et encores lesdits Bruneau & sa femme audit nom d'habiles heritiers dudit deffunct Diacre demandeurs, aux fins d'autre requeste par eux presentée à ladite Cour le douziesme dudit present mois de Feburier, à ce qu'il fust ordonné que l'inuẽtaire cõmencé par ledit Cadot Greffier seroit par luy paracheué d'vne part, & la communauté desdits Notaires deffendeurs d'autre, sans que les qualitez puissent nuire ne preiudicier aux parties: Apres que Mauguin pour les Religieux saincte Geneuiefue a conclud en son appel, de ce qu'il a esté dit que l'inuẽtaire dõt est question seroit fait par les Notaires, & en emendant soit ordonné que ledit inuentaire commẽcé par le Greffier dudit saincte Geneuiefue, sera par luy paracheué: Rozée pour la fille du premier lit, requis ledit inuẽtaire estre continué par ledit Greffier: D'Arthuis, pour les officiers, dit que tels inuentaires leur appartiennent, & non aux Notaires: Chesneau pour la veufue, & subrogé tuteur, dit qu'il n'est raisonnable que lesdits officiers saincte Geneuiefue facent ledit inuentaire, ains les Notaires qui en ont esté requis auant eux. Et que Tillier pour la communauté des Notaires a dit qu'ils sont fondez en arrest donné en soixante-neuf, contre les hauts Iusticiers, par lequel est ordonné qu'ils feront les inuentaires & partages s'ils en sont requis, & se peut aisément iustifier que lesdits Notaires ont esté requis faire l'inuentaire dont est question auant lesdits officiers. Partant soustient les appellans non receuables en leur appel. La Cour a mis & met l'appellation au neant sans amende & despens de la cause d'appel: ordonne que ce dont a esté appellé sortira son plein & entier effect. Faict en Parlement le treziesme Feburier mil six cens treize. Signé, Du Tillet.

Arrest par lequel est dit que les interdictions seront publiées à son de trompe, aux carrefours & aux marchez.

Extraict des Registres de Parlement.

ENTRE Maistre Louys Trouué Curateur à la personne & biens de Nicolas Poicteuin, appellant de la sentence donnée par le Preuost de Paris le deuxiesme Aoust dernier, d'vne part, & François & Antoine les Moynes Notaires au Chastelet de Paris intimez d'autre, sans que les qualitez puissent preiudicier: apres que Dagues pour les appellans, & Cornuaille pour les deux Notaires, ensemble Thillier pour la Communauté ont esté ouys sur l'appel, auquel l'appellant a conclud de ce que sur la demande contre les Notaires freres qui ont receu les contracts, pour & à cause du jeu, qu'a passez celuy dont est Curateur interdit par iugement notiffié aux Notaires, & suscrit à leur Tableau: au preiudice duquel a soustenu qu'ils n'ont peu instrumenter comme ils ont faict sciemment, & participans à sa profusion. Le Bret pour le Procureur General du Roy, dit que pour la Communauté des Notaires, ils ont satisfait à ce qui se pouuoit desirer d'eux, ayant transcrit au tableau de leur Chappelle le nom de l'interdit, tellement qu'il n'y auoit difficulté que l'appellant n'a deub les attaquer: mais quant aux particuliers qui n'ont delaissé passer les contracts, il y a plus d'apparence de dire qu'ils n'ont sceu ou deub sçauoir l'interdiction, ne passer cõtracts pour l'interdit: n'estoit la respõse qu'ils y apportẽt, que la publication n'auoit esté faite qu'au siege, & non à son de trompe en la maniere accoustumée: d'ailleurs qu'il y auoit appel de l'interdiction, laquelle n'a esté confirmée auec cognoissance de cause, seulement par appointé, & nonobstant, l'interdit iouit & traicte des conditions auec son Curateur exempt de l'interdiction. C'est pourquoy ne voyant soupçon de dol, ny participation aux deniers, semble que le Iuge a bien prononcé, hors de Cour & de procez, l'action demeurant à l'appellant, contre les parties qui ont contracté, requerant que les interdictions soient publiées à son de trompe aux lieux publics. La Cour, tant sur l'appel que folle intimation pretenduë par les Notaires, a mis les parties hors de Cour & de procez, & ayant esgard aux conclusions du Procureur General du Roy, Ordonne que les iugemens d'interdiction à l'aduenir, seront publiez, tant en l'audience qu'à son de trompe par les Carrefours & Marchez, à ce qu'aucun nen pretende cause d'ignorance, & le present Arrest publié à l'Audience tenant au siege dudit Chastelet, & transcript au tableau de la Chappelle des Notaires. Faict en Parlement le dixhuictiesme iour de Mars mil six cens quatorze. Ainsi signé, Voisin. Et au bas est escrit ce qui ensuit. Collationné à l'original, par moy Conseiller Notaire, & Secretaire du Roy. Signé, Doron.

Arrest donné contre Monsieur l'Euesque de Paris, par lequel il luy est, & à tous Iuges subalternes deffendu de proceder par seellé, & est attribué aux Notaires la confection des inuentaires.

LOVYS par la grace de Dieu Roy de France & de Nauarre, au premier des Huissiers de nostre Cour de Parlement, ou autre nostre Huissier ou Sergēt sur ce requis, Salut. Sçauoir faisons que cōme le iour & datte des presentes, comparans iudiciairement à huis clos en nostredite Cour, Messire Henry de Gondy Euesque de Paris, Conseiller en nostre Conseil d'Estat, Maistre de nostre Oratoire, Prieur du Prieuré sainct Eloy, ayant pris la cause pour son Procureur Fiscal & Officiers dudit Prieuré, appellans de l'ordonnance donnée par nostre Preuost de Paris ou son Lieutenant Ciuil, portant, que le seellé apposé à la requeste dudit Procureur Fiscal, sur les biens de feu Adrian de Toustainuille escuier sieur de sainct Iean, par les officiers de l'appellant, à la requeste de Iean Iacques d'Amours creancier dudit sieur de sainct Iean, seroit brisé, & le seellé depuis apposé par le Commissaire Fizeau, apres les officiers dudit appellant leué, & inuentaire fait en presence du Substitud du Procureur General audit Chastelet, execution de ladite ordōnance, & de tout ce qui s'en est ensuiuy, & opposant à l'apposition, & leuée d'vn autre seellé aussi apposé par le Commissaire Fizeau sur les biens de feu Nicolas Cot decedé sans enfans sur le territoire de la Iustice dudit Prieuré sainct Eloy, le premier iour du present mois de Decembre, & requerant suiuant la requeste par luy presentée à ladicte Cour en consequence de ce, le septiesme iour dudit present mois & an, que acte luy soit donné de ce qu'il empesche la cognoissance de ceste matiere, & autre sēblable estre attribuée ausdits officiers dudit Chastelet de Paris, à son preiudice, & de l'oppositiō qu'il formoit d'abōdant à la leuée dudit seellé, & demādeur aux frais d'vne requeste du dixseptiesme Nouembre six cens quatorze, à ce qu'iceluy Commissaire Fizeau fut assigné en ladite Cour en execution des arrests d'icelle, pour respondre sur les pretenduës violences, troubles & entreprises par luy faictes sur ladite Iustice, & voir ordonner suiuant lesdits arrests, que l'appellant sera maintenu & gardé par preferẽce en sondit droict de Iustice par toute l'estẽduë dudit territoire, tant en la ville de Paris que autres lieux dependans dudit Prieuré, & condemner iceluy Fizeau pour raison desdits pretendus troubles, violence & attentats ausdits arrests en la somme de quinze cens liures d'amende, moitié enuers ledit appellant, & l'autre moitié enuers les pauures enfermez, auec deffences iteratiues, tant au Preuost de Paris ou son Lieutenant, que audit Fizeau & autres Commissaires, Huissiers & Sergents, tãt du Chastelet que autres quelconques, d'entreprendre à l'aduenir sur ladite Iustice de Sainct Eloy, troubler ny empescher les officiers d'icelle Iustice en l'exercice de leur charge, ny prendre aucune Iurisdiction sur eux, sur les hostels & iusticiables de ladite Iustice, suiuant les susdits arrests : & ausdits subiets & iusticiables de sainct Eloy, aussi de se pourueoir en premiere instance ailleurs que pardeuant le Iuge de S. Eloy, sur les peines cy-dessus, & autres qu'il plaira à ladite Cour arbitrer suiuant lesdits arrests: le tout auec adiudication des despẽs, dommages & interests à l'encõtre dudit Fizeau d'vne part, & nostre Procureur General prenant la cause pour Maistre Claude de Paris son Substitud au Chastelet de Paris intimez, & nostre amé & feal Maistre Henry de Mesmes, Lieutenant Ciuil, & ledit Lieutenant Criminel & Particulier, Conseillers, Commissaires audit Chastelet de Paris deffendeurs, & la Communauté des Notaires & Gardenotes audit Chastelet interuenans d'autre. Et enuers Iean Iacques d'Amours Escuyer sieur de Deubs, Rolland Menard Bourgeois de Baris, Iacques Pigot & Iean de sainct Romain, tous creanciers dudit deffunct Adriã de Toustainuille, aussi interuenans, & demandeurs en requeste du vingt neuf Iuillet dernier, tendant à ce que sans preiudice des droicts & contestatiõs d'entre lesdicts sieurs Euesque & Preuost de Paris, & sauf à poursuiure leur reiglement entr'eux, il fut passé outre au paracheuement de la vente desdits biens & execution, & les deniers baillez & distribuez à qui il appartiendra, & encores demandeurs à ce que pour la longue detention & deperissement des meubles, qui sont consommez depuis sept mois en çà, la restitution fut faicte, & les dommages & interests adiugez au profit des creanciers à l'encontre de celuy des parties, qui se trouuera auoir induëment empesché la vente d'iceux meubles d'vne part, & lesdits sieur Euesque de Paris, & officiers du Chastelet dudit lieu deffendeurs d'autre, ou les Procureurs desdites parties, & sans que les qualitez puissẽt nuire & preiudicier. Apres que de Lamet pour l'Euesque de Paris prenant le fait & cause pour les officiers de la Iustice de sainct Eloy a dit, qu'au mois dernier de May son Procureur Fiscal en ladite Iustice, ayant esté aduerti du decez du sieur de sainct Iean, aduenu en vne maison size pres sainct Paul, au dedans du territoire dudit sainct Eloy, se seroit transporté & apposé son seellé, le vingt-huictiesme dudit mois de May: au preiudice dequoy le Preuost de Paris ou son Lieutenant Ciuil, en vertu de son ordonnance, le lendemain fait apposer autre seellé par vn Commissaire du Chastelet, & par ce moyẽ voulut entreprendre sur la Iurisdiction dudit sieur Euesque. De ceste ordonnance s'est porté pour appellant: neantmoins ont ordonné qu'il seroit passé outre, & procedé à la leuée du seellé, conclud en son appel, tant de l'ordonnance dudit Lieutenant Ciuil, que procedures en consequence, à ce qu'il soit dit mal iugé, & subordinément en sa requeste, à ce qu'attendu que le decez dudit de sainct Iean aduenu est dans le territoire de sainct Eloy, il plaise à la Cour le receuoir opposāt au seellé apposé par le Commissaire; emendan & faisant droict, que le seellé fait à la requeste de son Procureur Fiscal, sera leué par luy, & deffence au Preuost de Paris d'apposer doresnauant aucun seellé dans l'estẽduë dudit sieur Euesque: Que le Lieutenant Ciuil present, licentié par la Cour de plaider sa cause, a dit sans approbation de la Iustice pretenduë par l'appellant, comme Prieur de sainct Eloy, que quant à l'appel interiecté de sa sentence, par laquelle il a ordonné que le seellé, apposé par les officiers du Chastelet, apres le decez du sieur de sainct Iean, sera leué par le Commissaire qui l'auoit apposé, nonobstant le seellé apposé auparauant par les officiers dudit sainct Eloy, il n'y a aucune apparẽce audict appel, d'autant que ledit seellé ayant esté apposé à la requeste du Procureur Fiscal, sans auoir esté requis par les parties creanciers, ou heritiers du deffunct, il estoit nul & ne pouuoit subsister, ainsi qu'il a esté iugé par les arrests. Et pour le regard de la requeste presentée par l'appellant, à ce que le seellé apposé par les officiers du Chastelet, apres le decez de Nicolas Cot soit declaré nul, & que deffences leurs soient faictes, d'apposer aucuns seellez és maisons estant de la Iustice de l'appellant, dit, que les officiers du Chastelet ayant preuenu, ont peu apposer le seellé, d'autant qu'en la ville, Preuosté & Vicomté de Paris, il est cõstant & certain que nos officiers ont preuẽtion sur les Iuges subalternes, dont y a arrest general du 3. Decembre mil cinq cens soixante-neuf, & autres: si bien qu'il n'y a apparence de ramener ceste question en iugement, puis qu'elle a esté tant de fois decidée par les arrests au profit des officiers du Chastelet. Reste vne entreprise dont se plaignent nos officiers contre ceux de l'appellant, qui va à la foulle & oppression du peuple. Car pour distraction pretenduë de leur Iustice, ils molestent nos subiects par grosses amẽdes, mesme procedant à l'encontre d'eux extraordinairemẽt par emprisonnement de leurs personnes, comme ils ont fait contre le nommé Deran, contre lequel on a veu vn decret de prise de corps pour s'estre pourueu pardeuant les Auditeurs du Chastelet: & partant conclud à ce qu'il soit dit qu'il a esté bien iugé & mal & sans grief appellé: ordonné que le seellé apposé par le Commissaire sera leué, & l'inuentaire fait par les Notaires conformément aux precedens Arrests, & deffences faites aux officiers des Iustices subalternes de plus vser de telle voye & molester nos subjects. Tillier pour la Communauté des Notaires a dit que par les Ordonnances & Arrests, la confection des inuentaires leur a tousiours esté attribuée auec deffence aux Officiers de l'Euesque de Paris & autres Iusticiers de les y troubler ny en prendre aucune cognoissance: neantmoins ne laissent les Officiers dudit sieur Euesque d'entreprendre la confection des inuẽtaires, apposant à cete fin des seellez à la requeste du Procureur Fiscal, en vertu desquels ils contraignent puis apres les heritiers & creanciers des deffuncts de faire faire lesdits inuentaires par leur Greffier, ainsi qu'il est aduenu au fait du particulier du feu sieur de sainct Iean : qui a donné occasion ausdits Notaires de presenter leur requeste afin d'interuention, & à ce que cõformément aux Arrests ils soient maintenus & gardez au droit de faire les inuentaires des biens des decedez au dedans de la Iustice dudit sieur Euesque de Paris & de tous autres haults Iusticiers, auec deffences de les y troubler. Raffart pour les creanciers du feu sieur de sainct Iean, dit que la contention de iurisdiction qui se presente a esté cause que ses parties n'õt encores sceu estre satisfaits, supplie la Cour de pourveoir & ordonner que sur les deniers qui prouiendront de la vente des biens ils seront payez de leur deub par preference à tous autres. Seruin pour nostre Procureur general ouy, lequel a dit, adherant aux conclusions prises par le Lieutenant Ciuil. Nostredite Cour tant sur l'appel, requeste que opposition de l'Euesque de Paris, prenant la cause pour les officiers de sainct Eloy, a mis & met les parties hors de court & de procez sans despens. A ordonné & ordonne conformément à l'Arrest de soixante neuf & autres depuis donnez, que la preuention appartiendra, & l'a adiugé la Cour à nostre Preuost de Paris, son Lieutenant & Officiers du Chastelet: & en consequẽce de ce, ordonne que le seellé apposé par le Commissaire Fizeau sera leué par ledit Preuost de Paris. Fait deffences aux Officiers de ladicte Iustice de sainct Eloy d'apposer aucun seellé, à la requeste du Procureur Fiscal, ains leur enjoinct ce faire à la requisition des parties, heritiers & creanciers seulemẽt, soubs les peines portées par l'Arrest de soixante & treize, & ausdicts Iuges de decreter contre nos subjects, qui se seront pourueus par ledit Preuost de Paris, ny les condamner és amendes. Et ayant esgard à la requeste des Notaires, ordonne aussi suiuant ledit Arrest de soixante neuf, qu'ils procederont à la confection des inuentaires, partages & autres actes à eux attribuez. Et sur la requeste iudiciairement faite par Raffart à ce qu'il soit pourueu aux creanciers du feu sieur de sainct Iean pour le payement de leur deub, les a renuoyez & renuoye par deuant nostre Preuost de Paris ou son Lieutenant Ciuil pour y estre fait droict ainsi qu'il apartiendra par raison. Si te mandons & commettons par ces presentes à la requeste de la Communauté desdits Notaires, & mettre le present Arrest à deuë

& entiere execution selon sa forme & teneur, contraignant à ce faire & souffrir ceux qu'il apartiendra par toutes voyes deuës, & raisonnables. De ce faire te donnons pouuoir, commandons à tous nos Iusticiers, Officiers & subjects qu'à toy ce faisant, soit obey. Donné à Paris en nostre Parlement le trentiesme Decembre l'an de grace mil six cens quinze, & de nostre regne le sixiesme. Ainsi signé, Par la Chambre, Du Tillet.

Sentence portant inhibition à tous Notaires de receuoir & passer aucunes reconnoissances de promesses & autres actes le nom en blanc.

A TOVS ceux qui ces presentes lettres verront, Loys Seguier, Cheuallier Baron de sainct Brisson, Seigneur des Ruaulx & de sainct Fremin, Conseiller du Roy nostre Sire, Gentil-homme ordinaire de sa Chambre & garde de la Preuosté de Paris, Salut. Sçauoir faisons que sur la requeste faite en iugement par deuant nous par Maistre Martin Cochon Procureur de noble homme Maistre Simon le Bossu, Conseiller du Roy, & Maistre ordinaire en la Chambre des Comptes demãdeur à l'entherinemẽt des lettres Royaux en forme de rescision par luy obtenuës, dattées du 7. iour de Nouembre dernier, signées, Par le Conseil, Parais, & seellées de cire iaulne, & encores Procureur de noble homme Maistre Iean Robert le Bossu Conseiller du Roy & Auditeur en ladite Chambre des Comptes, fils dudit sieur le Bossu interuenãt & ioinct en cause aussi demandeur à l'entherinement d'autres lettres Royaux par luy incidemment obtenues aux mesmes fins desdites lettres obtenuës par ledit le Bossu, son pere pour luy, dattées du premier iour du present mois de Decẽbre, signées, Par le Conseil, & seellées de cire iaulne, à l'encontre de Maistre Pierre Marion Procureur de noble homme Charpentier tuteur des enfans mineurs de deffunct Maistre Bertrand le Picard: & Maistre Charles le Roy l'aisné Procureur de noble homme Iean André Lumague deffendeur, à ce que lesdictes lettres par lesdicts sieurs demandeurs obtenues soient par nous entherinees selon leur forme & teneur, & en ce faisant que les deux promesses y mentionnées faites par forme de lettres de change, & dont les noms des pretendus crediteurs sont en blanc, l'vne montant quinze cens liures tournois, & l'autre sept cens liures, extorquées dudit sieur le Bossu fils, par ledit deffunct le Picart, soient rendues cõme nulles, &

pour les faits, raiſons, & moyens preſentement plaidez par Mᵉ Paul de Cornuaille Aduocat pour ledit ſieur le Boſſu pere, & par Maiſtre Tallon Aduocat pour ledit ſieur le Boſſu fils, & ouy leſdits Marion & le Roy eſdits noms, enſemble Maiſtre Anthoine Ferrād Aduocat dudit Lumague, & ledit plaidoyé, dire & remonſtrances & raiſons par luy deſduites, pour leſquels ils auroiēt ſouſtenu qu'en cet eſgard leſdits demandeurs ſont mal fōdez en leurs lettres, que de l'entherinemēt d'icelles ils doiuēt eſtre deboutez, ledit Mᵉ Iean Robert le Boſſu condamné & contrainct au payement de la ſomme de ſept cens cinquante liures tournois contenue en l'vne deſdites promeſſes: d'autant que ledit Picard eſtant comme debiteur de pareille ſomme pour les loyers de la maiſon à luy apartenante occupée par ledit Prieur, ou le voulant faire contraindre pour le payement, & ſaiſir les meubles qui occupent ladite maiſon: par le moyē dequoy il euſt eſté facilemēt payé, il auroit prié de vouloir prēdre en payemēt vne promeſſe dudit Mᵉ Ieā Robert le Boſſu qui luy eſtoit redeuable de pareille ſomme: qui auroit eſté cauſe qu'eſtant enquis des facultez dudit le Boſſu, & trouué qu'il eſtoit fort ſoluable pour ceſte partie, n'auroit fait difficulté de l'accepter & receuoir dudit le Boſſu, qui ſeroit venu expres en la maiſon pour luy dire qu'il deuoit ceſte sōme audit le Picart, la promeſſe qu'il en auroit faite en ſa maiſon, laquelle ne luy feuſt baillée par autre que par ledit Boſſu, moyennant laquelle il auroit baillé ſa quittance & deſcharge des loyers audit Picart, dont ſans ceſte aſſeurance il euſt eſté facilement payé d'ailleurs par la vente des biens meubles qui occupoient la maiſon: ce que leſdits le Boſſu pere & fils ont recogneu ſi vallable que par l'entremiſe de pluſieurs perſonnes d'honneur, ils ſe ſont efforcez à en auoir compoſition, & faire remettre la sōme pour cinq cens liures. Ce que ledit Lumague n'auroit voulu faire, attēdu que ladite ſomme luy eſt loyalemēt deuë, & que faudroit autrement que ledit le Boſſu fils l'euſt trōpé par vn dol ſignalé & ſurpriſe, dont il ne ſeroit pas raiſonnable qu'il ſe peuſt preualoir à l'encontre dudit Lumague, qui ne l'auroit eſté rechercher pour s'obliger, & que puiſque luy meſme a retiré des aſſeurances dudit le Picart par lettres d'indemnité qu'il a euës de luy, il ſe peut pourueoir pour auoir ſon recours

recours contre ses biens, cela ne pouuant regarder ledit Lumague qui auroit accepté ceste promesse en forme de lettres de change à cause du trafic & negoce que notoirement il fait, & que ledit le Bossu l'auroit ainsi desiré : ce qui n'empesche la verité de ladite debte. Surquoy parties ouyes en leurs plaidoyez, & qu'il est apparu du contract en forme de constitution de deux cens cinquante liures tournois de rente vendus, & constituez par ledit Maistre Iean Robert le Bossu, auec ledit deffunct le Picard vn seul pour le tout enuers Noble homme Robert de Chaulnes, datté du vingt-septiesme iour d'Aoust dernier, receu par Bergeon & Charles Notaires en la Cour de ceans, lettres d'indemnité passées par ledit deffunct le Picard audit le Bossu le mesme iour pardeuant lesdits Notaires, procez verbal de Maistre Estienne Cointereau Commissaire & Examinateur en la Cour de ceans, datté du premier iour d'Octobre dernier, contenant tant la plainte dudit sieur le Bossu pere, que l'interrogatoire, confession & denegation faite par Loys le Picard frere dudit deffunct le Picard, contenant aussi le sequestre fait de la declaration ou contre-promesse faite par ledit de Chaulnes au profit dudit deffunct le Picard, pour raisõ de ladite rente de deux cens cinquante liures tournois, auec la promesse de quinze cens liures tournois faite par ledit le Bossu fils, dont le nom du creancier est en blanc, & le memoire que ledit Loys le Picard a dit & recogneu par ledit procez verbal auoir esté escript de la main du fils aisné dudit deffunct le Picart, par le commandement dudit deffunct ledit pere, peu au precedant son deceds : de toutes lesquelles pieces ledit Loys le Picart auroit esté trouué saisi, comme le contient ledit procez verbal, signé en fin Cointereau, & qu'il est aussi apparu, tant de ladite promesse de quinze cens liures tournois, contrepromesse dudit de Chaulnes; que dudit memoire mentionnez audit procez verbal, mesme de la promesse de sept cens cinquãte liures tournois representée par ledit Lumague, par toutes lesquelles promesses les noms des crediteurs sont demeurez en blanc. Ensemble des contrepromesses dudit le Picart par luy faites audit le Bossu fils, dattees du vingtiesme Septembre dernier, par l'vne desquelles il a recogneu auoir souscript les deux promesses faites en blanc des quinze cens liures d'vne part, & sept cens cinquante liures tournois d'autre: & par l'autre promesse il s'est obligé de faire le rachapt dans trois iours de ladite rente de deux cens cinquante liures tournois constituée sous le nom dudit de Chaulnes, & à faulte de le faire de rendre lesdictes deux promesses, & veu l'acte contenant ledit contract de deux cens cinquante liures tournois de rente, auoir esté deschargé par ledit de Chaulnes depuis le deceds dudit le Picart, & mesme depuis la saisie faite de ladite cõtrepromesse dudit de Chaulnes à la diligence desdits sieurs demandeurs: & sur ce ouy noble homme Maistre Robert Aduocat du Roy en la Cour de ceans, auquel le tout a esté communiqué pour le Procureur du Roy, qui a dit que ceste cause fournissoit vn exemple assez notable de ce malheur & inconuenient que le peuple souffroit tous les iours pour l'introduction des promesses en blanc, à la faueur desquelles les vsures, les desbauches & les banqueroutes estoient impunémẽt commises: Pour à quoy obuier & remedier, requeroit l'vsage desdites promesses estre d'oresnauãt interdites, suyuãt qu'il auoit ja esté iugé par les Arrests de la Cour qui les auoiẽt reprouuées & à ceste fin estre fait deffences à tous Marchands d'en negotier, à tous Couratiers de s'entremettre, & à tous Notaires d'en passer aucunes recognoissances, ne deliurer aucuns actes dont le nom du creancier soit en blanc, à peine de nullité desdits actes, & d'estre procedé contre eux extraordinairement. Nous disons sans qu'il soit besoing s'arrester aux lettres obtenuës par ledit sieur le Bossu pere, & ayant aucunement esgard aux lettres obtenues par le fils, & icelles entherinant quant à present pour le regard dudit Iean audit Lumague seulement, que les parties sont remises en tel estat qu'elles estoiẽt auparauant la promesse de sept cens cinquante liures dont est question, laquelle est declarée nulle, & comme telle sera renduë, sauf audit Lumague son recours contre qu'il verra bon estre, & sans despens. Et auparauant que faire droit sur les conclusions prises contre les enfans dudit Picart. Nous disons qu'ils delibereront à quarante iours, & ce pendant sera la constitution de la rente, contre-lettre, declaration de Chaulne, ensemble la promesse de quinze cens liures & autres pieces saisies par le Commissaire Cointereau, mises au Greffe, & paraphées, *ne varientur*, par le Greffier. Et faisant droit sur les conclusions des Gens du Roy, Auons fait & faisons deffences à toutes personnes de quelque qualité & condition qu'il soient, mesme aux Marchands de faire & receuoir aucunes promesses, cedules, obligations ou autres tels actes où le nom de creancier soit en blanc à peine de nullité : deffendons à tous Couratiers de changer, de trafiquer & negotier des promesses, obligations ou autres actes, desquels le nom du creancier soit en blanc : Et à tous Notaires d'en passer aucuns actes, ny mesme d'en receuoir les recognoissances à peine cõtre lesdits Notaires & Couratiers de change d'en respõdre en leurs propres & priuez noms des sommes contenues esdits actes, & de tous les despens, dommages & interests des parties, mesme d'amende arbitraire s'il y eschet. Et sera le present reglement signifié à la diligence du Procureur du Roy, tant au Sindicq des Notaires que Couratiers de change, & publié au change si besoing est. Et sur la requeste faite par ledit le Roy Procureur dudit Lumague, à ce que le present iugement donné contre iceluy Lumague soit deliuré separément, ordonnons qu'il sera deliuré par vn seul iugement. En tesmoin de ce nous auons fait mettre à ces presentes le seel de ladite Preuosté de Paris. Ce fut fait & ordonné par Maistre Henry de Mesme, sieur d'Irual, Conseiller du Roy en ses Conseils d'Estat & Priué, & Lieutenant Ciuil de ladite Preuosté de Paris, le Samedy douziesme iour de Decembre mil six cens quinze, deliuré pour seconde fois. Signé, Drouart.

L'an mil six cens dix-huict le douziesme iour de Nouembre à la requeste de Monsieur le Procureur du Roy au Chastelet de Paris, la presente sentence a esté par moy Huissier, Sergent à cheual au Chastelet de Paris y demeurant, soubsigné, monstré, signifié & deuëment fait assauoir aux Notaires, Gardenotes du Roy nostre Sire au Chastelet de Paris, parlant pour tous à la personne de Maistre Nicolas Seuestre l'vn desdits Notaires & Sindicq de leur Communauté, en son domicile, à ce qu'il n'en pretende cause d'ignorance, & qu'ils n'ayent à y contreuenir. De laquelle sentence, ensemble du present exploit ie leur ay parlant cõme dessus baillé & laissé coppie, present Iean Meusnier & Ysaac Fournisson & autres, & fait les deffences mentionnees par ladite sentence sur les peines y mentionnées. Signé, Bouuenye.

L'an mil six cens dix-huict, les vingt-huictiesme & vingt-neufiesme iours de Nouembre sur la presente sentence & exploit de signification, estant au bas d'icelle, à la requeste de Monsieur le Procureur du Roy au Chastelet de Paris, ont esté par moy Claude de Cauuille Huissier, Sergent à cheual au Chastelet de Paris, soubz-signé, Monstrez, signifiez & deuëment fait assauoir à tous les Notaires du Chastelet de Paris, chacun en leur domicile, parlant à la plus grande partie à leurs personnes, & pour l'autre à leurs Clercs desnommez en ma minute originalle demeurée par deuers moy, à ce qu'ils n'en pretendent cause d'ignorance, & à eux & chacun d'eux fait les deffences mentionnées par ladite sentence sur les peines y contenues : ausquels ie leur ay baillé & laissé coppie chacun à part & separément, tant d'icelle sentence, exploict de signification que du present exploict, en presence de Michel Lesné, Iean le Grand & autres tesmoings. Signé, de Cauuille.

TABLE DV CONTENV EN CE PRESENT RECVEIL.

HH iij

BIBLIOTHEQUE DE SORBONNE

www.ingramcontent.com/pod-product-compliance
Ingram Content Group UK Ltd.
Pitfield, Milton Keynes, MK11 3LW, UK
UKHW020140220726
13923UKWH00001B/288

9 782019 527273